26-01.2019

Ces psychopathes
qui nous gouvernent

Du même auteur

La Saga de la Maison-Blanche, Presses de la Renaissance, 2006 ;
   J'ai lu, 2008.

Sarkozy président! Journal d'une élection, Le Rocher, 2007.

Le Roman de Mai 68, Le Rocher, 2008.

Obama, what else?, Les Échappés/Charlie Hebdo, 2009.

Égéries américaines, Éditions Alphée, 2009.

Voyage, Le Cherche Midi, 2015.

Hillary Clinton, une certaine idée de l'Amérique, Baker Street, 2016.

Jean Luc Hees

Ces psychopathes
qui nous gouvernent

PLON
www.plon.fr

Ouvrage publié sous la direction
de Muriel Hees

© Éditions Plon, un département de Place des Éditeurs, 2018
12, avenue d'Italie
75013 Paris
Tél. : 01 44 16 09 00
Fax : 01 44 16 09 01
www.plon.fr
www.lisez.com

Mise en pages : Graphic Hainaut

Dépôt légal : septembre 2018

ISBN : 978-2-259-26509-6

Avant-propos

«Les historiens sont les prophètes du passé.»

HEGEL

«Les hommes, depuis la Création, vivent selon les règles strictes de leur moralité. Et les hommes de pouvoir, ou qui ambitionnent de le devenir, sont parfois animés d'une cruauté intime.» C'est l'auteur du *Parrain*, Mario Puzo, qui semble avoir le mieux traduit cette caractéristique, et dans son expression la plus rigoureuse, à travers le livre intitulé *Omerta*[1], paru aux États-Unis en 1999. Il y traite, bien sûr, des aventures d'un mafioso réputé, comme d'autres, pour l'extraordinaire frayeur qu'il était capable d'inspirer. La clef de ce pouvoir sur autrui : une absence totale de pitié. Cette caractéristique, écrit Mario Puzo, «n'est pas forcément liée à un désir psychotique d'infliger une souffrance, mais déterminée par une conviction absolue : les hommes ont toujours refusé d'obéir. Même l'ange Lucifer avait choisi de défier Dieu au risque d'être banni du paradis[2]». Et l'écrivain explique que tout homme déterminé à

---

1. Mario Puzo, *Omerta*, Random House, 2000.
2. *Ibid.*

dominer les autres n'a d'autre choix que la cruauté, même s'il consent parfois à des accommodements parce que la raison ou les circonstances l'exigent. Si le compromis ou la négociation échouent, la seule punition envisageable est la mort.

Ce qui paraît atroce, mais générateur de films et de livres très divertissants dans le monde de la pègre et de la Mafia, nous semble beaucoup plus consternant lorsqu'on pénètre dans l'univers qui impacte directement la vie quotidienne de dizaines ou de centaines de millions d'individus : le pouvoir. Celui que confère la suprématie sur une nation. Ce n'est pas une nouveauté, et l'histoire abonde de tyrans et de potentats dépravés, psychiquement malades. L'interrogation aujourd'hui porte sur la pérennité du phénomène à un moment de révolution dans la transmission de l'information à travers le monde. Les psychopathes en charge du destin de leurs concitoyens résistent étrangement au temps et au progrès. Ils ne sont pas comparables, ni dans leur comportement, ni dans leurs névroses, ni dans leur dégénérescence, et enfin, et c'est tant mieux, dans leur importance. Un homme instable, président des îles Maldives, est, quoi qu'il survienne, moins dangereux qu'un chef de la Maison Blanche incohérent.

Ils ont cependant un point commun : ils sont «dérangés». Et le monde les tolère. On s'accommode de leur exubérante folie. On craint d'affronter leurs excès. Les caractéristiques de leur personnalité trouvent différentes traductions mais, au bout du compte, selon les pays, selon les régimes, selon l'histoire, des hommes dirigent d'autres hommes, nuisent à leur avenir, à leur bien-être, à leur vie, sous le regard effaré et trop souvent passif d'une planète qui n'a jamais été aussi bien informée de leurs agissements. Certes, ils ne répondent pas tous aux critères établis par la science pour définir un psychopathe et il y a des degrés, des nuances, mais tous sont néfastes, funestes, ridicules, inquiétants et

8

dangereux. Ils jouent un rôle primordial dans la marche du monde. Ils ne sont pas seulement «exotiques». Leur confusion mentale marque aujourd'hui le fonctionnement de pays hautement civilisés, et leur déséquilibre nous concerne tous.

Certains se «contentent» de torturer, d'humilier, d'effacer l'avenir et les aspirations des peuples qu'ils gouvernent. D'autres mettent en danger la paix du monde. En quoi se ressemblent-ils? Quel est le terreau favorable à leur accession au pouvoir? Dans quelles circonstances sont-ils choisis, ou «élus»? Leur comportement de prédateur est-il lié à l'environnement, à leur culture, à leur éducation, à leur héritage génétique, à leur sexualité, à leurs traumatismes? L'ampleur de leur aliénation fascine. Remarquons qu'aucun psychopathe au pouvoir ne critique ou ne dénigre l'un de ses confrères. À l'exception, très notable et très dangereuse, de Kim Jong-un et de Donald Trump, même si un mini-sommet ultramédiatisé, en juin 2018, a mis en lumière leur manière très particulière d'aborder les questions internationales.

Internet et les réseaux sociaux, qui véhiculent l'information à la seconde à l'ensemble de la planète, n'ont pas réussi à faire reculer le phénomène en décrivant l'abus de pouvoir, la folie, ou l'absence de tout sens moral ou social. Au contraire: ces psychopathes occupent davantage d'espace dans le paysage médiatique sans que cela ralentisse leurs exactions. Un peu comme si les droits de l'homme ne représentaient qu'une valeur somme toute insolite, et définitivement non gravée dans le marbre de l'humanité.

Vous les connaissez tous, ou presque. Ils dirigent la Corée du Nord, la Thaïlande, les Philippines, l'Érythrée, le Turkménistan, le Soudan, la Tchétchénie, la Syrie, et peut-être même, donc, les États-Unis et certains lieux de pouvoir au Kremlin. Ils gouvernent parfois, et plus souvent qu'on ne le dit, avec l'accord tacite ou exprimé des populations victimes de leurs agissements. La bonne nouvelle tient à une particularité : on trouve peu de femmes dans la liste des parasites planétaires. On remarquera tout de même qu'elles se révèlent extrêmement loyales et très attachées à leurs tortionnaires de maris. On doit pouvoir trouver une explication à cette «anomalie».

de Thaïlande
Rama I
Maha
Vajira longkorn

1

Thaïlande : le roi est nu, vive le roi

«Honni soit qui mal y pense!»
Devise de l'ordre de la Jarretière,
établi par Édouard III d'Angleterre, en 1344

Pour les passagers qui attendent leur avion, en ce 25 avril 2017, dans le hall de l'aéroport de Munich, en Allemagne, la scène reste gravée dans leur mémoire : un couple déambule, parfaitement à l'aise en cette fin d'après-midi de printemps. La femme ne détonne pas particulièrement au milieu des clients des boutiques détaxées. Cheveux courts, elle porte un short noir, moulant, et un débardeur largement échancré orné d'une étoile côté droit. Elle est plutôt jolie et affable. Elle sourit. Son compagnon est plus remarquable. Lui est vêtu d'un jean sombre, tout aussi moulant, taille basse, qui montre ostensiblement la marque du sous-vêtement qu'il porte. C'est l'époque qui veut ça chez les très jeunes gens. Le haut laisse songeur! Au-dessus d'un ventre flasque et grassouillet, il porte une brassière. Pour être précis, il s'agit d'un *crop top*, comme le précisent les experts de la mode contemporaine, le genre de chose que l'on verrait plutôt sur le dos d'une enfant ou d'une adolescente. Une photo est prise, par un touriste amusé.

11

D'autant que l'homme ainsi travesti n'est pas un gamin. À vue d'œil, une bonne soixantaine d'années. En attestent ce capiton stomacal et son visage. Un peu plus tard, un vidéaste fait à son tour ses choux gras de la scène, et, le monde étant ce qu'il est, les images vont se bousculer sur les réseaux sociaux. Ce qui frappe également dans cet étrange spectacle, au-delà de l'accoutrement, ce sont les tatouages. Notre héros en est recouvert. En tout cas, tout ce qui est visible est tatoué. Le plus étonnant, c'est qu'on s'aperçoit, en examinant les images, que ces tatouages sont probablement des décalcomanies. Notre sujet a sans doute hérité d'une âme d'enfant. Il aime le déguisement, le travestissement éphémère, et, vu son âge apparent, il a su conserver une grande liberté d'esprit et un mépris souverain pour le qu'en-dira-t-on.

Le couple prend son temps, indifférent aux regards curieux et ironiques qu'on lui adresse, déambule tranquillement, avec beaucoup de naturel. Après tout, hormis le ridicule du déguisement, on n'a pas encore tout à fait atteint le niveau de l'indécence vestimentaire. Et puis, si on ne peut pas s'habiller comme on veut lorsqu'on est roi de Thaïlande, autant rester cloîtré dans son palais, à Bangkok !

Car ce touriste si décontracté, si naturel, si sûr de son bon goût, c'est bien le roi de Thaïlande, Rama X, successeur du tant regretté Rama IX, son père, décédé le 13 octobre 2016, après avoir régné pendant soixante-dix ans. Maha Vajiralongkorn lui a succédé. Il est, bel et bien, le dixième souverain de la dynastie Chakri, au pouvoir depuis 1782. Cette «désignation» ne semble pas avoir ravi ses sujets, mais l'affaire était entendue depuis 1972 et, en Thaïlande, on ne badine pas avec la tradition qui régit rigoureusement la vie de la monarchie.

Les images qui viennent d'être décrites ont fait le tour du monde. Un roi en mini-brassière se baladant dans un aéroport international très fréquenté intéresse à l'évidence les millions d'internautes qui, chaque jour, décryptent avec délice les réseaux sociaux. D'autant plus que ce n'est pas la première fois que Rama X se fait piéger par une caméra, toujours en Allemagne, où il a choisi de résider la majeure partie du temps, malgré ses obligations royales. Mais, apparemment, rien n'y fait : il s'assoit sur la bienséance, sans crainte du ridicule. On l'avait vu en juillet 2016 débarquer de son Boeing 737 personnel sur ce même aéroport de Munich, déjà vêtu d'une minibrassière, blanche cette fois, et d'un jean laissant apparaître ses poignées d'amour. Pour ajouter un peu de piment au cliché volé par un reporter de *Bild*, il est avec une de ses accompagnatrices, car le monarque vit selon les canons en vigueur dans la galaxie des play-boys internationaux. Comme disait sa maman, la reine mère : « Mon fils est un don Juan. » Le couple, ainsi que l'exige le protocole, est accueilli sur un tapis rouge, par une délégation de l'ambassade thaïlandaise. Les officiels sont figés au garde-à-vous devant l'étrange trio qui vient de débarquer : car un troisième personnage figure sur la liste des passagers. Il s'appelle Foo Foo, c'est le caniche de Rama X. Un chien dont il est éperdument amoureux. Et qu'il a même nommé commandant de l'armée de l'air thaïlandaise. Souvent, l'animal voyage en grand uniforme de maréchal.

Rama X a beau se trouver très sexy dans ses jeans moulants, ses baskets dernier cri et son minitop, l'étalage de ce non-conformisme est de nature à rendre ses activités monarchiques plus compliquées chez lui. Mais comme être roi autorise quelques extravagances à la maison, il décide de faire emprisonner tous ceux qui feraient circuler l'affligeante vidéo. Le P-DG de Facebook est ainsi fermement encouragé à mettre un terme à la cavalcade incontrôlable des images, et sa compagnie s'exécute, comme c'est généralement le cas lorsque la demande provient d'une autorité officielle, en l'occurrence le gouvernement thaïlandais. D'autant que d'autres clichés semblent circuler où le roi est carrément nu. Ce qui, au passage, pose question aux experts : sur ces clichés, il n'afficherait aucun tatouage. On s'interroge dans les chancelleries du monde entier. Bien au-delà du pathétique comique de situation, certains Thaïlandais tremblent. On leur a en effet promis quinze ans de prison s'ils étaient en possession de la fameuse vidéo tournée à l'aéroport de Munich ; la raison ? Crime de lèse-majesté. De quoi refroidir le plus audacieux des libres-penseurs. Plusieurs sujets de Rama X ne se sont-ils pas déjà retrouvés derrière les barreaux pour avoir simplement échangé sur Facebook avec des exilés réfugiés à Paris ?

Interrogez n'importe quel touriste parmi les 35 millions d'étrangers qui débarquent à Bangkok chaque année. Il vous parlera de la Thaïlande et de ses habitants avec chaleur et émotion. Il vous dira à quel point ce peuple est raffiné et élégant, subtil et civilisé. Le royaume de Thaïlande, que l'on connaissait naguère sous l'appellation de Siam, est tout empreint de cette ancienne civilisation. Certes, le tourisme sexuel y a fait des ravages pendant de trop longues années, la drogue également, mais le paysage s'est éclairci. Pas forcément, hélas, les mœurs politiques, comme si une fatalité pesait sur l'histoire du pays.

Depuis 1932, c'est une monarchie constitutionnelle. Le roi est le chef de l'État. Il est *de facto* le chef des armées. Il est le protecteur de toutes les religions, même s'il est entendu que le monarque est bouddhiste. Un des problèmes de cette fière nation, c'est la répétition des coups d'État. Dix-neuf depuis l'avènement de ladite monarchie. Le dernier est récent : il remonte au 22 mai 2014. Pourtant, depuis 1946 et jusqu'à sa mort soixante-dix ans plus tard, les Thaïlandais n'auront connu qu'un seul souverain :

Bhumibol Adulyadej, leur très cher Rama IX. Autant dire que la présence sur le trône d'un roi ne dérange en rien les gouvernants successifs, fussent-ils éclairés ou despotiques. La bonne nouvelle, pour les Thaïlandais, c'est donc que le pays a connu une certaine stabilité économique malgré les cahots de la vie publique et que la Thaïlande figure sur la liste des «tigres asiatiques», ces États qui se sont extraits bon an mal an des épreuves du sous-développement.

La Thaïlande compte près de 70 millions d'habitants. Elle se débat, comme d'autres pays asiatiques, face aux éléments qui parfois sont ravageurs, tel le tsunami du 26 décembre 2004 qui dévasta ses provinces touristiques. Elle se débat aussi entre la monarchie, l'armée et les consciences démocratiques qui, régulièrement, tentent de s'y faire entendre. L'équilibre est précaire avec, depuis une bonne dizaine d'années, les «chemises jaunes» s'opposant aux «chemises rouges». Les «jaunes» sont résolument monarchistes, faute d'appétit pour une démocratie à l'occidentale. Les «rouges» représentent les classes populaires, fatiguées de vivoter dans la pauvreté aggravée par la corruption et l'arrogant étalage des richesses d'une certaine caste, et de l'armée. Lesquels militaires font montre d'une grande détermination lorsqu'il s'agit de maintenir l'ordre ancien. Pour perdurer, le système a besoin d'un roi. Quand la situation l'exige, le chef d'état-major des armées se proclame Premier ministre et la vie continue. Avec l'aval du monarque, bien sûr! Et les généraux, encore une fois, ne lésinent pas sur les moyens pour maintenir l'ordre. On l'a vu à plusieurs reprises au cours des dernières années : manifestations de masse dans les rues, et répression violente. Curieux pays qui élit pourtant à une majorité écrasante, en juillet 2011, Yingluck Shinawatra au poste de Premier ministre, la première femme à occuper cette fonction là-bas. Mauvais présage : c'est la sœur d'un ancien chef de gouvernement destitué par les militaires quelques années plus tôt, alors qu'il participait, à New York, à l'assemblée générale des Nations unies. Autrement dit, Yingluck Shinawatra ne fera pas de vieux os comme Premier ministre ; elle sera du reste à son tour destituée par la Cour constitutionnelle, reconnue coupable d'avoir accordé trop de subventions aux riziculteurs thaïlandais. Heureusement, l'armée est encore là pour reprendre les choses en main et pour instaurer la loi martiale afin, dit-on sans rire dans l'entourage du chef de la junte, le général Prayuth Chan-ocha, de «restaurer l'ordre et lancer des réformes».

C'est dans la foulée de ce putsch que Rama IX décide de rendre son âme à Dieu – ou à Bouddha. Et, un malheur n'arrivant jamais seul, c'est son fils, connu aujourd'hui sous le nom de Rama X, qui prend sa succession.

Ce dernier a longtemps hésité avant de faire savoir que, finalement, il acceptait la charge royale. Pourtant, il a eu le temps d'y songer depuis que son père a signalé qu'il lui succéderait : près d'un demi-siècle s'est écoulé. Mais le prince héritier préfère vivre à l'étranger. Il aime les avions, les belles voitures, les jolies femmes, les résidences luxueuses et son caniche. La société occidentale a du bon lorsqu'on est immensément riche et de sang royal. Or porter la couronne comporte, certes, quelques avantages, mais suppose également un minimum de devoirs à l'égard de son peuple. Par exemple, présenter une image publique digne d'un souverain. Ou encore éviter d'afficher un goût trop prononcé pour le libertinage. Pour un adulte dénué de décence et d'un minimum de sens moral, ce n'est apparemment pas une sinécure.

On a vu, à travers les âges, et encore très récemment, des fils de famille mal tourner dans leur vie personnelle et leur comportement. Généralement, ils suivent la piste tracée par leur père, et la liste est longue dans le gotha des dictateurs. Comme l'a avoué, avec candeur, Rama X dans une de ses très rares déclarations publiques, le déterminisme de la naissance limite singulièrement l'appréciation que l'on peut exprimer à propos de soi-même : «Depuis la première seconde de ma vie, je suis un prince. Il est difficile de dire ce que cela fait d'être un poisson lorsqu'on est un poisson. Ou d'expliquer ce que ressent un oiseau lorsqu'on est un oiseau...»

L'homme est secret et mystérieux. Certains le décrivent comme «intelligent». Il peut même, ajoutent-ils, «se montrer délicieux». Mais la plupart de ceux qui l'ont approché à des titres divers constatent qu'il ne manifeste aucune empathie. Un symptôme que l'on relève fréquemment chez les sociopathes, voire les psychopathes. Il a intégré dès sa naissance le fait qu'il disposait du pouvoir sur autrui simplement parce qu'il existait. Aucun doute, aucune remise en question ne l'effleure. Paradoxalement, ses camarades d'études ont pu s'apercevoir, à leurs dépens, qu'il éprouve le besoin constant de s'affirmer et d'afficher sa force. Il se montre instable, un «*bully*», comme on le qualifiait dans le très chic pensionnat anglais où il entama sa scolarité, loin déjà, de la Thaïlande.

Ses sujets sont bien obligés d'admettre que la mère patrie n'a pas beaucoup de sens pour leur nouveau souverain. On l'a dit, il réside depuis des années en Allemagne, qu'il semble considérer comme un terrain de jeux à sa mesure. Il a fait l'acquisition de deux villas, somptueuses, sur les rives du lac de Starnberg, en Bavière. Le paysage lui plaît, austère, glacial l'hiver. Il adore les randonnées à vélo dans les montagnes. Il a souhaité, vainement, s'offrir l'Hôtel du Lac, un établissement de luxe, situé à proximité, sans doute pour éviter davantage encore la promiscuité avec les touristes, ces simples mortels. Car en sa demeure il est traité comme un dieu. Le personnel est très attentionné et exauce ses moindres désirs. Il a éprouvé aussi le besoin

de posséder deux résidences pour éviter les rencontres délicates. Il fut un temps où il résidait fréquemment à l'hôtel
Hilton de l'aéroport de Munich, endroit pratique pour un
homme qui voyage à son gré, aux commandes de son
Boeing 737. Mais cette situation se révélait parfois embarrassante. Et il ne s'agit pas là simplement des tenues vesti-
mentaires extravagantes de ce client hors normes. Rama X
ne se donnait en effet pas toujours la peine de faire prévenir la direction de l'hôtel qu'il arrivait avec sa suite et des
tonnes de bagages. Il fallait parfois, dans l'urgence, annuler
les réservations de dizaines de clients, furieux d'avoir à
déménager à la dernière minute. Et quand l'ambassade de
Thaïlande en Allemagne a exigé que le personnel se pros-
terne en présence du prince héritier, la direction de l'hôtel
a opposé un refus catégorique. On a simplement demandé
aux employés de baisser les yeux lorsqu'ils croisaient celui
qui était destiné à devenir roi de Thaïlande. Quelques incidents fâcheux auraient aussi été signalés, comme ce jour où
une femme de chambre avait découvert, accroché au mur
de la suite princière, un portrait d'Adolf Hitler. Étrange.
Encore une fois, la direction de l'hôtel a dû intervenir fermement pour faire décrocher la dérangeante image[1].

L'appétit féroce des hommes de pouvoir se construit
souvent en s'affirmant au fil des jours, des mois et des
années. Une frustration constante et malsaine enfle, et
enfle encore, multipliant les dérèglements mentaux,
accroissant la mégalomanie, enterrant définitivement l'empathie et augmentant dangereusement l'absence d'affect,
de relation «normale» à autrui. Hitler ne s'est pas construit
en un jour. Staline non plus. Pas plus que Mao ou Gengis
Khan. Au fond, pour devenir tyran, ou despote, ou dictateur, il ne faudrait pas plus qu'une déviance personnelle,
un concours de circonstances ou une base idéologique

---

1. *M, le magazine du Monde*, 6 janvier 2018.

radicale. Hériter d'un pouvoir monarchique absolu semble faciliter largement les choses sur ce dernier chapitre et accélérer naturellement le processus.

Il n'en demeure pas moins que le cas de Rama X interroge, tant ce sexagénaire a scrupuleusement privilégié son environnement personnel. Un mégalomane se serait jeté sur le trône de Thaïlande comme un affamé. Il aurait exercé bien plus tôt son pouvoir sur ses sujets. Lui hésite. Quel rang occupe-t-il sur l'échelle du trouble de la personnalité ? Est-ce simplement son style, ou bien ses errements annoncent-ils une aberration profonde de la personnalité ?

Il est sans doute utile à ce stade de donner une définition, forcément approximative, du «psychopathe». Quelles sont les principales caractéristiques constituant l'essentiel du personnage ? Dominent-elles nécessairement l'individu et engagent-elles profondément ses agissements ? Les éléments généralement répertoriés sont l'égocentrisme, le manque ou l'instabilité des affects, l'indifférence ou l'insensibilité à la souffrance d'autrui et l'absence de culpabilité. Ce sinistre tableau peut concerner une infinité d'êtres humains, même si les spécialistes notent avec insistance, dans leurs travaux, que ces troubles touchent très majoritairement le sexe masculin. Et concernent les adultes, même s'ils sont précédés par des signes avant-coureurs dans l'enfance.

Ces caractéristiques comportementales correspondent exactement, et c'est troublant, aux personnages de pouvoir qui nous intéressent. Résumons-les : un mépris profond des normes légales, des obligations sociales et des droits d'autrui. Nos «héros» transgressent, dans de nombreux domaines. Ils manifestent régulièrement une inconséquence, une irresponsabilité et une incapacité à tenir leurs engagements. Les expériences les plus négatives n'apportent aucune modification de leur comportement, quelles que soient les sanctions imposées par la vie. Indifférence, forte tendance au mensonge et à la manipulation. Intolérance à la frustration. Irritabilité, impulsivité, agressivité, violence, instabilité affective. Et, peut-être plus grave, une totale absence de culpabilité concernant les conséquences de leurs actes. Pour eux, la faute incombe au reste du monde.

Ce «diagnostic» – appliqué à Rama X – a de quoi inquiéter, pour dire le moins, les habitants du royaume de Thaïlande qui commencent à expérimenter le régime de la peur. Car leur souverain ne fait rien pour améliorer son image, ce qui ne présenterait pas une grande difficulté dans un pays où la censure des médias est totale et acceptée. Après tout, sa sœur, la princesse Sirindhorn, est devenue ambassadrice du programme des Nations unies pour la lutte contre la faim, et son action est saluée dans l'opinion. Mais son frère n'a cure de cette popularité. Et il agit, avant même son couronnement, comme un despote non éclairé. Il a fait disparaître de la Constitution l'article exigeant que toute proclamation royale soit contresignée par le président du Parlement. Et, dans la foulée, il aurait décidé du transfert de la Banque commerciale du Siam d'une somme de 420 millions d'euros à destination des coffres du palais[1]. Le roi, qui a un statut à faire valoir, n'est pas du genre à dépendre du bon vouloir de son administration pour assurer le faste de son train de vie. On n'ose imaginer ce que penserait le Parlement britannique si la reine s'avisait de fracturer les chambres fortes de la Banque d'Angleterre. Il faut préciser que la fortune de la monarchie thaïlandaise s'élèverait à 60 milliards de dollars, soit le sixième du produit intérieur brut du pays.

---

1. *M, le magazine du Monde, op. cit.*

Les débuts d'un psychopathe sont précoces, dès l'enfance. L'instabilité se traduit par une confusion des sentiments, par un besoin de satisfaire immédiatement ses désirs, par une tendance à la délinquance sous toutes ses formes, par une absence de persévérance, de profondeur de réflexion, un mépris des usages...

Rama X ne coche pas toutes les cases mais, d'un strict point de vue analytique, il épouse assez bien le profil envisagé.

Côté vie affective, il n'est pas l'unique coureur de jupons de la planète, et c'est une activité qui n'intéresse pas les seuls princes qui nous gouvernent. Mais, sans parler de pathologie, Rama X se révèle au fil des années particulièrement affamé de conquêtes. Il ne discrimine pas : une cousine, une danseuse de night-club, une hôtesse de l'air... sans compter les compagnes d'un soir. Son Altesse épouse volontiers, ne craint pas l'étendue de sa progéniture pour laquelle elle manifeste un intérêt très relatif au gré des conflits conjugaux qui émaillent sa vie.

Sa dernière épouse officielle, la princesse Srirasm, a définitivement jeté l'éponge en 2015 après treize années de vie commune pour le moins agitées. Pourtant, elle a, tout au long de son mariage, accepté bien des caprices de son extravagant mari. On les a vus, tous les deux, sur une vidéo qui a fini par trouver son chemin hors de l'intimité du couple, célébrer l'anniversaire de leur chien, le fameux Foo Foo. Le futur roi de Thaïlande avait bien fait les choses en l'honneur du caniche. Les invités avaient été triés sur le volet, et le gâteau d'anniversaire de Foo Foo avait coûté une petite fortune. Les images montrent la princesse *topless* et en string, déambulant parmi ses hôtes. Très à l'aise apparemment. Elle finit par prendre des poses lascives auprès du gâteau qu'elle partage avec le caniche, en déchirant de ses jolies dents blanches la pièce montée. Le chien, très excité, semble ravi de partager son cadeau avec sa maîtresse.

Est-ce l'amour des animaux qui amène cette ancienne serveuse de bar à se conduire de cette manière en public ou bien s'agit-il de complaire à son seigneur et maître ? Foo Foo, il est vrai, est considéré à la Cour comme « un des plus proches collaborateurs » de Maha Vajiralongkorn, futur Rama X. Il participe à la plupart des déplacements officiels et il a sa page, très détaillée, sur Wikipédia. Tous les honneurs lui sont dus. Le toutou assiste aux dîners officiels en tenue de maréchal, les pattes camouflées par des mitaines brodées. L'ambassadeur des États-Unis en Thaïlande se souvient comme si c'était hier d'un dîner organisé dans sa résidence en l'honneur du prince héritier. Plus de six cents personnes étaient invitées ce soir-là, et Foo Foo, en tenue d'apparat, avait fait sensation. Tout particulièrement lorsqu'il avait sauté sur la table d'honneur et consciencieusement lapé le verre dudit ambassadeur. Le rapport adressé au département d'État, le lendemain, avait profondément troublé les diplomates en charge du Sud-Est asiatique. À quoi ressemblerait l'avenir de la Thaïlande lorsque le maître de Foo Foo serait couronné roi ?

Quand notre caniche meurt début 2015, son maître est foudroyé par le chagrin. On organise quatre jours de funérailles nationales selon le rite bouddhiste pour honorer sa mémoire. Hitler, lui aussi, adorait les animaux de compagnie, et sa chienne Blondi l'accompagnera dans la mort en avril 1945, « suicidée » dans le bunker du Führer. Il serait extravagant et totalement injustifié d'en tirer quelque conclusion que ce soit lorsqu'on évoque le profil des psychopathes et des tyrans.

Manifestement, les efforts de la princesse Srirasm n'ont pas été récompensés. Finalement répudiée, et aujourd'hui officiellement divorcée, elle vit en exil à l'ouest de Bangkok.

Dipangkorn, le fils issu de ce mariage, serait de santé fragile et aurait été placé dans un établissement spécialisé à Munich. Il est désormais le premier dans l'ordre de succession, le prince ayant répudié en 1996 sa deuxième épouse, une actrice.

Le palais ne l'a jamais officiellement confirmé, mais le roi divorcerait beaucoup. Il est père de sept enfants. Il en a délaissé quatre, qui résident aux États-Unis et qui ne rentrent pas dans leur pays. La Couronne n'a pas prévu d'assurer une pension alimentaire à leur mère, pas même pour assurer les frais nécessaires aux études des enfants.

Cet insouciant géniteur aurait, depuis, refait sa vie avec une hôtesse de l'air de la compagnie Thai Airways. Elle s'appelle Suthida Vajiralongkorn na Ayudhya, plus connue sous le diminutif de Nui. Elle a 42 ans. D'hôtesse de l'air, elle a été promue au grade de général dans la garde royale, la première femme à accéder à ce rang dans toute l'histoire de la Thaïlande. «Générale» Nui sait qu'elle a du souci à se faire si elle veut contrôler son play-boy de mari. Car la concurrence est rude, notamment face à une certaine Sineenat Wongvajirapakdi, une infirmière qui accompagne souvent le nouveau roi. Du coup, l'entourage de ce dernier ne parierait pas sur la durabilité d'un concubinage qui choque l'opinion, dans un pays où les convenances comptent lorsqu'il s'agit du style de vie du souverain. L'article 112 du code pénal rappelle toutefois à chaque Thaïlandais que les critiques et les commentaires publics à l'égard de celui-ci sont punissables d'une peine de quinze ans de prison. Et les geôles thaïlandaises sont entachées d'une fâcheuse réputation. D'autant que la justice peut en prendre à son aise avec le code pénal qu'elle interprète parfois à sa façon en doublant les sentences : comme pour cet infortuné citoyen condamné, lui, à trente-cinq années d'emprisonnement pour avoir posté sur Facebook des contenus jugés diffamatoires et insultants envers le monarque : crime de lèse-majesté, là aussi. Une centaine de personnes ont été incarcérées sous ce motif au cours des deux dernières années. Certaines ont disparu sans laisser de trace. Officiellement, on parle de «suicide».

Comparaison n'est décidément pas raison, même si quelques caractéristiques rassemblent nos chers tyrans. Certains sont nettement plus radicaux dans le «traitement» de leurs afflictions sentimentales. Prenez Idi Amin Dada. Vous penserez probablement que nous parlons là de continents différents, aux cultures variées. Amin Dada, maître de l'Ouganda, était réputé pour être instinctif, impulsif et vivant dans un irrationnel complet. On lui attribue quelque 300 000 victimes dans son pays. L'insondable mystère, c'est que Amin Dada pouvait dormir, s'éveiller, aimer et souffrir comme le reste de l'humanité. Et ses chagrins d'amour, ou plutôt ses désillusions affectives, avaient parfois de terribles conséquences pour ses êtres de prédilection. «Qui aime bien châtie bien», affirme le dicton. Amin Dada s'astreignait à s'acquitter lui-même de ses vengeances. Un certain mardi de 1974, nous sommes le 26 mars, il éprouve des soucis diffus avec sa famille. Et décide de répudier ses trois femmes. Son cousin, qu'il aime, dira-t-il, «comme un frère», tente de le renverser pour mettre un terme à la folie grandissante du régime. Amin Dada le tue alors de ses propres mains. Ce sont là d'affligeantes épreuves pour notre dictateur qui confessera que «cette journée fut une des plus douloureuses de sa vie».

Rama X n'en est pas à ce stade. Même si, après avoir divorcé de la princesse Srirasm, il a pris soin de faire emprisonner ses parents. Même si on le soupçonne d'exercer, dans l'ombre, une cruauté effarante. On a en effet constaté un nombre de décès inexpliqués parmi ses fréquentations. Certains affirment qu'on a «fait le ménage». Dans son entourage, on s'interroge notamment sur le sort d'un diseur de bonne aventure qui prodiguait ses prévisions dans l'oreille du monarque. Il serait mort lors d'une garde à vue musclée, en compagnie de deux membres de son cercle rapproché. Mort d'un empoisonnement du sang. Les deux autres se seraient « suicidés ».

Peut-on tisser un lien précis entre l'exercice despotique du pouvoir et une libido exacerbée ? Rien n'est moins sûr, même si de suprêmes tyrans se sont révélés dans l'histoire comme des individus sexuellement perturbés. On surprendrait sûrement beaucoup, et on attristerait probablement dans la même proportion, les petits écoliers de la France d'autrefois si on leur apprenait que le « bon » roi Dagobert était un violeur en série, d'une cruauté et d'une sauvagerie inouïes. Sanguinaire et sadique, c'est lui qui, au VIIe siècle, fit égorger en une nuit des milliers de Bulgares, femmes et enfants compris, venus se placer sous sa protection. Lui qui aimait beaucoup assister aux décapitations, aurait commis son premier viol avant même de devenir roi. À même pas 13 ans. Il comptait, dans la force de l'âge, une trentaine de concubines. L'histoire de France lui a pourtant réservé une légende prestigieuse.

La vérité exige qu'on ne puisse affirmer qu'il existe une sexualité type des autocrates. Adolf Hitler vivait dans l'abstinence. Ou dans l'impuissance, même si ses relations amoureuses témoignent d'un trouble extrêmement malsain. Il a 36 ans lorsque les démons de l'amour l'agrippent pour la première fois. L'objet de ses désirs, c'est sa nièce, Angelika Raubal, que l'on surnomme Geli. Elle a 17 ans. La relation, croit-on savoir, reste platonique. La jeune fille finira par se suicider en 1931. Hitler épousera Eva Braun le jour de sa mort, dans le Führerbunker, sous une pluie d'obus soviétiques. Nul ne sait si cette union a jamais été consommée.

Tout le contraire de son partenaire dans la grande croisade fasciste qui ravage l'Europe au milieu du XXᵉ siècle. Benito Mussolini aime les femmes, et il aime l'affirmer avec la plus grande fatuité. Il entend incarner la virilité. Le Duce va travailler son image, mettre en avant son physique athlétique, se pavaner en cavalier dompteur d'étalons. Il va multiplier, sans aucun complexe, les conquêtes féminines. Même s'il révèle au jour le jour un aspect étonnamment misogyne de sa personnalité. Ses compatriotes ne sont pas choqués par ces mascarades ni ce déploiement grossier de machisme. Le Duce finira pendu, les pieds en l'air, à un croc de boucher. Le même sort sera réservé à son ultime maîtresse qui, dit-on, a eu une véritable influence sur son amant.

Mao Zedong n'a guère pris de gants pour assouvir sa sexualité. Il a connu quatre épouses, un grand nombre de concubines et des centaines de maîtresses, très occasionnelles. Il reconnaissait volontiers être un «consommateur». Étant le «Grand Timonier», aucune femme n'avait le loisir, ou la liberté, de lui résister. «J'étais le chien de Mao. S'il me demandait de mordre, je mordais» : ainsi s'exprimait sa quatrième épouse, Jiang Qing, compagne des tragiques années de la Révolution culturelle et de son cortège de morts. Elle mettra fin à ses jours, elle aussi, après de longues années passées derrière les barreaux.

Quant à Staline, en bonne place dans ce trio de psychopathes criminels du XXᵉ siècle, il était, paraît-il, «peu porté sur la chose». L'exercice frénétique de la domination du peuple semble avoir suffi à satisfaire ses pulsions. Il a tout de même convolé deux fois en justes noces. Sa première femme, emportée par la maladie, décède en 1907, dix ans avant la révolution d'Octobre. La seconde, qu'il épouse en 1919, se donnera la mort treize ans plus tard. Staline semble ne jamais s'en être remis. Pour cause d'incompréhension. Comment pouvait-on décider de s'abstraire du génie d'un homme tel que lui, omnipotent, même si prédateur d'une aussi éminente nation? Un portrait de cette seconde épouse restera jusqu'à la fin de ses jours accroché dans sa chambre.

Aucun historien ne se hasarderait à une analyse péremptoire de ces tragiques exemples. Sauf que ces attitudes deviennent des outils du pouvoir. Mussolini n'utilise-t-il pas sa posture virile à l'égard des femmes comme une arme de propagande, à l'instar de Poutine? Les discours fanatiques de Hitler ne résonnent-ils pas dans une atmosphère quasi érotique qui renversait littéralement les émotions intimes de centaines de milliers de femmes allemandes qui, au passage, se félicitaient que le Führer ait choisi d'épouser l'Allemagne, et pas l'une d'entre elles, simples mortelles?

Le plus significatif de ces comportements revient sans doute à Mao qui ne faisait pas mystère de sa boulimie sexuelle. Dans le même temps, il imposait aux Chinois un mode de vie extraordinairement puritain. Une façon comme une autre d'affirmer qu'un chef absolu dispose d'un pouvoir absolu, à lui seul réservé. La seule règle commune attribuable à tous ces tyrans est qu'ils n'aiment généralement pas les femmes, ou, en tout cas, qu'ils les respectent rarement. Donald Trump nous a beaucoup aidés, ces derniers temps, à déchiffrer et à comprendre ces pulsions, associées à de lourds handicaps relevant, pour le moins, de symptômes reliés à la sociopathie.

Un très ancien dicton américain affirme qu'«il faut être deux pour danser le tango». Vérité d'évidence qui nous amène tout droit à un mystère : ces hommes détraqués, d'une inquiétante vulgarité de sentiments et d'une conduite dangereuse, ont, dans la plupart des cas, trouvé compagne. Oublions l'intérêt matériel ou égocentrique ayant pu conduire certaines femmes dans le lit ou l'intimité de ces hommes perturbés. Diane Ducret, en deux ouvrages documentés[1], entrouvre les portes d'un monde secret et décrit la vie sentimentale d'un certain nombre de monstres. Elle nous apprend que l'ayatollah Khomeini, qui a rabaissé de façon indécente la place de la femme iranienne dans l'histoire, était un gentil mari qui faisait régulièrement la vaisselle à la maison et récurait avec ardeur les toilettes pour que son épouse n'ait pas à assumer ce genre de corvée! Fidel Castro, nous dit-elle, jouait aux petites voitures dans son bureau et se consumait instantanément d'amour pour la dernière visiteuse venue.

Qu'est-ce que tout cela nous dit sur Rama X? Après tout, il a bénéficié d'une bonne éducation dans les collèges privés de la très chic Angleterre. Il s'est révélé bon étudiant dans les différentes académies militaires où il a été accueilli, aussi bien en Australie qu'aux États-Unis. Il est réputé pour être un excellent pilote, aussi bien d'avion de ligne, de chasse que d'hélicoptère. Il n'est pas apparu comme un handicapé mental lors de ses différentes formations militaires. Il est diplômé d'un collège de Bangkok pour un cursus d'études artistiques. En 1978, il a interrompu sa carrière militaire pour être ordonné moine au temple du Bouddha d'émeraude, à Bangkok. Il tient de temps en temps sa place de prince héritier du trône, en inaugurant par exemple les Jeux d'Asie du Sud-Est, en 2007. L'année suivante, il préside la cérémonie d'ouverture du nouveau Parlement. Quelques mois plus tard, il prononcera le traditionnel discours pour l'anniversaire du roi, absent pour cause de maladie. Il n'est pas étranger à la marche d'un monde moderne même s'il a un jour avoué qu'il n'avait jamais su lacer ses chaussures lorsqu'il fréquentait

---

1. Diane Ducret, *Femmes de dictateur*, tomes 1 et 2, Perrin, 2011 et 2012 ; *Les Derniers Jours des dictateurs*, Perrin, 2012.

une école huppée à Seaford, Sussex de l'Est, parce que, jusqu'à l'âge de 12 ans, c'est un domestique qui s'en chargeait.

Rama X n'est pas exportable à l'étranger. En tout cas pas dans une démocratie à l'occidentale. Mais il règne ! Il règne sur un pays aussi peuplé que la France, situé dans une région du monde où les tensions sont persistantes et dangereuses. À une époque où la religion a trouvé une place considérable et parfois malsaine sur cette planète, il est censé incarner le bouddhisme, et, surtout, les valeurs du bouddhisme. Or, on observe à Bangkok une déliquescence de ces valeurs, et les délires de grandeur, notamment sur le plan matériel, de certains moines ont de quoi inquiéter. Certains représentants du culte sont devenus de véritables idoles multimillionnaires. Les scandales financiers liés à cette corruption sèment le trouble dans un pays qui compte 30 000 temples. Bangkok ne mérite plus son nom de « cité des anges ».

Combien d'années encore ce peuple raffiné supportera-t-il la décadence de son monarque ? Longtemps, répondront ceux qui ont exploré le passé de la Thaïlande et qui ont pu peser le poids gigantesque de la tradition monarchique.

Longtemps, répondront également ceux qui regardent Rama X comme un avatar, certes, des bonnes mœurs, mais qui observent que le roi tatoué, déguisé, indolent et amoral finira, d'une manière ou d'une autre, par se plier un minimum aux devoirs de sa charge.

Pas si longtemps, affirment, au contraire, les millions de Thaïlandais qui se sentent meurtris et insultés par l'attitude d'un homme manifestement *« borderline »*. Ils cherchent encore à comprendre pourquoi ce même homme, connu pour ses incohérences, son égocentrisme et sa cruauté, a pu faire libérer, récemment, des milliers de prisonniers incarcérés dans ses prisons. Le palais a évoqué à cette occasion la « miséricorde » du roi. Le *Bangkok Post* affirme que 30 000 personnes sont concernées par ces mesures de grâce. Les condamnés à mort, heureux hommes, finiront leurs jours derrière les barreaux.

2

Au bonheur des peuples, version Caucase

«Il n'y a pas le pouvoir, il y a l'abus de
pouvoir, rien d'autre.»

Henry DE MONTHERLANT, *Le Cardinal d'Espagne*

Quel est votre pire ennemi si le destin ou une vibrante
obsession ont fait de vous un chef, un leader, un homme de
pouvoir affligé d'un désordre psychiatrique? Probablement
votre propre peuple. C'est un phénomène très ancien, lié à
l'origine de notre espèce. Cette problématique, confrontée
à la modernité, à de puissantes aspirations à la démocratie,
à la multitude des sources d'information, aurait dû, en
bonne logique, s'en trouver modifiée et compliquer la
tâche du «Líder Máximo» supposé réguler la vie de «son»
peuple. Ce casse-tête a trouvé sa solution assez simplement
au cours des dernières décennies : faites-vous élire, non par
une confortable majorité, mais par un raz-de-marée.
Surtout, n'hésitez pas! Ne tremblez pas! Le plébiscite des
peuples que vous opprimez doit être spectaculaire, autrement dit incontestable à défaut d'être indiscutable.

Il est une région du monde où l'on a compris très tôt ce
que de nombreux leaders africains avaient déjà mis en

œuvre avec un cynisme et un mépris sidérants dans les années 1960 : le Caucase. Précisons : ces nouveaux États issus de l'écroulement de l'Empire soviétique. La règle numéro un, jamais trahie, par les satrapes au pouvoir, consiste à gagner le concours du dictateur le mieux élu. Aucune exception n'est à relever. Pourtant le monde a beaucoup changé. De plus en plus de pays organisent des élections au suffrage universel pour désigner leur président. En théorie, c'est un signe de progrès plutôt encourageant. Hélas ! Ces simagrées démocratiques ne veulent rien dire si vous avez la malchance de vivre au Turkménistan, au Kazakhstan, en Azerbaïdjan ou en Tchétchénie. Tout candidat à la présidence qui se respecte est tenu d'obtenir au moins 90 % des suffrages «exprimés» et, s'il ne parvient pas à améliorer son score pendant une bonne vingtaine d'années d'affilée, il n'est pas digne d'entrer dans le club des autocrates. On peut bien envoyer sur place, le jour du scrutin, de rigoureux observateurs des Nations unies ou des organisations non gouvernementales engagées dans la défense des droits de l'homme, le processus se poursuit avec une régularité métronomique.

Les États du Caucase, séquelles du communisme, se sont spécialisés avec constance dans l'intimidation, musclée, à l'égard de toute velléité d'opposition. Les médias sont évidemment étroitement contrôlés par le pouvoir en place. Les électeurs, eux, sont menacés si nécessaire. Lorsque le sort des urnes demeure malgré tout incertain, les votes sont truqués. Et puis, au bout du compte, l'arme absolue, c'est le candidat unique. Aucun risque de dérapage démocratique, pas d'accident à l'arrivée. La dernière fois que le président kazakh Nazarbaïev a eu l'élégance de se représenter devant les électeurs en 2015, il a été reconduit à la tête de l'État avec 97,7 % des suffrages. Il a été battu au classement par son collègue turkmène Gurbanguly Berdimuhamedow qui a réussi à atteindre les 98 % de voix favorables en 2017. Islam Karimov, l'Ouzbek, en petite forme, n'a réalisé qu'une performance moyenne : 88,1 % des suffrages, en baisse par rapport à l'élection précédente où il avait dépassé les 90 %. Il a avancé une explication : il avait, face à lui, trois candidats alternatifs dont la principale originalité avait consisté à soutenir le président sortant, Karimov lui-même. On se prend à rêver devant cette vertigineuse campagne. Karimov a dû, en connaisseur, savourer ce galimatias mental. En tout cas, il est, à l'époque, le seul président que le pays ait connu depuis sa création, en 1991, et il ne manifeste pas l'intention prochaine de quitter la politique. La Constitution adoptée au moment de l'indépendance prévoit pourtant que le nombre de mandats consécutifs à la présidence est limité à deux, mais personne n'a jugé nécessaire de signaler la moindre infraction à la loi. Ou plutôt nul n'a eu l'imprudence de contester formellement cette forme douce de coup d'État. Personne n'a eu l'outrecuidance de relever le fait qu'un nombre substantiel de signatures identiques avait été remarqué sur les registres de vote dans les bureaux visités par les observateurs étrangers.

Passons rapidement sur le cas d'Ilham Aliev, reconduit à la plus haute fonction en Azerbaïdjan avec 88,7 % des suffrages. Prudemment, l'Organisation pour la sécurité et la coopération en Europe, l'OSCE, a conclu que «le scrutin n'avait pas reflété les principes d'une élection véritablement pluraliste et démocratique». Aliev a succédé à son père, Heydar, ancien responsable du KGB qui a dirigé son pays jusqu'à sa mort, en 2003. Il faut souligner au passage que l'Azerbaïdjan dispose de très importantes réserves de gaz et de pétrole. Ce qui pourrait expliquer la mansuétude des grandes puissances à l'égard du potentat local avec qui, d'ailleurs, les États-Unis entretiennent les meilleures relations.

Il serait tout à fait injuste de ne pas citer d'autres chefs d'État qui réalisent de mirifiques performances les jours d'élection. En Algérie, Abdelaziz Bouteflika recueille régulièrement plus de 90 % des suffrages. Le président du Burundi fait mieux avec 91,6 %. Au Rwanda, Paul Kagame remportait la compétition avec 93 % des voix, un peu en dessous de la performance réalisée en Guinée équatoriale par Teodoro Obiang Nguema Mbasogo réélu pour la cinquième fois en 2009 avec le soutien de 95,4 % de ses concitoyens. L'ONG Human Rights Watch considère que Nguema est l'un des pires dictateurs qui soient, qu'il est bien décidé à rester au pouvoir et à contrôler pour son compte personnel les riches ressources pétrolières du pays. Dernier constat de l'ONG : « La Guinée équatoriale est un des régimes les plus corrompus et les plus répressifs du monde.» Bachar el-Assad, le Syrien, dont il sera évidemment question plus avant dans cet ouvrage, a été réélu pour un second mandat de sept ans, en 2007, avec 97,6 % des voix. Précisons que l'opposition avait choisi de boycotter le scrutin, estimant que les Syriens ne pourraient pas choisir démocratiquement l'homme destiné à diriger le pays. Résultat : plus de 11 millions de bulletins favorables à Bachar el-Assad récoltés dans les urnes contre 19653 disant « non » et 253000 votes blancs. Le ministre de l'Intérieur de l'époque en avait conclu publiquement que « ce grand consensus montrait la maturité politique de la Syrie et l'éclat de [sa] démocratie». Mais le champion du monde des élections truquées s'appelle Ismaïl Omar Guelleh. Il règne sur une ancienne colonie française, indépendante depuis 1977, Djibouti. Lors des dernières élections, il a réussi un score imbattable : 100 % des voix. Pourquoi diable s'embarrasser de simulacres ou de faux-semblants, sauf à se faire couronner roi ou empereur, ou encore à se faire désigner par un parti unique comme c'est le cas en Chine, en Corée du Nord, à Cuba ou au Vietnam !

Cela dit, se faire élire avec un résultat digne d'une pièce d'Alfred Jarry pourrait ne pas faire obligatoirement de ces chefs d'État des dictateurs ou des psychopathes. Jacques Chirac, en 2002, a été reconduit pour un second mandat, face à Jean-Marie Le Pen, avec 82,21 % des suffrages, et personne n'a jamais songé à le qualifier d'autocrate ayant «bourré» les urnes...

Hélas : ces victoires électorales extorquées, au mépris des principes démocratiques, s'accompagnent fort souvent d'agissements personnels infiniment critiquables. D'ailleurs, tous ces champions mondiaux des urnes semblent se connaître et s'apprécier. On a pu le constater à l'occasion de la mort de Fidel Castro en novembre 2016. La disparition du Líder Máximo n'a pas arraché des tombereaux de larmes à travers le monde après des décennies d'une féroce dictature. Mais on a exprimé un intense chagrin du côté de chez Kim Jong-un ou d'Alexandre Loukachenko, le Biélorusse. Le président chinois, Xi Jinping, y est allé lui aussi de son compliment : «Le camarade Castro vivra éternellement.» L'empire du Milieu reste un fier État communiste !

Le vrai danger, pour les experts en géopolitique, c'est que cette internationale de la tyrannie a pris une autre envergure et, à dire vrai, une autre nature. Il fut un temps où l'on convenait, sans doute par paresse intellectuelle, que certains peuples étaient «destinés» à souffrir de déplorables exactions de la part de leurs dirigeants. L'Afrique semblait frappée d'un tropisme évident : le continent noir avait besoin, dans un coin sombre de son âme, de vivre sous le joug. Et c'est vrai : quelques-uns des psychopathes les plus monstrueux de la planète ont exercé leur cruauté pendant des décennies dans cette région du monde, sous le regard cynique, parfois même amusé, de grandes nations dites civilisées. On appelle cela un «préjugé», et les sociétés occidentales s'accommodent plutôt bien de ces constats simplistes. On se borne à constater que c'est dans la nature des choses. Si l'on veut ajouter un peu plus d'objectivité cognitive au propos, on précise que les conflits ethniques endémiques sur le continent africain expliquent en grande partie cette continuelle cruauté. Ce qui ne justifie en rien, au passage, que des hommes sans foi ni loi exercent sur des populations impuissantes une incroyable brutalité. Ces chefs d'État révèlent quasi systématiquement un gigantesque appétit pour la richesse, là encore sous le regard relativement indifférent des nations démocratiques. Nous reviendrons sur les particularités psychiatriques de ces personnages sanguinaires.

Mais ce qui s'est trouvé profondément modifié au cours des vingt ou trente dernières années montre que cette barbarie fructifie dans un nouveau monde, un monde « apolaire », comme le décrivait très précisément Laurent Fabius lorsqu'il était ministre des Affaires étrangères de la France. Selon lui, la situation s'est aggravée parce que de nombreux pays, en particulier ceux qui ont acquis leur indépendance à la suite de la chute du mur de Berlin, n'ont plus eu l'obligation de respecter certaines règles minimales, leur « gendarme » de tutelle ayant perdu son influence et sa capacité à réguler ses anciens satellites. Les rapports entre les nations ont changé, et aucune puissance n'est aujourd'hui en position de fixer les règles : ni les États-Unis de Donald Trump, ni la Russie de Vladimir Poutine, ni même la Chine (et ses 1 400 millions d'habitants) de monsieur Xi Jinping. Le chaos permet aux leaders irrationnels de vivre leurs errances sans contrôle, et les alliances se modifient constamment. Le cas de la Turquie est intéressant, à ce stade : elle vogue depuis plusieurs années au gré de ses intérêts conjoncturels. Membre de l'OTAN, elle va jusqu'à menacer l'Europe et, au coup par coup, privilégie ou non la Russie. Sans se préoccuper de cohérence géopolitique. Voilà un contexte extrêmement favorable où se sont épanouis depuis longtemps déjà des «entrepreneurs» individuels, qui n'ont de compte à rendre à personne, et qui ont même des services à échanger avec les pays plus importants. L'équilibre international? Ce n'est pas leur affaire, et ils se comportent de manière irrationnelle au gré de leur situation personnelle. Le monde est fatigué. Ils en tirent profit, dans la plus parfaite impunité. Que signifie aujourd'hui une condamnation de l'ONU lorsqu'on s'appelle Bachar el-Assad? Ou Kim Jong-un?

Relevons qu'il y a des degrés sur l'échelle de la mégalomanie et de ses conséquences sur le reste de la planète. C'est ce qui rend l'étude des républiques caucasiennes fascinantes. Nous avons là affaire à des potentats bien installés, depuis longtemps, efficaces dans leur maîtrise du pouvoir absolu et manifestement très perturbés individuellement. Ils ont été plébiscités par leurs ouailles, qui entendent très clairement, et d'expérience bien souvent, la menace de suprêmes châtiments. Ils se sont enrichis comme des ogres. Ils n'ont pas l'intention de modifier quoi que ce soit dans le cours des choses, et améliorer le sort de la population n'a jamais été, et ne sera jamais, à l'ordre du jour. Ils ont réalisé un rêve : ils règnent en monarques toutpuissants et en tirent d'infinies satisfactions. À de très rares exceptions près, sauf quand certains s'emploient à mettre en péril la sécurité du monde entier, ils ne menacent pas l'équilibre du système à proprement parler, même s'ils ne participent en aucune manière à sa stabilité. Ils ne menacent pas forcément leurs voisins. Les lois du libre-échange, ils les comprennent. Plus ou moins. En fonction de leurs intérêts. Et des intérêts de leurs proches. Ils sont insensibles. Ils ont compris l'épuisement généralisé des grandes puissances. Comme les mafias qui autrefois géraient la ville de Chicago, ou l'économie de la Sicile. Ils méprisent et maltraitent les ONG qui ont l'outrecuidance de dénoncer leurs exactions. Et surtout, ils s'assurent de maintenir leur pays dans un isolement profond, à l'abri du progrès.

Il suffit d'étudier de plus près trois avatars de l'effondrement soviétique : la Tchétchénie, la Biélorussie et le Turkménistan. Leurs voisins, au passage, font les frais de leurs violations permanentes des droits de l'homme. Mais les hommes qui dirigent d'une main de fer les trois États cités plus haut semblent illustrer de manière quasi clinique la naissance, le fonctionnement et le comportement de psychopathes au pouvoir.

Ramzan Kadyrov est un personnage qui interpelle. Shakespeare aurait pu s'intéresser à lui : pas pour la profondeur mystérieuse d'une âme tourmentée, mais, plus prosaïquement, pour sa relation à autrui. Le président tchétchène, au pouvoir depuis plus d'une décennie est, dit-on, un protégé de Vladimir Poutine qui, on le sait, n'apprécie guère la population tchétchène. Il a d'ailleurs fait écraser consciencieusement les rebelles indépendantistes au début des années 2000 avec un dynamisme et une absence de scrupule remarquables. Kadyrov admire Poutine et se déclare fréquemment prêt à mourir pour son «ami». Auquel il doit beaucoup!

Il lui doit notamment d'être au pouvoir, sans rival, de s'être enrichi outrageusement et de bénéficier de cet incroyable privilège, réservé à quelques rares individus : faire régner sa loi absolue sur une population entière. En Tchétchénie, chacun, hélas, a des raisons de se sentir concerné et de vivre dans l'anxiété. La mort a rôdé, rôde encore. Kadyrov est un homme violent, même s'il se contente de se présenter, humblement, comme un «bagarreur». Il aime persécuter et torturer les homosexuels, qui, d'après lui, ne peuvent pas exister dans sa Tchétchénie. Il a un faible pour les lions, qui représentent tout pour lui, ce qui ne cesse de laisser pantois les psychiatres qui se sont penchés sur son cas. Il se pâme devant les stars de cinéma, y compris notre cher Gérard Depardieu. Rappelons que l'acteur français est citoyen d'honneur de la Tchétchénie et qu'il est également détenteur de la double nationalité franco-russe depuis 2013. On dit que Depardieu qualifie volontiers le dictateur d'ami. Il avait d'ailleurs été convié à son anniversaire en 2012, et il était retourné sur place l'année suivante pour un tournage. Lorsqu'on connaît un peu l'acteur, enclin à l'extravagance, on pourra considérer qu'il n'a pu résister à une curiosité : celle d'approcher et d'examiner un « monstre ».

S'il n'hésite pas à faire disparaître les homosexuels sur lesquels ses sbires mettent la main, Kadyrov n'est que tendresse pour les oisillons tombés du nid, qu'il nourrit lui-même au biberon, et il se pavane volontiers à cheval, histoire de montrer qu'il est un homme, un vrai. Il se promène, y compris dans les réceptions officielles, avec un colt automatique plaqué or coincé dans sa ceinture, à l'arrière de son jean, comme dans les séries télé américaines. Il est président de la « République » de Tchétchénie, partie intégrante de la grande fédération de Russie !

Ramzan Akhmadovitch Kadyrov est né en octobre 1976. Il a succédé à la tête de l'État à Sergueï Abramov, maladroite victime d'un accident de voiture. On décède relativement souvent dans l'environnement de ce viril patron, qu'on soit journaliste ou opposant politique. Il faut dire qu'il a des raisons d'être méfiant : son propre père, Akhmad Kadyrov, qui lui-même a présidé au destin de la Tchétchénie pendant deux ans, est mort assassiné dans l'explosion d'une bombe.

Histoire de montrer qu'il n'est ni un imbécile ni un homme fruste, il s'est fait nommer membre de l'Académie des sciences naturelles de la Russie et de la République tchétchène. Il est marié à une certaine Medni Moussaïevna

Kadyrova dont il a eu sept enfants. Madame Kadyrov est une épouse parfaite. Elle aime les fleurs et affiche un certain don dans la composition des bouquets. Elle est une excellente cuisinière, et toute la maisonnée se régale de ses petits plats. Elle s'entend très bien avec sa belle-mère et s'occupe impeccablement de sa progéniture. Elle a bon cœur, et la cruauté envers les animaux la fait défaillir. On a pu la voir sur Instagram relâcher des poissons qui venaient d'être pêchés parce que ce sont des créatures sensibles. Son époux est généreux : en plus de ses enfants, il a adopté deux garçons. On l'a vu : il ne rechigne pas à se montrer en compagnie de célébrités qu'il invite à séjourner en Tchétchénie. Pour son 35ᵉ anniversaire, il a convié – contre une contribution en centaines de milliers de dollars – des personnes aussi connues que Jean-Claude Van Damme, Kevin Costner, Eva Mendes, Shakira et Mike Tyson. Tout le monde n'a pas jugé bon de faire le déplacement. Car Kadyrov n'est pas exactement le genre de relation dont on se vante dans la jet-set. Il fait l'objet d'une interdiction de séjour sur le territoire des pays de l'Union européenne, ainsi que du gel de ses avoirs sur le continent. Pas parce qu'il se conduit comme un psychopathe dans son pays, mais parce que ces sanctions concernent la fédération de Russie depuis la crise ukrainienne en 2013. 4 2022

Curieux personnage sur le plan politique aussi : il est en guerre contre Daech qui, à plusieurs reprises, a manifesté l'intention d'intervenir dans les pays du Caucase. « Ce sont des bandits armés par les États-Unis », déclare-t-il. Mais on le retrouve à la tête des manifestations orchestrées en Tchétchénie pour protester contre les caricatures de Mahomet publiées par *Charlie Hebdo*.

La disparition politique voire l'élimination des adversaires ont toujours fait partie de la panoplie du tyran névropathe, avant même que Néron ne soit devenu empereur.

Les mêmes causes produisent généralement les mêmes effets. La particularité de Kadyrov, c'est qu'il se moque totalement du jugement que l'on porte sur sa personne. L'ONG Memorial l'accuse d'avoir commandité l'assassinat de Natalia Estemirova le 15 juillet 2009 à Grozny. Peu avant son assassinat, la journaliste avait été convoquée au palais présidentiel par Kadyrov. Elle s'était présentée tête nue, sans porter le voile imposé aux femmes par le pouvoir. Kadyrov s'en était trouvé profondément perturbé : «Tu dois te comporter comme une femme respectable, pas comme une pute. Tu me provoques. Tu m'excites avec tes cheveux[1]...»

Natalia Estemirova n'est pas la seule à avoir payé de sa vie son opposition et son courage : le 7 octobre 2006, c'est Anna Politkovskaïa qui avait été retrouvée assassinée à Moscou. La journaliste n'était pas tendre dans sa dénonciation des pratiques du président tchétchène : «Qu'est-ce que le syndrome Kadyrov? écrivait-elle à l'époque. On peut le caractériser par les traits suivants qui sont l'insolence du rustre et la cruauté masquée. En Tchétchénie, les kadyrovtsy [des miliciens] frappent les hommes et les femmes [...] ils les décapitent de la même façon que leurs ennemis wahhabites. Et tout ceci est justifié et commenté par les plus hautes autorités comme des "détails mineurs".» D'autres encore subissent le même sort. Soulim Iamadaïev est assassiné à Dubaï. Mais aussi Mussa Assaev, Islam Djanibekov, Gazi Edilsoultanov, Oumar Israïlov, autant de citoyens tchétchènes qui ont eu le grand tort de manifester, à un moment ou à un autre, leur indignation. Les tueurs frappent où ils veulent, y compris en Europe. Le maître de Tchétchénie en est-il responsable? D'aucuns l'avancent, lui dément. Reste que personne ne songera, ou même n'osera, lui demander des comptes. On relèvera tout

---

1. *Los Angeles Times*, 2008.

de même la réaction du département du Trésor américain qui, fin décembre 2017, inscrira Kadyrov sur la liste des individus sanctionnés en vertu de la loi Magnitski après l'avoir reconnu coupable de cette longue série de meurtres extrajudiciaires. Il verra même ses profils Instagram et Facebook suspendus. Un véritable supplice pour un homme qui passe une bonne partie de son temps sur les réseaux sociaux. Il arrive qu'on s'ennuie, même lorsqu'on jouit du pouvoir suprême.

Quand on parvient à fouiller dans la mémoire de ce compte Instagram, on reste pantois. À côté, Donald Trump est un bon garçon affligé d'une grande timidité. On y apprend, pêle-mêle, que le président tchétchène a le plus grand respect pour les motards qui «contribuent à l'éducation patriotique de la jeunesse et au renforcement de l'amitié entre les peuples». On l'a dit, l'homosexualité attise chez Kadyrov une haine hystérique qui, hélas, se traduit par une chasse aux sorcières dans son pays. Il appelle d'ailleurs les familles à «laver leur honneur» elles-mêmes lorsque leur fils ou leur fille tombe dans cette diabolique déviance. «Laver son honneur» en Tchétchénie signifie généralement le laver dans le sang. Autrement dit, on encourage ouvertement un père ou une mère à trucider son enfant coupable de tendances homosexuelles. Sur Instagram, Kadyrov modère la portée de tout cela et s'absout de toute responsabilité puisqu'«il n'y a pas d'homosexuels en Tchétchénie. Vous ne pouvez pas détenir et persécuter ceux qui n'existent pas». Il suffisait d'y penser. Hélas, les témoignages recueillis sont accablants. Le réseau russe LGBT a récemment rendu un rapport concernant la traque des homosexuels, organisée par les services d'État, policiers et militaires. *Novaïa Gazeta* affirme que des centaines de Tchétchènes sont arrêtés, détenus dans des lieux secrets, dans des conditions inhumaines et systématiquement soumis à des traitements dégradants et à la torture.

L'une de ces victimes témoigne des conditions de son séjour en prison : «Tous les jours, des homosexuels étaient internés. Notre cellule était très petite. On s'y entassait à quinze ou seize personnes. On ne pouvait ni manger, ni marcher, ni dormir. Il m'est arrivé d'être battu par sept ou huit gardiens. À coups de botte, car ils disaient qu'ils étaient dégoûtés de nous toucher avec les mains. Ensuite, ils ont commencé à me battre avec des tuyaux en plastique.» D'autres témoignages décrivent les tortures à l'électricité, une des spécialités tchétchènes.

Toute personne soupçonnée de pratiquer une «sexualité déviante» est détenue au minimum pendant un mois. Pour confondre d'autres individus «coupables», la police a mis en place de faux sites de rencontre. Les imprudents se voient fixer un rendez-vous et se font interpeller. La police encourage évidemment la délation et recrute des informateurs en prison. Autre témoignage d'un détenu, devenu contre son gré «chasseur de gays» : «J'ai craqué après avoir été obligé de regarder une vidéo dans laquelle on voyait les tortures que j'allais devoir subir si je n'obtempérais pas : un tube entouré de fil barbelé introduit dans l'anus d'un prisonnier.»

L'obsession de Kadyrov concernant l'homosexualité donnerait probablement matière à réflexion à tout psychanalyste. «S'il y a des gays chez nous, qu'on les déporte au Canada. Plaise à Dieu! Pour purifier notre sang!» Il ne s'agit pas là simplement d'un indécent propos lâché en catimini loin d'oreilles indiscrètes. Ce sont des paroles prononcées face caméra lors d'une interview accordée à une chaîne de télévision américaine, en l'occurrence HBO, le 14 juillet 2017. Les ONG ont lancé l'alarme : en quelques mois, plus d'une centaine d'homosexuels ont disparu, sans laisser de trace. Réponse de Kadyrov : «Ce ne sont pas des hommes.»

Le compte Instagram de Kadyrov aurait rassemblé jusqu'à 2,7 millions d'abonnés. Pas mal pour le chef d'un pays de 1,4 million d'habitants! Le président de la République française, Emmanuel Macron, ne peut revendiquer, à ce jour, que 911 000 abonnés. Il y a des séquences rafraîchissantes, toujours sur Instagram. Par exemple lorsque le président tchétchène joue avec des animaux ou avec ses enfants. Ou lorsqu'il badine en toute décontraction avec des stars, déjà citées. Il prend toujours soin d'afficher son amitié chaleureuse à l'égard de Vladimir Poutine... ou Bachar el-Assad.

En «scrollant» le compte Instagram de notre leader non éclairé, on remarque la dévotion constante qu'il affiche à l'égard de l'islam. Il tient à faire savoir, *urbi et orbi*, que son engagement religieux est total. On peut apprécier la bonne vie, et en abuser, tout en étant pieux jusqu'à l'outrance. Il instaure des restrictions sur la vente d'alcool. Les femmes travaillant au sein de l'administration sont tenues de porter le voile. Il ne s'oppose pas le moins du monde à la polygamie et il ne décourage pas davantage cette regrettable tendance des maris tchétchènes à se venger brutalement lorsqu'ils s'estiment «déshonorés». Il va justifier toute une série d'assassinats qu'il qualifie, lui, de «crimes d'honneur» : «Quand une femme se comporte de façon amorale, l'homme la tue. On peut comprendre certaines motivations...» Son équanimité le contraint malgré tout à réprimander, à la télévision, ces hommes qui ont laissé leurs épouses s'exprimer librement sur les réseaux sociaux. Il préconise des solutions simples : «Enfermez-les à double tour, ne les laissez pas sortir.» Il se montre assez roué pour expliquer que cette position ultraconservatrice constitue un excellent moyen de lutte contre l'islamisme. Comprenne qui pourra!... Une stratégie qui ne semble pas avoir eu d'effet sur l'état d'esprit de certains de ses sujets. La Tchétchénie a fourni un impressionnant contingent de combattants dans les rangs de l'État islamique. Il a instauré une législation autonome directement inspirée de la charia. Ce qui réjouit évidemment les mâles et désespère leurs épouses et leurs filles. Il s'agit pourtant là d'une violation flagrante de la Constitution et des lois en vigueur dans la fédération de Russie. On n'a pas entendu Vladimir Poutine dénoncer ce dérapage ni même s'en offusquer. Apparemment, le Kremlin estime que la chape de plomb qui pèse sur le pays représente un prix raisonnable à payer pour en finir avec tous ceux qui, pendant des années, se sont opposés à la tutelle de la Grande Russie. Alors, Poutine laisse construire les mosquées par dizaines, autorise l'enseignement religieux dans les écoles, et tant pis si l'émancipation de la femme n'est pas pour demain et si les droits élémentaires des homosexuels sont systématiquement bafoués.

Kadyrov a réussi ce prodige de renvoyer à toute allure vers le Moyen Âge un pays qui ne parvenait que très difficilement et très douloureusement à en sortir. Ce cauchemar est parfois drolatique. Le maître absolu a l'habitude de se déguiser en féroce chevalier d'une époque très lointaine et révolue. Ses vidéos, exotiques, mettent en valeur l'homme tchétchène, ses muscles, son ardeur, son courage. D'ailleurs, lui, devant la caméra, s'entraîne, se fait du muscle, pratique les arts martiaux.

Il fut un temps où l'on parlait simplement de culte de la personnalité. Les commentaires personnels postés sur les réseaux sociaux par Kadyrov ne sont pas dénués de bon sens. Par exemple : «Je ne cacherai pas le fait que, en tant qu'homme, je respecte le pouvoir.» Comme si Bonnie and Clyde confessaient devant un coffre-fort éventré qu'ils ne détestaient pas l'argent. On plaint ses enfants qui, dès l'âge de 10 ans, doivent se retrouver sur un ring de boxe pour faire montre de leur virilité. Les petits Kadyrov gagnent tous leurs combats. Personne n'oserait fâcher leur illustre père. On plaint aussi son épouse, comme du reste l'ensemble des femmes tchétchènes dont la condition s'est profondément détériorée ces dernières années.

Irena Brežná est journaliste. Elle a été témoin des combats en Tchétchénie et a tiré de cette expérience un roman qui a rencontré un grand succès en Allemagne en 2008 : littéralement, *Du meilleur des mondes*[1]. Elle a analysé avec précision et autorité, pour la presse suisse, le martyre des femmes tchétchènes et nous rappelle que, chaque année, le troisième dimanche de septembre, la Tchétchénie commémore la journée de la Femme en hommage aux quarante-six héroïnes de Dadi-Yurt qui, en 1819, ont préféré se suicider plutôt que de suivre les soldats russes qui les avaient capturées. Sur ordre du tsar, le général Ermolov avait, sans aucune retenue, soumis les tribus du Nord-Caucase. Le 15 septembre 1819, le village de Dadi-Yurt avait été bombardé par l'artillerie russe, puis incendié. Tous les hommes avaient été tués au combat. Lors de la traversée du fleuve Terek, les quarante-six femmes enlevées s'étaient précipitées dans les flots, entraînant dans leur mort leurs ravisseurs. Ainsi le veut la légende ! Vu la situation de la population féminine en Tchétchénie, cette commémoration constitue une monstrueuse insulte à l'égard du statut des femmes dans le pays. Un cynisme d'État absolument révoltant. Personne n'a les moyens d'y trouver quoi que ce soit à redire. Un seul homme décide, et personne n'est à l'abri de ses foudres. Comme dans d'autres pays tyrannisés par le passé, on a vu le comportement des hommes, humiliés, soumis à leur dictateur, modifier leur comportement vis-à-vis des femmes. Ces hommes se vengent, dans l'impunité, sans aucune crainte de la justice ou du droit.

Ramzan Kadyrov n'est évidemment pas hostile, par principe, à la polygamie. Quatre femmes pour chaque

---

1. Irena Brežná, *Du meilleur des mondes*, Éditions d'en bas, 2014.

mâle en état de procréer, voilà qui pourrait rétablir assez rapidement l'équilibre démographique après les massacres infligés par deux terribles guerres. D'ailleurs, le président s'est rendu très officiellement au mariage d'un policier de haut rang épousant une jeune fille de 17 ans, mineure, alors qu'il était déjà légalement uni à une autre femme. «L'amour n'a pas d'âge», a déclaré Kadyrov avec un petit sourire espiègle. Louisa, la jeune mariée, a trente ans de moins que son mari. Lors de la cérémonie, qualifiée de «mariage du millénaire» par Kadyrov, il a fallu poser à trois reprises la question rituelle à la jeune fille : «Voulez-vous prendre pour époux Najoud G.?» Elle a tristement gardé les yeux baissés et a fini par consentir d'un signe de tête.

Comme beaucoup d'individus dérangés à qui on a laissé trop longtemps la bride sur le cou, Kadyrov extrait parfois de son cerveau des idées tout à fait inattendues. Comme celle-ci : pourquoi ne pas contraindre les femmes divorcées à retourner chez leur mari? C'est une «priorité» proclamée très sérieusement par le président tchétchène en juillet 2017. Pour le bien des enfants! Les couples ainsi restaurés seront placés sous l'autorité d'un comité de surveillance. Kadyrov justifie ainsi sa décision : «Les enfants élevés par leur mère seule sont davantage susceptibles que les autres de glisser sur la pente de l'islamisme radical.» L'État a déjà comptabilisé plus d'un millier de couples reconstitués. Imposer le bonheur à ses ouailles fait partie de ces dérèglements pathétiques qui jalonnent l'histoire de l'humanité.

Irena Brežná a bien des histoires à faire connaître au monde entier sur le sujet. «Déjà, écrit-elle, le simple fait d'être belle en Tchétchénie, est une malédiction : enlèvements, traite des femmes, crimes "d'honneur", les menaces sont nombreuses.» Avec le soutien de Kadyrov, les coutumes patriarcales se sont durcies. Ajoutez-y les règles de l'islam radical à l'égard des femmes et la répression politique. Elle cite l'exemple d'une mère réfugiée en Suisse avec ses deux filles. Laquelle explique aux autorités helvétiques qu'elle ne peut plus vivre dans son pays car Selima, son aînée, est belle. Elle a 15 ans. La plus jeune s'apprête à devenir aussi jolie. Et c'est la promesse de connaître l'enfer. En toute candeur, pour prouver sa bonne foi aux services de l'immigration qui l'interrogent sur la réalité des menaces pesant sur ses deux filles, elle soulève tendrement les cheveux de jais de son aînée, comme s'il s'agissait de traces de torture. Et cette peau de velours ? C'est un nuage sur le sort de son enfant.

On soupçonne Kadyrov, l'époux idéal, de ne pas résister aux offrandes que lui feraient ses sbires, les fameux kadyrovtsy. Les adversaires du potentat prétendent que les favorites du Président qui, contraintes ou effrayées, acceptent ses hommages sont nourries et logées dans les immeubles flambant neufs construits à Grozny. Dictature et coutumes ancestrales se mêlent pour composer un véritable enfer. Irena Brežná narre les mésaventures d'une jolie villageoise, nommée Sargan. Elle est enlevée et déportée comme esclave sexuelle dans le sud de la Russie. Quelques mois plus tard, on lui laisse le choix : être vendue dans un pays arabe, ou retourner d'où elle vient, tout en sachant que sa famille la condamnera à mort parce qu'elle est «souillée». Sargan opte pour la mort, qui sera infligée par les siens. C'est l'imam de son village, alerté, qui la sauvera en faisant savoir qu'il était prêt à épouser «l'impure». Un dénouement exceptionnel dans cette région du Caucase où la femme ne jouit d'aucun droit, où elle est considérée comme coupable si elle est abusée. Avant Kadyrov, les hommes de la famille pouvaient obtenir vengeance en tuant les prédateurs qui avaient abusé de leur fille, leur sœur ou leur épouse. Aujourd'hui, il est plus facile de laver son honneur dans le sang de la femme humiliée et déchue.

Notre sémillant président illustre parfaitement la figure du despote dérangé, en toute candeur. Aux journalistes de la BBC qui l'interrogent, il montre un lionceau qu'il a reçu en cadeau. Quand il tend la main vers l'animal, celui-ci lui montre les dents. Ce qui, somme toute, est dans la nature des choses lorsqu'on a affaire à un jeune fauve. « Un jour, je lui apprendrai qui est le maître, affirme Kadyrov, un brin bravache. Soit ce lion me tuera, soit il apprendra à obéir. » Un précepte qui vaut pour le peuple tchétchène. Le psychopathe ne déteste pas la simplification de la pensée. Moins l'équation est complexe, sans référence à l'affect ou au sens moral, plus la satisfaction mentale semble garantie.

Comme son ami Poutine, il adore se mettre en scène. On l'a vu sur Instagram maîtriser un crocodile à mains nues. L'image donne un peu l'impression d'avoir été manipulée mais, comme un enfant, le héros de cette vidéo semble vraiment jouir de l'instant. Kadyrov n'est pas un chaud partisan du costume et des souliers cirés, la panoplie traditionnelle des chefs d'État du monde entier. Même au fin fond de l'Afrique, les présidents ont généralement à cœur d'afficher leur statut en arborant des complets confectionnés dans les meilleures étoffes, et la cravate de soie est en général chatoyante. La tenue préférée du maître de la Tchétchénie, en revanche, c'est le treillis militaire. Lorsqu'il souhaite varier les plaisirs, il porte les vêtements traditionnels du guerrier tchétchène, une sorte d'armure médiévale, le chef coiffé d'un casque de métal, le tout assorti d'une cotte de mailles du meilleur effet. Même à Hollywood on n'ose plus ressortir ce genre de déguisement pour les films de cape et d'épée ou pour faire revivre la légende des chevaliers Teutoniques. Quels que soient les accessoires utilisés, le principe général est de montrer à ses sujets qu'on est un homme, un vrai. Kadyrov avoue à la journaliste Anna Politkovskaïa, dans une interview publiée par le journal *Le Monde* en 2004 : «Je ne dirais pas que nous, les Tchétchènes, sommes stupides, mais nous sommes plus guerriers que les autres nations» !

Plus violents également si l'on en juge par un épisode lui aussi enregistré par les caméras. Nous sommes en 2013. Kadyrov, un vrai fan de boxe, monte sur le ring, en short, les gants vissés sur les poings. Face à lui : un ministre de son gouvernement. Ce dernier a semble-t-il failli à sa tâche. Son chef lui administre une correction. Devant pareil adversaire, le pauvre ministre n'ose guère se défendre et, sans grande surprise, il est déclaré vaincu. Le vainqueur, très satisfait de sa performance pugilistique, commente le match : «Avec un crochet du gauche et du droit, je lui ai montré comment il devait faire marcher sa tête.» Une méthode encore assez peu courante dans les allées du pouvoir à travers le monde.

La Tchétchénie a de tout temps alimenté un climat propice à la violence. Les guerres menées contre l'armée russe par les indépendantistes dans les années 1990 ont atteint des sommets de cruauté et de destruction, de part et d'autre. Le propre père de Kadyrov, Akhmad, grand mufti de Tchétchénie, nommé à la tête de son pays en 2003, va lancer une véritable croisade contre Moscou. Face à la puissante armée Rouge, il déclare que chaque citoyen tchétchène doit tuer au moins cent cinquante Russes. Akhmad changera bien vite de point de vue, face à ses concurrents islamistes, et il se rangera derrière l'implacable Poutine, dont la haine à l'égard des «terroristes» tchétchènes n'a pas de limites. Le fils, Ramzan, devient chef suprême de la sécurité. Ce qui n'empêchera pas le père de mourir à la suite d'un attentat, comme on l'a dit.

Une bombe avait été coulée dans le béton du stade, tout juste rénové, où était prévu un défilé militaire en l'honneur du Président. Les Tchétchènes manifestent parfois une incroyable créativité lorsqu'il s'agit de trucider leur adversaire et de satisfaire un désir de vengeance.

Cet «incident» professionnel ne va pas nuire à la carrière du fils Kadyrov puisque Poutine le désignera comme digne successeur d'Akhmad. Kadyrov, au fil des années, fera tout pour plaire à son mentor avec l'aide d'une milice qui lui est entièrement dévouée : les kadyrovtsy déjà évoqués. Ce sont des durs, détestés et craints par la population. Ils ont quitté les rangs de l'armée, de la police, et ont bien souvent combattu précédemment dans la guérilla rebelle. Kadyrov est très fier d'eux : «Ils sont invincibles», explique-t-il aux journalistes de la BBC venus lui rendre visite.

Invincibles, on ne sait pas! En tout cas ils font preuve d'une cruauté, d'un sadisme et d'une immoralité qu'on ne rencontre que dans les dictatures les plus féroces. Les témoignages des malheureux qui sont passés entre leurs mains et qui ont eu la chance inouïe de survivre pour raconter leurs malheurs font douter de l'espèce humaine. Comme la mésaventure que contera en 2009 au *New York Times* Umar Israilov. Le jeune homme n'a pas grand-chose à confesser auprès des kadyrovtsy qui l'enlèvent au début des années 2000. Ne pas avoir d'aveux à faire est, hélas, la pire des situations lorsque l'on tombe aux mains de barbares. Il est torturé, et c'est Kadyrov en personne qui lui inflige, avec une certaine délectation, le supplice de la «gégène» expérimenté il y a longtemps déjà dans le bled algérien par certaines unités de l'armée française. Pour réparer ses «torts», et pour sauver sa peau, Umar Israilov fait savoir à ses tortionnaires qu'il est tout disposé à rejoindre le camp des miliciens. Il est libéré, détruit psychologiquement et fuit son pays pour trouver asile à l'étranger. En guise de représailles, Kadyrov fait enlever le père du fuyard et lui fait subir le même traitement qu'à son fils. Il vit un cauchemar en compagnie de plusieurs dizaines de détenus. Il décrira ces sévices au *New York Times*[1] : «Ramzan Kadyrov visitait très régulièrement le centre où nous étions enfermés. Il se baladait entre les victimes, frappant certains, électrocutant d'autres... Il faisait une pause pour jouer au billard. Il venait là pour s'amuser...» Le prisonnier sera finalement libéré et lui aussi devra se résoudre à l'exil. Son fils Umar, qui avait trouvé refuge en Autriche, sera abattu à Vienne, en 2009. On sait ce qu'il est advenu de Natalia Estemirova qui s'intéressait de trop près aux droits de l'homme au sein de Memorial, une organisation russe. On l'a retrouvée mutilée et criblée de balles dans les faubourgs de Grozny. De toute façon, l'expression «droits de l'homme» a le don de mettre Kadyrov hors de lui. Le *Los Angeles Times*, en 2008, rapporte une scène sinistre et cocasse. On évoque devant le Président ce fameux principe humanitaire qui définit pour la plupart des femmes et des hommes de cette planète la notion de «droits» des individus. Kadyrov sort un couteau de sa poche, le place entre ses dents et il sourit. Le degré zéro de la civilisation.

On a déjà noté que, en serviteur zélé de la politique dictée par Vladimir Poutine en Tchétchénie, Kadyrov lutte sans pitié contre ceux qu'il appelle les «bandits», terme qui rassemble les séparatistes de tous horizons luttant contre la férule de Moscou et réclamant la sortie de leur pays de la fédération de Russie. Kadyrov traque leurs chefs à la manière d'un prédateur désireux de s'offrir un tableau de chasse. Comme si la compétition meurtrière à laquelle il participe offrait de profondes satisfactions personnelles.

---

1. Témoignage recueilli par le *New York Times* : C. J. Chivers, «Slain Exile Detailed Cruelty of the Ruler of Chechnya», 31 janvier 2009.

Kadyrov a ses idiosyncrasies, une disposition particulière, innée, à réagir. Il a confessé un de ses rêves : provoquer en duel un chef rebelle qui lui donnait du fil à retordre, Chamil Bassaïev : «Je prie Allah pour qu'Il me permette de défier en combat singulier Bassaïev. Certains rêvent de devenir président, d'autres de devenir aviateur ou agriculteur. Moi, je prie pour pouvoir me confronter, à la loyale, à Bassaïev.» Pas de chance, le leader séparatiste succombera en 2006 sans avoir rencontré sur son chemin le président tchétchène. Kadyrov se déclarera extrêmement frustré.

Autre aspect significatif de cette déviance primaire : la relation à l'argent, une caractéristique que l'on relève chez la quasi-totalité des dictateurs.

L'ambassadeur des États-Unis en poste en Tchétchénie décrit une scène de mariage au Daghestan. Kadyrov s'est invité à la cérémonie où il arrive entouré d'hommes en armes. Il se met à danser, maladroitement, au milieu des autres convives. On peut apercevoir son fameux colt plaqué or, placé dans sa ceinture, à l'arrière de son pantalon. Après s'être déhanché comme n'importe quel adolescent pour sa première visite dans une boîte de nuit, il sort de ses poches des liasses de billets et arrose joyeusement les danseurs. L'ambassadeur américain affirme qu'au moins 5 000 dollars se sont envolés sur la piste. Kadyrov n'est pas en reste pour le cadeau de mariage : il a apporté 5 kilos d'or pur. Le jeune couple n'a pas cru bon de refuser l'offrande.

L'argent est roi, et pas seulement en Tchétchénie, mais les largesses relatives accordées par Vladimir Poutine au régime pour assurer un ordre de fer (environ 80 % du budget de l'État) ont fourni à Kadyrov une certaine popularité. Les Tchétchènes ont eu à subir d'effroyables combats au fil des années, et l'armée russe n'a pas lésiné sur les moyens :

les destructions ont été massives et systématiques. Grozny, la capitale, a été pratiquement rayée de la carte, mais l'injection financière régulière du maître du Kremlin a permis de stabiliser la situation. Peu de gens manifestent un attachement spontané à la personne de Kadyrov, dont les limites intellectuelles et morales apparaissent de façon assez évidente. Le problème, lorsqu'on en vient à l'argent, c'est que le pouvoir se révèle cupide et que la corruption se porte bien, à son bénéfice et à celui de l'entourage le plus proche de la présidence. Selon des témoignages recueillis par *Libération* en 2007[1], pour 1 rouble investi dans la reconstruction du pays, 4 roubles atterrissent dans la poche des hauts dirigeants.

Comme tous les psychopathes du monde, Kadyrov a réponse à tout, sur tous les sujets, puisqu'il n'entretient que de très vagues rapports avec la réalité. C'est évidemment le cas quand on évoque auprès de lui les besoins en infrastructures de son pays, besoins qui ne peuvent être satisfaits que par des investissements importants. Exemple : les hôpitaux qui ne sont pas légion en Tchétchénie. Pas plus d'ailleurs que les médecins. En revanche, une pléthore de mosquées ont été construites à la va-vite un peu partout. Kadyrov a trouvé la parade lorsqu'on évoque la précarité et la vétusté des installations sanitaires : «Moi, je me guéris par la lecture du Coran... Il ne faut pas mépriser les ressources et les méthodes populaires. La parole d'Allah est capable de faire des miracles!» Certes. En attendant, la fortune du Président s'accroît, au détriment des besoins élémentaires de la population.

Comme nombre de parvenus, Kadyrov considère qu'il mérite un environnement princier. À quoi bon, sinon, se donner la peine de devenir tyran? Il est curieux de consta-

---

1. Lorraine Millot, «Grozny, le chantier du Président», *Libération*, 26 avril 2007.

ter à quel point l'architecture tape-à-l'œil, frôlant la plupart du temps le très mauvais goût, attire autant les potentats. Et particulièrement dans ces pays du Caucase où l'argent, la corruption, l'abondance de certaines ressources naturelles et l'apathie des populations brimées et effrayées favorisent les fantaisies les plus douteuses. Bien qu'il mette sans cesse en avant l'aspect «primitif» du fier peuple tchétchène, guerrier dans l'âme, homophobe, et capable de vivre dans l'austérité, Kadyrov a soigné sa résidence personnelle. Les quelques journalistes qui ont pu avoir accès à la demeure présidentielle sont sidérés. Bienvenue au royaume du marbre, de l'or et des pierres précieuses. On ne se refuse rien, et on est loin du décor traditionnel à la tchétchène. Des fontaines et des cascades! Des jardins somptueux! Un environnement qui a dû grever lourdement le budget de l'État.

D'exaction en exaction, d'abus de pouvoir en abus de pouvoir, de crime en crime, Kadyrov semble inamovible, même si on s'interroge désormais à Moscou, où on a l'impression qu'on ne le contrôle plus. On note des signes d'agacement de la part du parrain Vladimir qui doit bien assumer les excès de son protégé. Il y a quelques années, Kadyrov a proposé de détruire à l'explosif, purement et simplement, les habitations des mauvais citoyens tchétchènes, soupçonnés d'être hostiles au régime. Poutine a dû apaiser ses ardeurs. Le combat sauvage mené par Kadyrov contre la communauté homosexuelle de son pays fait scandale dans le monde entier. Officieusement, le Kremlin aimerait bien que cette funeste campagne cesse ou, pour le moins, se fasse plus discrète. En privé, Poutine perd parfois patience, mais il estime que destituer Kadyrov pourrait relancer une nouvelle guerre en Tchétchénie. Et puis Vladimir Poutine, à l'évidence, ne s'émeut pas vraiment devant les agissements d'un potentat. Comme Kadyrov, comme Trump à un moindre degré, comme le leader nord-coréen, il sait que la menace et la force brutale assurent aux gouvernants enclins à enchaîner leurs peuples de longues années au pouvoir.

Anna Politkovskaïa, encore elle, écrivait en 2004 : « C'est une histoire vieille comme la Russie : le Kremlin a élevé un petit dragon et doit maintenant le nourrir régulièrement pour qu'il ne crache pas du feu[1].» Deux ans plus tard, cette journaliste exemplaire, et si fine analyste, était abattue dans le hall de son immeuble. La police moscovite a dû reconnaître que c'étaient bien deux Tchétchènes qui avaient commis l'assassinat. Mais personne n'a poussé l'enquête jusqu'à y impliquer Kadyrov.

Le président tchétchène ne s'est jamais fait remarquer par ses excès d'intelligence ou de culture, mais on lui prête un exceptionnel instinct de conservation qui lui a permis de poursuivre jusqu'à présent sa carrière de prédateur perturbé. Interrogé quelques mois avant la tenue de l'élection présidentielle destinée à offrir un mandat supplémentaire à Vladimir Poutine, il a insisté sur son allégeance : «Poutine est mon idole», a-t-il dit dans les studios de la télévision russe. Une façon, pas vraiment subtile, de rappeler à Poutine que, si l'ordre régnait en Tchétchénie, c'était bien grâce à lui, Kadyrov. Le lendemain, le porte-parole du Kremlin, Dmitri Peskov, a «pris acte» de ces bonnes paroles. Kadyrov respire : il avait entendu des rumeurs semblant indiquer que, après son inévitable réélection, Poutine songeait à renouveler l'ensemble des classes dirigeantes de la fédération de Russie. L'horizon semble s'être dégagé. Tant pis pour les centaines de milliers de Tchétchènes qui vont continuer à s'interroger sur l'avenir qui leur est réservé.

---

1. Anna Politkovskaïa, *Douloureuse Russie. Journal d'une femme en colère*, Buchet-Chastel, 2006.

3

Au bonheur des peuples, suite :
la folie des grandeurs

«Qu'ils me haïssent ! Pourvu qu'ils me craignent...»

CALIGULA

Celles et ceux qui ne supportent plus l'enfermement et la folie du maître de la Tchétchénie peuvent tenter de s'exiler vers d'autres horizons de l'Asie centrale. Les destinations sont nombreuses, à défaut d'être praticables : au sud, la Géorgie ou l'Azerbaïdjan, à l'est, en traversant la mer Caspienne, le Kazakhstan, voire le Turkménistan. Deux options tout de même très improbables puisque les dirigeants de ces deux derniers pays n'ont pas grand-chose à envier à Kadyrov sur le plan de l'obscurantisme sociétal, de la corruption et de la férocité mis en œuvre depuis la chute de l'URSS. Dommage pour les amoureux d'immensité et de paysages sauvages. Encore plus dommage pour les rêveurs et les utopistes de cette région du monde qui pourraient croire encore aux bienfaits de la démocratie.

Le Kazakhstan, grand comme cinq fois la France est, économiquement, le pays le plus important d'Asie centrale.

Le moteur du développement, ce sont les hydrocarbures. S'y ajoutent des réserves impressionnantes de fer, de manganèse, de chrome, de charbon, de potassium et surtout d'uranium. C'est le premier producteur du monde, et, depuis longtemps déjà, les pays occidentaux, y compris les États-Unis et la France, font les yeux doux au dictateur local. On n'a rien, absolument rien, à refuser à Noursoultan Nazarbaïev, président inamovible du Kazakhstan. Celui-ci est au pouvoir, sans interruption, depuis 1990. Son pays est classé à la 160ᵉ place sur 180 par Reporters sans frontières sur la question de la liberté de la presse. Les organisations internationales de défense des droits de l'homme ont beau alerter en permanence le reste du monde sur les manquements à la démocratie, sur le harcèlement des quelques opposants qui n'ont pas encore pourri en prison, elles ont beau dénoncer les actes de torture, rien n'y fait. Il se trouve que Nazarbaïev, en homme intelligent et expérimenté, sait s'y prendre. Non seulement l'ensemble de la planète détourne le regard lorsque la police kazakhe fait du zèle, mais le Président a réussi à corrompre à l'extérieur même de son pays. La France n'aurait d'ailleurs pas été épargnée puisqu'elle se serait retrouvée impliquée il y a une dizaine d'années dans un scandale lié à la vente de quarante-cinq hélicoptères. Un marché qui ne pouvait être conclu que si le gouvernement français acceptait de faire pression sur la justice belge afin d'obtenir que trois hommes d'affaires, proches de Nazarbaïev, échappent aux poursuites engagées contre eux outre-Quiévrain. La France est suspectée d'avoir fait le nécessaire et, en cours de route, des liasses de billets avaient changé de main. Le parquet financier continue d'instruire le dossier, et plusieurs personnalités ont été mises en examen.

Tout cela pour souligner le fait que notre leader kazakh n'est pas le premier venu et qu'il échappe, en quelque sorte, au portrait-robot du despote cruel, excentrique et jouisseur sadique. Non! Nazarbaïev, même s'il essuie ses coûteux mocassins sur la charte des droits de l'homme, manifeste surtout une profonde ambition politique. Il veut devenir l'incontournable leader de l'Asie centrale et faire tourner les horloges à sa guise. Avec cynisme, l'Occident et la Russie l'encouragent. Les Chinois ne le regardent pas d'un mauvais œil. De toute façon, personne, dans aucune chancellerie, n'a réussi à régler ce fameux dilemme : peut-on faire coexister la défense des valeurs démocratiques avec la préservation de ses propres intérêts économiques lorsqu'on négocie avec des États autoritaires? La réponse se trouve dans la question.

Et, sur le plan de l'analyse des rapports de force, Noursoultan Nazarbaïev n'a de leçons à recevoir de personne. Il a même proposé la candidature de son pays à un siège non permanent au Conseil de sécurité des Nations unies. Car, tout autocrate qu'il soit, il plaide auprès des grandes puissances pour la lutte contre la prolifération nucléaire. Cette audace et ce sens tactique sont à souligner et apparaissent comme une quasi-constante des régimes dictatoriaux : le dictateur éprouve un besoin de reconnaissance internationale. C'est une «garantie» pour l'avenir. En tout cas, c'est une précaution non négligeable car les peuples se révèlent parfois d'une grande ingratitude : les souffrances et les humiliations qui leur sont infligées peuvent les conduire aux dernières extrémités face à leurs tortionnaires, lorsque la coupe est pleine. Kadhafi semblait avoir théorisé ce concept. Le monde entier connaissait ses indécents abus et la cruauté de ses méthodes, sans même évoquer ses aberrations mentales. Il n'empêche qu'il exigeait et obtenait de planter sa tente et d'installer ses Bédouins à 100 mètres du palais de l'Élysée lors d'une visite officielle à Paris. L'Asie centrale postsoviétique a parfaitement assimilé les codes et les procédures de l'Occident. L'ONU, la

Banque mondiale, l'OSCE établissent, sans broncher, des partenariats avec des dirigeants infréquentables, sauf à rappeler, de temps en temps, qu'un peu de démocratie ne ferait pas tache dans le décor. Sans grande conviction et sans aucun effet pour les populations concernées. Mais les banques, les multinationales, les conseillers en image et les lobbyistes de tout poil, sans oublier les marchands d'armes, ont besoin de marchés accueillants, surtout lorsque les dirigeants des pays qu'ils démarchent sont devenus insolemment riches. Quand ils sont pris à partie, rarement, pour leurs pratiques dictatoriales, ces dirigeants expliquent doctement que la liberté d'expression et le respect des droits de l'homme ne peuvent tout simplement pas être appliqués sous leurs cieux. C'est comme ça! En tout cas pour l'instant! Leur société, leur histoire, leur culture ne sont pas comparables à celles des pays occidentaux. C'est bien triste, mais on ne peut pas modifier le cours des choses d'un claquement de doigts. En fait, si l'on veut bien leur prêter attention, ils nous rendent service.

Si on ne peut pas accélérer le cours de l'histoire en pratiquant, au minimum, la démocratie, on peut, en revanche, utiliser tous les instruments du progrès occidental pour asservir et «fliquer» un peu plus son peuple. Les contrôles d'identité biométriques sont mis en place pour contrôler les déplacements. Les systèmes d'écoute se sont sophistiqués. L'espionnage informatique se porte comme un charme, et le piratage des réseaux sociaux facilite beaucoup le travail de la police politique. En conséquence, on voit se développer une nostalgie de l'Empire soviétique dans ces régions martyrisées. Au moins, à l'époque, on connaissait la conduite à tenir vis-à-vis des autorités, on avait un travail, les enfants allaient à l'école, et la médecine faisait des progrès. On peut dire, pour le moins, que l'attitude des pays occidentaux est ambiguë et que Nazarbaïev n'a pas trop à s'inquiéter pour la suite.

Son proche voisin, Gurbanguly Berdimuhamedow, est plus perturbant mais plus aisé à classer dans la catégorie des personnages franchement alarmants. Il préside la «république» du Turkménistan depuis le 11 février 2007. Il avait presque 50 ans. Son pays, comme d'autres anciennes républiques soviétiques, a acquis son indépendance en 1991. C'est un État grand comme l'Espagne, situé entre la mer Caspienne et le fleuve Amou-Daria. Le désert du Karakoum couvre 80 % du Turkménistan. Le prédécesseur de l'actuel président surprenait déjà beaucoup les étrangers. Saparmyrat Nyýazow, ancien premier secrétaire du parti communiste sous la houlette soviétique, s'était laissé aller à son péché mignon : le culte de la personnalité. D'ailleurs, on croise toujours beaucoup son image aujourd'hui au Turkménistan, ce qui, au passage, agace son successeur. Longtemps on a vu sa tête sur les billets de banque, sur l'étiquette des bouteilles de vodka! Il s'était choisi un pseudonyme : «Türkmenbashi», ce qui signifie en français : «Le père de tous les Turkmènes». La date de la fête nationale correspondait avec son anniversaire. Le Président avait fait ériger une statue de 12 mètres, dorée à l'or fin, installée sur une arche de 75 mètres de hauteur, l'arche de la Neutralité. L'ensemble pivotait de telle manière que le visage de «Papa» soit toujours tourné en direction du soleil. Dès son accession au pouvoir, Berdimuhamedow a fait démonter l'ensemble pour procéder à l'installation de sa propre statue à l'emplacement de l'ancienne, qui a été reléguée dans la banlieue de la capitale, Achkhabad.

Nyýazow, qui a eu la bonne idée de disparaître relativement jeune (à l'âge de 66 ans), a impressionné les dirigeants les plus mégalomanes. Il s'était élevé lui-même au rang de prophète, ce qui n'est pas rien dans l'appréciation que l'on peut porter sur son chef. Il a imposé dans les écoles l'enseignement quotidien du Ruhnama, un livre saint, rédigé de sa main. L'ouvrage a été traduit dans une trentaine de langues, dont le braille. Sur le plan des idées, des concepts et de la rationalité, on s'y perd un peu. Mais la lecture de ce livre saint est obligatoire si vous envisagez de vous présenter à l'examen du permis de conduire. Une œuvre, sidérante et sidérale, puisque le Président avait exigé, et obtenu de Moscou, qu'un exemplaire de son livre soit placé à bord d'une fusée russe.

Nyýazow avait ses manies, parfois innocentes. Il avait interdit le port des cheveux longs. Il avait également prohibé l'opéra, le cirque et les ballets, estimant que ces spectacles décadents étaient obscènes. Particulièrement vigilant sur les bonnes mœurs et la santé morale de son peuple, il avait légiféré sur les représentations folkloriques : les danseuses ne devaient pas lever la jambe à plus de 45 degrés. Il a rebaptisé les mois du calendrier, janvier portant son nom, avril celui de sa chère maman. Lui aussi, déjà, aimait beaucoup le marbre, et son ami Bouygues avait exaucé ses vœux lorsqu'il lui avait construit la plus grande mosquée d'Asie centrale.

Dans le langage populaire, on dirait qu'«un clou chasse l'autre». Human Rights Watch a dressé la liste, non exhaustive, de ce qui peut être reproché aujourd'hui à l'un des États les plus autocratiques du monde : assimilation forcée des minorités ethniques, discriminations, restriction de la liberté de mouvements, limitation de l'accès à la culture et à l'art, interdiction des partis politiques, justice «expéditive», mauvais traitements des prisonniers, mépris pour la liberté d'expression, censure de la presse, limitation de l'accès à Internet, non-respect des droits des enfants, exactions de l'armée et de la police envers la population et, par-dessus tout : corruption intense. Sur ce chapitre, celui de l'intégrité et de la transparence financière, le Turkménistan est classé en 154ᵉ position sur 176 pays répertoriés par Transparency International. Un bilan désastreux.

L'irrésistible ascension de Gurbanguly Berdimuhamedow est exemplaire. Il est dentiste de formation, ce qui, *a priori*, n'augure en rien du destin d'un futur dirigeant. Il soigne ses relations et devient directeur du département chargé des soins dentaires au ministère de la Santé. Ambitieux, il décroche le poste de ministre de la Santé et de l'Industrie médicale en 1997. Encore un effort : il est nommé vice-président du Conseil des ministres en 2001. L'homme au pouvoir, Nyýazow, semble l'apprécier beaucoup. Il lui demande de transformer radicalement la politique de santé. Son ministre, obéissant, supprime les hôpitaux de campagne et, d'un trait de plume, renvoie 15 000 membres du personnel médical, histoire de faire des économies. Au sein de la nomenklatura, on le surnomme «l'Ombre». Il ne dit rien, ne s'exprime sur rien, n'affiche jamais une opinion. Son patron le porte aux nues.

Sous le régime soviétique, on confiait l'organisation des funérailles du chef à son successeur. C'est ce qui se produit à la mort de Nyýazow, en 2006. Après quelques tripatouillages constitutionnels qui vont durer plusieurs semaines, le nouvel homme fort est investi. Il se fait appeler «le patron protecteur». Il a promis de promouvoir l'entreprise privée, de protéger et de consolider les acquis sociaux, et de lutter contre le chômage. Si l'on en croit le résultat des trois élections auxquelles il s'est présenté, ce président doit faire des merveilles, et son peuple le plébiscite.

En réalité, du peuple, le «père protecteur» n'en a cure. Il n'est préoccupé que de sa personne. Il est obsédé par le luxe, le faste et son image. Il ruine consciencieusement son pays pour servir ce qu'il considère être son prestige, donc celui de la nation. Afin d'être bien certain que les années se suivront et se ressembleront, il a modifié la Constitution pour éliminer cette clause ridicule imposant une limite d'âge aux candidats à l'élection présidentielle. En outre, il a allongé de deux ans la durée du mandat.

Tous les témoignages recueillis convergent : l'homme est mégalomane. On vient vite à bout de sa patience. Il est extrêmement vaniteux, aussi. C'est un pédant, un maniaque obsédé par la propreté. Il se trouve très «sexy», même si les photos publiées ici et là, au fil des années, ne montrent pas un monstre de séduction et de charisme. Pourtant, il s'entraîne sur des machines très sophistiquées pour se sculpter un corps d'Apollon. Le Turkménistan se doit d'être une nation sportive. Las! la délégation envoyée à grands frais à Londres, pour les jeux Olympiques de 2012, est rentrée bredouille. Pas la moindre petite médaille. Pas de performance notable, en aucune discipline. Le chef des Turkmènes a succombé à une crise de nerfs au retour des athlètes confondus, et désolés, et surtout extrêmement anxieux pour leur avenir.

Lorsqu'il ne dompte pas un étalon devant les caméras, Gurbanguly s'inscrit dans des courses de voiture. Curieusement, il termine toujours vainqueur! On imagine mal ses concurrents osant dépasser dans leur bolide le père de la nation. À moins d'être suicidaires, ou extrêmement espiègles.

Les réseaux auraient pu faire grand tort aux dictateurs. Certes, le ridicule des vidéos qui circulent ne leur apparaît pas toujours, ce qui n'a rien de très étonnant pour des esprits psychopathes. Après tout, qui pourrait bien se moquer d'hommes aussi remarquables et aussi indispensables au génial développement de l'espèce humaine? Le problème de Gurbanguly, c'est qu'il a perdu toute notion de la réalité : des images le montrent en train de singer un rockeur, une guitare à la main. Il joue évidemment atrocement mal, mais il ne semble pas en avoir conscience. Car cet homme a tous les talents. Il écrit des livres. Comme son prédécesseur dont il a fait, tout de même, disparaître la totalité des ouvrages des bibliothèques. L'actuel président est éclectique : il traite de sujets aussi divers que l'art de la tapisserie, la botanique ou la «philosophie turkmène», un pensum qui jusqu'à présent a échappé à toute critique raisonnée, au Turkménistan ou hors des frontières.

Pourquoi, de Staline à Ceauşescu, de Hitler à Kim Jong-un, ces tyrans sociopathes exhibent-ils une véritable fascination pour ce qu'il serait convenu d'appeler «l'architecture» en d'autres circonstances? La mégalomanie, le culte de la personnalité, le désir de laisser une empreinte, la peur justement de ne pas véritablement exister, la folie du prestige et du faste? Avant tout, sûrement, l'effroi face au vide, la chute brutale. Pour un homme délirant, la démesure se veut rassurante, plus encore lorsque cette débauche de pierre et d'argent contraste avec le niveau de vie de ses administrés.

Nicolae Ceauşescu a illustré ce phénomène de façon exemplaire, sous le regard admiratif de son épouse. Sa Maison du peuple, à Bucarest, est le deuxième plus grand bâtiment du monde, dépassé *in extremis* par le Pentagone. Il mesure 270 mètres de long sur 240 mètres de large. L'édifier a constitué un tour de force pour les architectes et les entrepreneurs, harcelés en permanence par le dictateur, inquiet du temps qui passait. Son instinct s'est d'ailleurs révélé très juste, puisque, au moment de la chute de Ceauşescu, après des décennies de règne absolu, le bâtiment n'était toujours pas terminé. Nicolae avait pourtant fait preuve d'une détermination sans faille pour réaliser son rêve. Il n'avait pas hésité à faire détruire les 7 000 maisons, l'hôpital et les écoles qui encombraient le site qu'il avait choisi. Le génie des Carpates n'avait pas lésiné non plus sur les moyens à mettre en œuvre : 600 architectes et 20 000 ouvriers, acharnés au labeur pendant des années. À l'arrivée, un gigantesque gâteau de pierre, soutenu par des colonnes doriques du plus mauvais effet, surmonté par des assemblages rectilignes et sans grâce. Qu'importe ! Nicolae Ceauşescu et madame ont pu se montrer au balcon à plusieurs reprises, jusqu'à ce que leurs sujets, au lieu de les applaudir avec ferveur, finissent par les insulter pour réclamer leurs têtes. Le peuple peut se révéler d'une féroce ingratitude, même lorsque l'on offre à ses yeux de telles merveilles architecturales.

Les habitants de Pyongyang, eux aussi, ont dû s'adapter aux goûts si particuliers des dirigeants nord-coréens. Ils doivent notamment absorber du regard l'extraordinaire hôtel Ryugyong qui s'élève à 330 mètres. Vous ne pouvez échapper à la vue de ce monstre de 105 étages, qui compte plus de 3 000 chambres. Quel était l'objectif de cette débauche de béton dans une ville qui ne figure pas spécialement en tête du classement des cités les plus touristiques du monde ? L'idée première était d'accueillir avec faste le Festival mondial de la jeunesse et des étudiants en 1989 et, au passage, d'épater la terre entière et démontrer que la Corée du Nord, où la famine reste endémique, se portait comme un charme sur le plan économique. Et puis, bien sûr, afficher la toute-puissance de la dynastie des Kim.

Pour faire bonne mesure, et pour signifier que cette dynastie serait là pour toujours, on a continué à construire des mastodontes qui, à défaut de réjouir les passionnés d'architecture, condamnent la capitale nord-coréenne à vivre pour toujours dans le souvenir des Kim qui se sont succédé, de père en fils, à la tête de l'État. On n'ose imaginer le cauchemar de ceux qui, un jour, hériteront d'une mission de salut public : détruire toutes ces horreurs et faire oublier aux habitants la férocité d'un régime qui sévit depuis bientôt soixante-dix ans. Le magazine américain *Esquire* avait qualifié l'hôtel Ryugyong de «pire monument dans l'histoire de l'humanité». D'autres constructions pourraient rivaliser avec cette appréciation. Par exemple la tour de l'Immortalité de 92 mètres de haut, qui affirme que «le grand dirigeant, le camarade Kim Il-sung, sera toujours parmi nous». Ou bien l'arc de triomphe érigé en hommage aux exploits réalisés par la famille Kim pour le bien-être du peuple nord-coréen. Il est plus haut que l'arc de triomphe qui couronne les Champs-Élysées à Paris. La statue du cheval ailé Chollima mérite également le détour. Elle symbolise les mirifiques avancées réalisées par le régime puisque Chollima est capable de parcourir 400 kilomètres par jour, grâce à ses muscles, ses membres déliés, sa farouche résistance et surtout ses ailes. D'autres délires extraordinairement coûteux : la Grande Maison des études du peuple, qui abriterait des millions de volumes, inaccessibles au commun des mortels... Et puis un autre hôtel, le Yanggakdo, avec son restaurant tournant au 47e étage, semblable à celui de Hong-Kong, construit il y a une vingtaine d'années par une entreprise française. Le bâtiment abrite un night-club (il faut bien que l'élite s'amuse), un casino et un golf.

La lubie et la démesure font partie de ce dérèglement de l'âme, que l'on retrouve très fréquemment en constatant les effets de la dictature. Hitler était obsédé par la maquette réalisée à son intention par Albert Speer, qui prévoyait de reconstruire une nouvelle capitale du grand Reich sur les ruines de Berlin. Germania, ainsi que devait s'appeler la ville, aurait évidemment bénéficié d'un grand nombre de monuments de taille colossale. Un panthéon, par exemple ! Et également un dôme au nord de la ville qui devait être seize fois plus grand que celui de Saint-Pierre de Rome.

Et comme l'arc de triomphe semble inspirer tous les mégalomanes dignes de ce nom, un ouvrage de ce type devait
être érigé sur une avenue deux fois plus large que les
Champs-Élysées. Le monument aurait dû mesurer le
double de son modèle parisien.

La personnalité de Nazarbaïev, le leader kazakh, déjà
évoquée, penche bien sûr vers la même démesure dès lors
que son prestige personnel est en jeu. Lui qui n'est pas le
plus infréquentable de la région avait manifesté il y a
quelques années le désir d'inverser le cours des fleuves
sibériens. Pourquoi pas? Une façon d'inscrire son nom
dans l'histoire de manière indélébile! Aujourd'hui il se pas-
sionne pour l'immortalité dans son centre de recherches.
N'importe quel psychanalyste y verrait cette même obsession du temps qui s'enfuit. Et cet absolu besoin d'être le
centre de l'univers. Nazarbaïev a écrit lui-même, en tout
cas officiellement, l'hymne national. C'est l'empreinte de
sa main qui orne les billets de banque. Ladite empreinte
apparaît également dans un moule en or installé au sommet d'une tour d'Astana, la capitale futuriste qu'il a fait
bâtir il y a vingt ans, dans la steppe, l'univers des hivers
glacés et des étés torrides. Dans ce moule en or, les jeunes
mariés sont censés apposer leur main et faire un vœu.

Astana! Un incroyable projet, où l'utopie côtoie le burlesque, où le classique se marie au kitsch débridé. On peut
notamment visiter une réplique de la Maison Blanche,
plantée au milieu des pyramides.

L'imagination et la possibilité d'assouvir ses fantasmes
n'ont pas de limites. La confusion des connaissances
s'ajoute parfois à la confusion mentale. Kadhafi, en inaugurant en 1988 le musée national de Tripoli, s'était extasié
devant les somptueux vestiges romains rassemblés là :
«Admirez, s'était-il exclamé, toutes les splendeurs de la
civilisation arabe!» Le même Kadhafi qui, dans sa folie des

grandeurs, avait décidé de creuser une rivière artificielle sur une distance de 4 000 kilomètres pour acheminer vers Tripoli l'eau des nappes souterraines du désert. Coût des travaux : 35 milliards de dollars. Malheureusement, les canalisations de la ville n'avaient pas résisté à la puissance du débit, et la capitale libyenne s'en était trouvée inondée. Qu'à cela ne tienne. Il faut laisser la marque de sa grandeur dans l'histoire. Si l'on revoit les images de la fin brutale de Kadhafi dans la fièvre du «Printemps arabe», on ne peut que se réjouir du fait que, parfois, les rêves d'éternité échappent aux dirigeants perturbés.

Gurbanguly Berdimuhamedow, notre redouté leader turkmène, est, lui, réputé pour son amour du blanc. La couleur! C'est pour cette raison qu'il adore le marbre et que ce matériau a trouvé toute son utilisation dans la capitale, Achkhabad. Il voit les choses en grand et il rénove. Son pays est riche. Il a les moyens. Tout ce pactole du gaz naturel, qui n'attend qu'à être dépensé plutôt que de rester enfoui sous les terres arides de la steppe, va se disperser dans les poches des promoteurs pour des projets urbains déments. L'ancien dentiste riposte avec beaucoup d'aisance lorsqu'on lui conseille d'investir dans l'avenir de son pays au lieu de dépenser des milliards dans l'immobilier. «C'est pour le bien du peuple, répète-t-il à satiété. Pour améliorer sa qualité de vie.» Tout le centre de la capitale a été transformé. Tout est blanc, symbole de pureté. Même les bordures des trottoirs et les arrêts de bus sont en marbre. En 2011, on a démarré le chantier du «palais du Bonheur». Un édifice de 6 hectares, soit, à peu de chose près, la superficie du château de Versailles. Le *Guinness Book*, faut-il en rire ou en pleurer, a classé Achkhabad dans le livre des records en tant que ville la plus blanche du monde. N'allez pas croire que c'est un caprice passager, ce goût de l'immaculé. Le parc automobile de la présidence a été totalement rénové : plus de limousines noires pour les services de l'État ! Des voitures blanches comme les ailes d'un ange. Et, bien évidemment, les heureux propriétaires de véhicules à moteur ont été vivement encouragés à repeindre la carrosserie de leurs guimbardes.

Les quelques touristes étrangers autorisés à se promener dans la capitale du Turkménistan n'en reviennent pas. Ils ont l'impression de flâner dans un parc d'attractions, genre Disneyland. Il n'y a personne dans les rues, à l'exception des patrouilles de soldats qui assurent la tranquillité du régime. Au total, on a dénombré 543 bâtiments nouveaux resplendissant sous leurs façades de marbre blanc. Comparé à Achkhabad, Las Vegas semble faire preuve de style, de retenue et de bon goût. L'aéroport n'échappe pas à la règle : le bâtiment, de cinq étages, a pris la forme d'un oiseau de proie déployant ses ailes. Coût : 2 milliards de dollars. Nombre de touristes chaque année : zéro.

Berdimuhamedow est infatigable. Lorsqu'il a obtenu l'organisation des Jeux asiatiques de sports en salle et d'arts martiaux, il s'est surpassé. Il a fait expulser des milliers de personnes de leur domicile pour construire son centre sportif. Le pays n'ayant jamais expérimenté un seul jour de démocratie de toute sa longue histoire, les choses se sont passées le plus calmement du monde.

Les dérèglements mentaux, ou comportementaux, offrent quelques avantages, dont celui de faire selon son bon vouloir dans tous les domaines. Vous n'aimez pas voir traîner un chien ou un chat dans la rue ? Faites-le abattre. La vue d'un mégot sur un trottoir vous révulse ? Interdisez aux habitants de fumer hors de chez eux. La vision d'un climatiseur accroché à une fenêtre dans un pays comparable, côté température, au Sahara, dérange votre sens de l'esthétique? Faites-le arracher. Aucune plainte ne sera déposée.

Le «père protecteur» est décidément un grand homme, doté d'une intelligence et d'une virilité qui font l'admiration émue de ses sujets. Il aime montrer ses qualités de cavalier et de dresseur de chevaux, on l'a dit. Son cheval préféré a été baptisé Berkatar, «le Puissant». Il vole évidemment au-dessus du sol. Ses sabots ne touchent pas terre. L'homme et son cheval participent à des courses, et systématiquement les gagnent. Parfois le formidable cavalier fait une chute. Secret défense. Les témoins sont priés de fournir leurs téléphones portables à la maréchaussée. Peu d'images parviennent à échapper à la censure. Il imite, peut-être sans le savoir, les mises en scène qu'adorait Mussolini : le cheval offre à n'importe quel homme, fût-il médiocrement constitué, une posture à la César. Gurbanguly a écrit un livre à la gloire des chevaux turkmènes, les Akhal-Teke, de merveilleuses bêtes réputées pour la finesse de leurs membres et leur vélocité.

Une bonne et une mauvaise nouvelle attendent le Turkménistan. La mauvaise nouvelle : le prix des hydrocarbures est instable, et le budget de l'État s'en est ressenti. La bonne nouvelle : ce déclin financier devrait limiter les dépenses somptuaires du gouvernement. Gazprom, le géant russe du secteur, est confronté à des difficultés et a interrompu toute importation de gaz en provenance du Turkménistan. Même phénomène pour l'Iran, un ancien client, qui rêve de bénéficier un jour, enfin, de la levée des sanctions économiques pénalisant sa propre industrie pétrolière. Il y a bien la Chine qui continue d'acheter du gaz. Mais la dette du Turkménistan à l'égard de Pékin est telle que les factures resteront impayées pendant longtemps.

Des soucis... nul n'en est à l'abri. Les djihadistes affiliés à l'État islamique se montrent remuants vers le nord de l'Afghanistan. Les prix augmentent en raison du déficit budgétaire. L'inflation a doublé en trois ans. Les produits de première nécessité commencent à manquer, pour les moins favorisés. Des soucis... qui pour l'instant ne gâchent pas le plaisir de Berdimuhamedow. Il a le sang chaud et n'est pas du genre à prendre un signe d'opposition à la légère. Comment pourrait-on envisager de mettre un terme à l'action d'un être aussi éclairé, qui a bien voulu donner son nom à une variété de melon, à la chair délicieuse et au parfum délicat? Un homme qui, du haut de sa statue, à 45 mètres du sol, porte sur sa main gauche une colombe? Un homme qui règne brutalement sur «un trou noir»?

La litanie des souffrances endurées par les populations d'Asie centrale en raison de la folie de leurs leaders perdure, sans entraîner de réactions très vives ailleurs dans le monde.

Islam Karimov est mort le 2 septembre 2016. Il revendiquait sans sourciller son statut de tyran. À 73 ans, il régnait sur l'Ouzbékistan sans état d'âme, depuis la fin de l'Empire soviétique. Il avait fait voter d'entrée un décret parlementaire le désignant comme étant le descendant de l'illustre Tamerlan, un sadique sanguinaire qui régnait, au xive siècle, sur un empire s'étendant de l'Égypte à l'Inde. Islam Karimov s'inspirait très ouvertement des pratiques barbares de son idole, dont une, au moins, terrifiait ses opposants ou supposés tels : le plongeon dans l'eau bouillante. De quoi décourager tout désir de manifester l'ombre d'un goût suicidaire pour un peu plus de justice et d'équité. En mai 2005, il a fait tirer sur une foule de manifestants qui défilaient à Andijan. Bilan : un millier de morts. On estime que 10000 personnes sont emprisonnées dans ce pays.

Et comme, encore une fois, bon sang ne saurait mentir, notre psychopathe ouzbek envisageait de céder le pouvoir à sa fille : Gulnora Karimova. Elle dispose de la plus grosse fortune du pays, assise sur l'industrie minière, la production de coton et l'exploitation d'un grand nombre de boîtes de nuit dans les pays du Golfe. Sa réputation est sulfureuse et Interpol l'a à l'œil. Elle est aujourd'hui en prison.

En attendant, le clan Karimov a peut-être eu tort de penser que le monde est pour toujours un endroit agréable où la folie et le mépris de la vie d'autrui peuvent prospérer sans entrave.

Le nouveau président Chavkat Mirzioïev semble déterminé à remettre un peu d'ordre dans les affaires du pays. Ses concitoyens lui souhaitent bonne chance.

4

Nostalgie au royaume communiste

«Nous naissons tous fous. Quelques-
uns le demeurent.»

Samuel BECKETT, *En attendant Godot*

Le psychopathe parvenu au pouvoir dispose d'énormes
moyens de pression pour résister aux aspirations éventuelles de son peuple. Même aujourd'hui, où il est délicat
d'assurer une totale étanchéité avec le reste du monde.
L'information circule, difficilement, dans les pays les plus
hermétiques, mais les citoyens tenus en laisse parviennent à
se faire une idée plus ou moins précise de l'état des libertés
à l'intérieur de leurs frontières. Sans parler, évidemment,
des sévices, des privations, des humiliations dont ils sont
eux-mêmes témoins.

Les quelques chercheurs et psychologues de l'histoire
qui se sont penchés sur ce mystère, à propos des totalita-
rismes contemporains, en ont conclu qu'il n'y avait pas
grand-chose de neuf sous le soleil. Et ils ont développé la
théorie de l'«asservissement volontaire», au risque de scan-
daliser tous les défenseurs des droits de l'homme. Le concept
vaut d'être entendu. Nous avions coutume de penser que la

cruelle tyrannie des dirigeants s'exerçait loin de nous, sur des populations peu évoluées, voire barbares. Montesquieu ne parlait-il pas du «despotisme oriental»? Or, des potentats extravagants gouvernent aujourd'hui à nos portes et, encore une fois, sont même élus dans d'authentiques démocraties! Est-ce à dire que cet inquiétant phénomène impliquerait de la part de nations civilisées un désir de servitude?

Désir confus très certainement, mais bien réel! L'arrivée au pouvoir d'un certain nombre de populistes ignorants, cyniques, sans affect, manifestement handicapés dans leur relation aux autres, semble apporter un début de vraisemblance à ce concept. Comment le despote non éclairé pourrait-il survivre si les femmes et les hommes qu'il assujettit à sa folie n'étaient pas contaminés par ce désir flou d'être dominés? Le *Discours de la servitude volontaire* d'Étienne de La Boétie envisageait en autant de mots cette «jouissance de l'asservissement», ce «consentement à la domination». La Boétie, dont le mépris pour l'embrigadement de la pensée était total, explique que ce farouche besoin de liberté qui fait l'honneur d'un homme n'est pas un sentiment unanimement partagé. Maîtriser son destin n'apparaît pas comme une priorité absolue dans une grande partie de l'opinion. Et, en tout cas, ce n'est pas forcément un irrépressible réflexe. Ce sont l'éducation, la culture, l'évolution de la civilisation qui forgent ce caractère en apparence si évident. La nature révèle que les hommes, comme les loups de la meute, ont tendance à accepter le joug et l'obéissance devant leurs maîtres. Comme si l'ordre moral ou social leur inspirait un soulagement, un répit devant les dangers de l'existence.

Tant pis si cette «théorie» a de quoi choquer, voire révolter. Sur ce sujet, il est intéressant d'effectuer une courte visite en Biélorussie.

Ce n'est pas une planète si lointaine. Elle partage ses frontières avec la Pologne, la Lituanie et la Lettonie, membres de l'Union européenne, et l'Ukraine. On connaît sa capitale, Minsk, où les grandes batailles de blindés de la Seconde Guerre mondiale ont fait des ravages. On sait ce qu'ont subi à l'occasion les populations juives. La frontière occidentale biélorusse se situe autour de 500 kilomètres des côtes suédoises. Bref, c'est un pays qui appartient à l'Europe et dont le chef incontesté est le... dernier dictateur du continent.

Alexandre Loukachenko, comme son idole Staline, affiche une détestation profonde pour ce qu'il est convenu d'appeler les droits de l'homme. C'est un concept qui n'entre pas dans sa vision du monde. Jusque-là, rien de vraiment nouveau si l'on examine le destin des anciennes républiques soviétiques, libérées de la tutelle du Kremlin après la chute du mur de Berlin. Mais on ne peut pas établir de lien entre la survivance des dictateurs dans ces pays nouveaux et le chaos global qui a suivi la fin de l'Empire soviétique. Les systèmes d'alliance ont été bousculés, et plus personne ne se sent obligé d'obéir aux injonctions de Moscou, de Pékin ou de Washington. C'est un parfait paysage pour les déséquilibrés de tout poil. Les nations vivent désormais dans le court terme, ce qui ne cesse d'inquiéter les analystes, notamment ceux de la CIA, qui prévoient une multiplication des conflits interétatiques pour les deux prochaines décennies.

À ce titre, l'éternel psychodrame que nous offre la Corée du Nord illustre bien la situation : un petit pays doté d'un petit leader déséquilibré contraint les grandes puissances à faire face à des hypothèses démentes. Les États-Unis, la Chine, la Russie doivent compter avec les divagations de Kim Jong-un. Personne ne souhaite avoir à intervenir, sauf à l'occasion d'un désastreux scénario final. L'anarchie dans les rapports internationaux, le dérèglement des alliances, l'absence d'une vision globale des problèmes et des priorités de la planète offrent aux dictateurs un terrain de jeux à leur mesure. Avec une quasi-certitude : personne n'interviendra pour se porter au secours de leurs populations. On l'a vu lors du «Printemps arabe», et Bachar el-Assad a parfaitement compris les discours des uns et des autres. Le tyran déterminé et sans état d'âme croit encore que son avenir est devant lui. Et l'apathie des peuples, par ailleurs, renforce ce vœu d'éternité.

Loukachenko, depuis fort longtemps, a analysé les données du problème. Le monde nouveau, postsoviétique, lui convient. Il a hérité de la Biélorussie en 1994. Depuis, «Batka», comme on l'appelle, autrement dit «le Père», maintient son pays dans une sorte de léthargie mentale. Il a promis à ses concitoyens de supprimer le chômage, sans vraiment y parvenir. En échange, il a supprimé les libertés. Et peu de Biélorusses ont manifesté le désir de modifier cet ordre des choses depuis un quart de siècle. La population, dans son ensemble, et malgré le courage démontré par certains opposants, a troqué sa liberté contre une indéniable stabilité. Peut-être parce que la colonisation soviétique et les grands malheurs de la guerre contre l'Allemagne nazie sont passés par là. Peut-être parce que l'oppression finit par faire entrer dans les gènes une sorte d'épuisement. Peut-être parce que la peur du lendemain amoindrit la volonté et l'appétit de vivre, élimine les rêves et limite les ambitions.

Cela est même très remarquable dans les territoires ruraux où Loukachenko peut se targuer d'une certaine popularité. Au moins, la famine ne règne pas, même si le fonctionnement de l'économie biélorusse laisse quelque peu rêveurs les experts de la Banque mondiale. Car le pays s'en tient aux règles édictées au bon vieux temps de l'URSS : 80 % des entreprises d'avant la chute du Mur ont été conservées, quitte à ce qu'elles périclitent lentement mais sûrement, face aux efforts de modernisation et de productivité conduits dans le monde entier. L'État reste l'employeur d'une grande majorité de Biélorusses. Et « le Père » rappelle très souvent à ses « enfants » que la Biélorussie n'est ni la Grèce, qui croule sous les dettes et s'enfonce dans la pauvreté, ni même l'Allemagne, où se précipitent des millions de réfugiés parasitaires. Que préférez-vous ? L'anarchie, la misère, la démocratie, ou une gestion sévère mais juste du temps qui passe ? Apparemment, les Biélorusses ont choisi d'accepter le destin orchestré par Loukachenko. De toute façon, leur répète-t-on à l'envi à la télévision, dirigée par le régime, « la Biélorussie est entourée d'ennemis déterminés à sa perte ». Alors que valent quelques brimades « justifiées » contre une certaine tranquillité dans un monde aussi incertain et dangereux ?

Il existe des signes, inquiétants, démontrant l'état d'esprit d'un sociopathe, ou psychopathe, déterminé à exercer son pouvoir absolu sans qu'interfère une quelconque empathie, ou le moindre respect, à l'égard de ses administrés : la permanence des symboles de l'oppression.

En Biélorussie, le maître ne s'est pas encombré d'une prétention de renouvellement lorsqu'il a accédé au pouvoir. Le KGB existe toujours. Ainsi, alors que même les Russes ont abandonné l'appellation des services destinés à asservir le peuple, les agents de renseignements biélorusses continuent de porter fièrement ces initiales. Pourquoi perdre du temps à refonder les mémoires ? Le KGB vous a asservis pendant près de soixante-dix ans, il a contingenté vos vies et celle de vos familles, il a annihilé vos espérances et vos forces, modifié vos caractères, vos personnalités et vos tempéraments ? Aucune raison de changer vos habitudes ni celles de votre gouvernement. Et les services secrets biélorusses ont poursuivi leur tâche sans introspection.

Avec des méthodes inchangées. Les «hommes en noir», comme on les a surnommés, œuvrent avec efficacité dans leur chasse aux dissidents qui disparaissent sans laisser de trace, et sans trop émouvoir l'opinion. De toute façon, si vous ne pourrissez pas en prison, vous perdez votre emploi. Et, en Biélorussie, on ne survit pas longtemps sans travailler. Ou on vous brime dans le domaine qui vous est le plus cher : la famille. Un opposant s'est vu retirer la garde de ses enfants après avoir participé à un rassemblement hostile au régime. Loukachenko, en fait, n'innove guère. Il puise dans les anciennes recettes soviétiques. Il dénonce les «parasites», et c'est au nom de cette malheureuse croisade menée par Staline et ses successeurs au Kremlin qu'il a institué une taxe «antiparasite» contre ceux qui ne trouvent à s'employer que moins de six mois par an. Ceux-là, déjà dans la plus extrême précarité, doivent s'acquitter d'un impôt supplémentaire de 235 euros, un joli petit pécule pour un Biélorusse.

C'est vrai, la fréquentation des sites sur Internet, même censurés, complique quelque peu l'exercice de la dictature. Le monde entier regarde, et écoute. On ne peut plus réprimer dans le sang, aux yeux de tous, la moindre manifestation d'opposition. La répression demande davantage de subtilité. Il faut même parfois faire des concessions, pour durer. Et finasser, coincé entre le seul bailleur de fonds disponible, la Russie, et l'Union européenne qui n'en revient pas de devoir s'accommoder d'un tel régime à sa porte. À tel point que «le Père» de la Biélorussie est interdit de séjour au sein de l'Union et aux États-Unis.

Lui s'en accommode. Car c'est le prix à payer, un prix très relatif. Qu'importe, il en est à son cinquième mandat. Et il assume ses propos, comme lorsqu'il conseille au ministre allemand des Affaires étrangères, Guido Westerwelle, ouvertement homosexuel, de «mener une vie normale». Quand on lui en fera reproche, il répondra, très serein, que «la Biélorussie est une société démocratique». «Et j'ai le droit, poursuit-il, de donner ma position : mieux vaut être dictateur que pédé.» Incroyable personnage qui fait interdire aux écoliers de Jlobine d'applaudir pendant un défilé à l'occasion de la fête de la Moisson. Pour une raison encore inconnue, les enfants doivent se contenter d'agiter des fanions blancs et rouges. Alexandre Loukachenko assiste à la cérémonie, le visage austère. Du coup, les facétieux étudiants de l'université d'Harvard lui ont décerné le prix Ig Nobel, une parodie de l'illustre récompense. Le dictateur a dû partager sa «récompense» avec sa police, ridiculisée pour avoir arrêté un manchot reconnu coupable d'applaudissements intempestifs.

Son antisémitisme, non déguisé, révolte plus que tout. Loukachenko semble fasciné par la sinistre trajectoire de Hitler, qui a pourtant imposé sa botte funeste sur les Biélorusses au siècle dernier. En tout cas, il comprend les méandres de la pensée nazie, ce qui n'est pas si rare dans les rangs dictatoriaux du monde entier. Lors d'un entretien avec le quotidien allemand *Handelsblatt*, en 1995, il affirme ainsi tout de go que Hitler avait ses qualités. Et il développe son raisonnement en toute sérénité : «L'histoire de l'Allemagne est d'une manière ou d'une autre une copie de l'histoire de la Biélorussie sur certains points», dit-il. Par exemple «au moment où l'Allemagne s'est réveillée grâce à de solides ouvriers... Tout ce qui est lié à Adolf Hitler n'est pas mauvais : sous son autorité, l'Allemagne a atteint son point culminant, et c'est en conformité avec notre vision d'une république présidentielle et du rôle de son chef». Et d'ajouter : «Un homme ne peut pas être tout noir ou tout blanc. Il y a forcément des côtés positifs. L'Allemagne s'est relevée à l'époque parce que toute la nation était unie autour de son chef... Nous vivons aujourd'hui une période semblable, et nous devons nous unir autour d'une personne afin de survivre...»

À la différence notable du Führer, Loukachenko trouve du temps pour s'occuper de sa famille. À sa manière, bien sûr.

Sa femme, Galina Rodionovna Zhelnerovich, vit loin de la capitale, avec son berger allemand Balou. Les deux fils nés de cette union ont trouvé un emploi au sein de l'administration. Loukachenko a préféré pendant un certain temps vivre sa vie avec sa maîtresse, Irina Abelskaïa, qui fut longtemps son médecin personnel, et dont il a eu un troisième fils, Kolia.

Ce dernier a les faveurs de son père pour lui succéder un jour à la tête de la Biélorussie. Kolia l'accompagne souvent dans ses obligations officielles, y compris quand papa doit rendre visite à son ami Poutine au Kremlin. «C'est mon talisman, mon crucifix, donc je le porte!» Une façon comme une autre, sans doute, de manifester l'amour d'un père pour son enfant. Mais, là encore, un psychiatre trouverait probablement matière à réflexion. En attendant de suivre les traces de son papa à la tête du pays, le petit Kolia est en train de se constituer un album de souvenirs impressionnant. Il est en photo au côté de Michelle et Barack Obama, de Poutine, d'Hugo Chávez... Le père veille attentivement sur son petit garçon. Chaque soir, affirme-t-il, il lui lit une histoire, car Kolia a du mal à s'endormir. Et papa ne lui raconte pas les mésaventures de Blanche-Neige ou du Petit Chaperon rouge. Il lui parle des guerres, des batailles. Il s'intéresse particulièrement aux campagnes de Napoléon. C'est ce qu'il confiait récemment à des journalistes russes. Mikhaïl Gorbatchev n'en est toujours pas revenu : «Kolia est son dauphin. Il le tient par la main. Il le prépare à sa succession, en toute transparence. Comme s'il s'agissait de gérer le royaume de Biélorussie.»

Quant à la maman, Irina Abelskaïa, elle semble avoir été purement et simplement répudiée. Elle a quasiment disparu des radars. De poste en poste, elle a été reléguée comme simple médecin dans une maison de retraite sur la côte Baltique. Elle n'a pas eu le droit d'inscrire le nom du père sur la fiche d'état civil de son fils, qu'elle ne voit plus, Loukachenko n'ayant pas l'intention de la laisser interférer dans l'éducation du «dauphin».

Loukachenko serait-il misogyne, comme d'autres grands prédateurs? La seule femme qu'il paraît avoir considérée et respectée est sa défunte mère, Catherine Trofimovna. Pour le reste, on lui prête des aventures passagères. Vrai ou faux, cela fait partie de la panoplie du leader viril, charismatique et séducteur.

Là non plus, les prudes Biélorusses n'y trouvent pas grand-chose à redire, même lorsque le Président déclare sans prendre de gants que son fils aîné, Viktor, «n'est qu'une mauviette inutile». Sa mère, Galina, reste la «première dame» idéale pour un dictateur égomaniaque. Elle ne lui fait pas d'ombre. Elle a été interviewée par un journaliste russe de *Komsomolskaïa Pravda*, en 2001. Une photo accompagnant l'article la montre en train de traire une vache. Elle semble douce et appliquée dans sa tâche. Elle aime, dit-elle, son «isolement». Elle affirme que son mari la soutient financièrement, ce qui, après tout, se fait couramment entre mari et femme. Le journaliste conclut sobrement : «La première dame du Bélarus va bien, paraît-il, mais ses yeux restent tristes, même lorsqu'elle rit.» Depuis quinze ans, Galina a soigneusement évité d'ouvrir la bouche en public.

L'organisation Reporters sans frontières a sans doute trouvé la meilleure définition de la Biélorussie : «le Jurassic Park du soviétisme». RSF a de bonnes raisons de dénoncer

Alexandre Loukachenko. Aux yeux de ce dernier, «les médias sont les armes de destruction massive les plus puissantes du monde». Il convient donc de les maîtriser, voire de les juguler. Et le ministère de l'Information du Bélarus ne prend pas de gants pour surveiller la presse. Les sites d'information sont régulièrement bloqués et les internautes étroitement surveillés. Un «centre analytique», dépendant du ministère, se charge d'examiner les contenus et d'encadrer les timides oppositions qui peuvent se manifester sur les réseaux sociaux.

Comme on l'a vu, histoire d'afficher toute absence de complexe, Loukachenko n'a pas jugé bon de rebaptiser sa police politique, le KGB. Il s'est aperçu que ces trois lettres continuaient de provoquer un frisson dans le dos de ses concitoyens. Valeri Karbalevitch, dans son livre *Le Satrape de Biélorussie*[1], résume la situation : «Brutalité, cynisme, mégalomanie, ruse, mépris des lois, vulgarité, populisme... tels sont les ingrédients de la dictature instaurée depuis un quart de siècle. C'est un voyage en absurdité.» Et, ajoute l'auteur, «c'est une mise en garde contre les dangers qui guettent les peuples se laissant guider par la peur et la nostalgie d'un prétendu âge d'or».

Pendant que les opposants finissent en prison ou disparaissent purement et simplement, notre tyran s'amuse. Il aime montrer qu'il est au sommet et que son autorité est incontestable et incontestée. Même auprès des «happy few» qui parcourent la planète et répondent aux invitations.

L'acteur Steven Seagal en a fait les frais un soir d'été, en 2016. Seagal, qui semble avoir développé une certaine tendresse pour les dirigeants autoritaires, avait rendu visite au président biélorusse dans sa résidence de campagne. Loukachenko avait arraché une carotte de son

---

1. Éditions nouvelles François Bourin, 2012.

potager, l'avait tendue à l'acteur, en lui ordonnant de la manger devant les caméras, invitées pour la circonstance. «Voilà, mange ça, c'est bon pour ta santé.» Steven Seagal a dû obtempérer. Les réseaux sociaux ont beaucoup ri en regardant cette scène : Steven Seagal grotesquement relégué au rang de lapin, grimaçant en mâchouillant sa carotte.

La paisible Biélorussie, résiliente, accepte le joug. Mais tente de conserver un certain sens de l'humour. Après tout, c'est ce qui reste à un peuple lorsque la répression est constamment à sa porte. Récemment, dans un discours sur l'innovation technologique dans le domaine de l'information, Loukachenko a incité ses concitoyens à «se développer et à travailler». Le malheur a voulu qu'il fasse un lapsus et recommande à ses auditeurs de «se déshabiller pour travailler». Allez savoir ce qui se passe dans le cerveau d'un dictateur! Les Biélorusses l'ont pris au mot, et des centaines d'entre eux, le lendemain, ont pratiqué le naturisme au bureau pour exaucer le souhait de leur dirigeant. Ils se sont consciencieusement − et ironiquement − pris en photo et ont publié les clichés sur les réseaux sociaux. Il faut toujours respecter les consignes de son maître. Cette initiative aurait rendu, dit-on, Loukachenko de méchante humeur.

5

L'Afrique, au cœur des ténèbres

«Je vais vous dire un grand secret, mon
cher : n'attendez pas le Jugement dernier.
Il a lieu tous les jours.»

Albert CAMUS, *La Chute*

«La croyance en une origine surnaturelle du mal n'est
pas nécessaire. Les hommes sont, à eux seuls, capables des
pires atrocités[1].» Joseph Conrad savait de quoi il parlait,
lui qui avait écumé les mers et les continents, comme
simple marin puis comme capitaine au long cours. Son itinéraire et surtout ses écrits constituent une sorte de clef
d'entrée lorsqu'on se penche sur la déroute morale des
nombreux psychopathes qui ont martyrisé l'Afrique. Et qui
sévissent encore.

L'analyse de Conrad est intéressante et paradoxale car,
si elle n'exonère en rien les barbares qui ont mené jusqu'au
cauchemar des populations entières, elle interdit, au nom
de l'honnêteté intellectuelle, le recours à la paresse consistant à prétendre que l'Afrique est un continent prédestiné à
la folie, à la cruauté et que, au fond, on a affaire à une sorte

---

1. Joseph Conrad, *Au cœur des ténèbres*, 1899.

de fatalité que rien ne peut ni ne pourra freiner. Dans une longue nouvelle publiée en 1899, *Au cœur des ténèbres*, que Francis Ford Coppola adaptera en 1979 sous le titre d'*Apocalypse Now*, Conrad décrit les aventures métaphysiques, et quasi mystiques, d'un jeune officier de marine britannique s'enfonçant dans la jungle en remontant le fleuve Congo. Il est à la recherche d'un certain Kurtz, collecteur d'ivoire, dont on est sans nouvelles. L'expédition pénètre «au cœur des ténèbres». C'est là que se trouve enfouie la vérité. Et cette vérité nous amène à notre sujet : quelle est la frontière entre la barbarie et la civilisation? Car Kurtz, l'homme blanc recherché dans cette forêt hostile, va se révéler être un individu sauvage, brutal, sanguinaire, abominable, qui a plongé les hommes primitifs autour de lui dans l'horreur. Lorsque le livre paraît, nous sommes en pleine période de colonisation, et Conrad en profite pour ridiculiser les motivations philanthropiques avancées par tous ceux qui préconisent l'occupation et le pillage de l'Afrique. Et l'écrivain constate que l'homme, blanc ou noir, est un misérable mélange d'angoisse et de bestialité et que, au fond de lui, souvent, se démène une pulsion incompréhensible pour une âme saine. Conrad est un homme de son temps : il ne voit aucune once de civilisation chez l'homme noir, le «barbare», mais il reconnaît l'existence de ce même «barbare» chez l'homme blanc, donc «civilisé».

Ce point de vue nous permet d'évoquer la permanence de la cruelle tyrannie qui a proliféré sur le sol africain, sans oublier que l'homme occidental, scruté par Conrad, est double : «partagé entre ses aspirations les plus hautes et ses instincts, entre le bien et le mal». L'homme est mystère «et il n'y a pas d'initiation à ce mystère. Il en émane une fascination... la fascination de l'abominable». *Au cœur des ténèbres* aurait pu devenir le livre de chevet de tout dictateur dévoré par ses désirs et ses obsessions. Mais les dictateurs dérangés lisent peu. C'est une constante vérifiable.

Difficile d'établir un palmarès dans la cruauté, le grotesque, la démesure et la déraison qui ont marqué l'histoire de l'Afrique. La folie a souvent guetté. L'absurde fait bon ménage avec l'effroyable, sans norme morale, et la plupart du temps sans opposition.

Un des représentants les plus notables et les plus affligeants des charognards qui ont torturé les peuples africains vient de tirer sa révérence. Sous la pression de l'armée du Zimbabwe qui a rassemblé assez de lucidité pour montrer la porte de sortie au vieux dictateur. Mugabe, à 93 ans, entendait bien pourtant se représenter à un nouveau mandat à la tête du pays. On ne s'en lasse jamais, y compris lorsque l'on a régné avec autant de brutalité pendant près de quarante ans (comme Premier ministre d'abord plus comme président). Violent, rapace, tricheur, cet indécent vieillard a malgré tout réussi à «négocier» son départ à coups de millions de dollars, pour lui et pour sa jeune épouse. C'est dire la crainte qu'il continuait d'inspirer.

Il était pourtant permis d'espérer en l'avenir lorsque, en 1980, les tenants de l'apartheid ont dû plier bagage. Après une telle ignominie, les Zimbabwéens pouvaient prétendre à un futur plus radieux et plus prometteur. Et Mugabe, le nouvel homme fort, semblait des plus légitimes pour mener la reconstruction. Il incarnait la lutte contre la ségrégation et son cortège de vilenies. Las! le pouvoir rend fou, et le pouvoir absolu rend absolument fou. Et cette folie ne s'est pas seulement traduite par un comportement personnel scandaleux. Mugabe a réussi à transformer l'ancienne Rhodésie en un désert, entraînant son peuple dans une insondable misère. La monnaie nationale n'a même plus cours au Zimbabwe. Le taux de chômage dépasse les 90 %. Il fut un temps où cette région constituait le grenier à blé de l'Afrique du Sud. Son épouse, sa cadette de quarante et un ans, n'a pas grand-chose à envier à son cher Mugabe sur le plan de la cupidité la plus scandaleuse. Elle s'appelle Grace. Elle est honnie de la population. Son tendre mari l'avait coiffée du diadème d'héritière, en remerciement pour ses bons et loyaux services. Car Grace a fait preuve de patience et de docilité pour bâtir sa fortune. Elle a occupé un poste de modeste secrétaire auprès de Mugabe. Puis, vaillamment, elle s'est dévouée pour devenir la maîtresse de ce très vieux monsieur. Parvenue à l'épouser, elle a pris du bon temps. Les Mugabe ne se sont pas tués à la tâche alors que la population criait famine. Ils avaient pour habitude d'aller se reposer des semaines entières du côté de Dubaï ou de Singapour dans de luxueux palaces. N'évoquons même pas les somptueuses cérémonies qui, chaque année, ont marqué l'anniversaire du maître du Zimbabwe. Il était intouchable. Il a dû partir. Avec son énorme magot. Souhaitons que son exemple n'inspire pas celui qui a pris sa succession.

Un de ses collègues dictateurs nous a quittés, lui aussi, il y a déjà bien longtemps. Il faisait figure de modèle, avec Amin Dada, dans cette galerie des horreurs. Jean-Bedel Bokassa, ancien adjudant-chef de l'armée française, avait réussi à surpasser ses collègues africains en se faisant couronner empereur de Centrafrique, en présence des plus hautes autorités occidentales, y compris un digne représentant de l'État français. Sur l'échelle de la dégénérescence, une réussite totale ! Il convient même de saluer la détermination de ce petit homme ne reculant devant aucune pitrerie, aucun excès, aucune extravagance, aucune outrecuidance, aucune violence, pour s'élever au-dessus du commun des mortels. Il s'était désigné président à vie de Centrafrique. Il s'était promu Maréchal. Pourquoi ne pas devenir empereur lorsqu'on a un faible pour la gloire napoléonienne ? Il avait d'ailleurs exigé pour son sacre, en 1977, que le maître brodeur chargé de son démentiel costume soit un descendant du couturier de Napoléon. Bokassa, quels qu'aient été ses défauts, avait de la suite dans les idées. Et croyez bien que porter un long manteau d'hermine dans la chaleur de Bangui exige un certain courage. Sans parler de la tiare de diamants qu'il avait lui-même placée sur sa tête avant de la déposer tendrement sur le chef de «son» impératrice, l'inénarrable Catherine. Soulignons au passage que cette manifestation d'une grande tenue a coûté au pays un quart de son budget annuel.

Une autre vertu de ce psychopathe que le général de Gaulle traitait régulièrement de «cinglé» : sa mémoire. Plus exactement la mémoire de ses ennemis ou supposés tels car, comme la plupart des hommes de son genre, l'ennemi est partout et le peuple est essentiellement composé d'ennemis. Malheur à celui ou celle qui entrait dans le champ de sa paranoïa, à tort ou à raison. Règle de survie numéro un lorsqu'on fréquente un dictateur : éviter une trop grande proximité, susceptible de faire prospérer la méfiance de celui qui chaque matin se réveille avec à l'esprit la crainte du complot. Son plus proche collaborateur en a fait les frais de bien tragique façon. Le colonel Alexandre Banza s'est vu soupçonner d'organiser un coup d'État. Il a été traîné et torturé dans un camp militaire pour obtenir des aveux que le malheureux a bien dû inventer sous l'avalanche des coups. Un conseiller juridique français, en poste à Bangui, affirme que le corps du colonel a été déposé sur la table du Conseil des ministres et que Jean-Bedel Bokassa s'est acharné à coups de rasoir sur la dépouille du «traître», en présence des membres du gouvernement qui ont sans doute, ce jour-là, renoncé définitivement à toute velléité de rébellion à l'égard de leur chef vénéré.

Au-delà du sinistre folklore de certains dirigeants africains outrageusement démoniaques, des séquelles de cette orgie de dictature barbare demeurent, et on peut présager que les despotes d'aujourd'hui trouveront leurs successeurs.

L'Érythrée constitue un cas d'école. Les habitants de ce pays ont affronté toutes les vicissitudes de la perversité des hommes et, sans surprise, ils représentent aujourd'hui 12 % des réfugiés qui abordent, dans des conditions périlleuses et misérables, les côtes de l'Italie. Quel que soit notre degré d'engagement humanitaire, le destin de ces femmes, de ces hommes et de ces enfants nous concerne directement. Là encore, si des centaines de milliers d'âmes risquent leur vie pour fuir leur destin, ce n'est pas un hasard. C'est le fait d'un homme. Il s'appelle Issayas Afewerki. Il est au pouvoir depuis plus d'un quart de siècle. Et il est l'héritier d'une «fatalité» insupportable dans une région du monde qui n'a pas besoin de l'instabilité mentale ou psychologique d'un monstre pour ne pas mourir.

Il faut regarder une carte de l'Afrique pour comprendre le calvaire de tous ceux qui espèrent échapper à l'atroce futur qui leur est assigné. Pour fuir l'Érythrée vers l'eldorado européen fantasmé par ces désespérés, il faut traverser la frontière du Soudan, un autre paradis des crimes contre l'humanité. Il faut traverser le désert pour rejoindre la Méditerranée ou le Sinaï. C'est l'enfer. L'enfer de la faim, de la soif, de l'épuisement, de la maladie... On vous dépouille, on vous vole, on vous mutile, on vous viole. On vous enlève pour vous vendre sur un marché de chair humaine, comme au bon vieux temps de la traite des esclaves promis à la jeune Amérique.

Pourquoi des hommes, des femmes, des enfants préfèrent-ils cet enfer de Dante programmé au fait de rester chez eux en tendant le dos, comme depuis l'aube de leur vie? Parce qu'ils ne peuvent plus supporter de vivre enfermés dans la prison à ciel ouvert qu'est devenu leur pays depuis des décennies.

L'Érythrée n'est qu'un petit pays, dans la corne de l'immense Afrique. Depuis 1993, c'est un État indépendant. Depuis 1993, les Érythréens n'ont connu qu'un seul chef : Issayas Afewerki! Là encore, les historiens se penchent sur la perversion qui mène un «libérateur» vers l'abjection et le crime. Pendant trente ans, il a participé à cette lutte d'indépendance, meurtrière et cruelle, qui a libéré l'Érythrée de l'Éthiopie. Des famines, des massacres, des exécutions sommaires, des tortures... Aucune organisation, aucune institution, pas même l'ONU, n'a pu dresser le compte macabre de ce conflit, si loin du reste du monde.

Issayas Afewerki a peut-être démarré du bon pied, même si on a du mal à appréhender son idéologie marquée par le protestantisme et le marxisme. Il est né en 1946, à Asmara, la capitale de ce pays d'à peine 6 millions d'habitants. Un voyage de formation dans la Chine de Mao lui enseignera comment on soumet un peuple à une idéologie claire et nette : le chef domine, le peuple ne demande pas qu'on lui rende des comptes.

Un journaliste, Léonard Vincent, a publié un livre passionnant, et rare, intitulé sobrement : *Les Érythréens*[1]. Il décrit Afewerki de façon clinique : «Il peut être envoûtant et charmant, mais cache une nature paranoïaque, brutale et arrogante.» Bref, les critères des personnes souvent diagnostiquées psychopathes! Évidemment, comme le relève Léonard Vincent : «Il a toujours raison!» Il aime par-dessus tout la «perfection». Il ne tolère, chez les autres, aucun défaut. Il a été un buveur impressionnant et, même s'il a réduit sa consommation d'alcool, pour cause de santé défaillante, il peut devenir extrêmement violent lorsqu'il en

---

1. Rivages, 2016.

a abusé. Qu'à cela ne tienne ! Le monde entier connaît la personnalité et le triste passé du leader érythréen, mais on continue de faire affaire avec lui. Notamment le groupe pétrolier français Total. Chacun trouve un avantage à détourner le regard : l'Union européenne qui ne s'intéresse guère aux éternelles querelles frontalières qui ruinent la région. Et l'Arabie Saoudite, qui lutte contre le Yémen, a autre chose à faire que d'indisposer un personnage aussi sulfureux et imprévisible.

Il y a quelque temps, une délégation de l'ONU a été autorisée à observer la vie quotidienne dans ce pays un peu plus grand que le Portugal. Les membres de cette délégation, qui en ont vu d'autres, particulièrement en Afrique, sont repartis effarés. « Toute la société est militarisée, ont-ils écrit dans leur rapport. Le service national est universel et de durée indéfinie. L'Érythrée est un pays où la détention est un fait ordinaire... Hommes, femmes, enfants, personnes âgées peuvent se retrouver, sans raison, confinés dans des centres de rétention, officiels ou officieux, sur le sol ou sous terre, dans des containers de métal ou dans des grottes... » Il y a six cents écoles en Érythrée... et huit cents prisons. On appelle cela un « État pénitencier ».

Une des ressources principales du pays, à ce jour, réside dans le versement des pots-de-vin dont les habitants doivent s'acquitter lorsqu'ils font savoir qu'ils désirent quitter l'Érythrée. Ayant suivi de solides études d'ingénieur dans sa jeunesse, Issayas Afewerki a mis au point un système original et lucratif : « La gestion de cet État pénitencier consiste principalement à commercialiser ses ressources humaines sur le marché international de l'esclavage pour en tirer une rente viagère[1]. » L'homme est intelligent. Les ressources de sa dictature proviennent principalement des

---

1. Hedy Belhassine, « Issayas Afewerki, le dictateur maître-noyeur de l'Érythrée », Mediapart, 2 mai 2015.

transferts financiers des émigrés et des impôts qu'ils doivent verser à leur ambassade pour éviter les persécutions qui menaceraient les membres de leur famille restés au pays. L'Érythrée est l'un des dix pays les plus pauvres de la planète, l'essentiel des moyens étant réservé à la dépense militaire. Une jeunesse entière est mobilisée pendant des années pour surveiller les frontières. L'ennemi reste l'Éthiopie, mais on se méfie aussi du Soudan et de Djibouti. Cette «guerre» permanente et imaginée, qui rappelle *Le Désert des Tartares* de Dino Buzzati, permet d'imposer la loi martiale sur l'ensemble du pays.

Lorsque les malheureux Érythréens qui parviennent à toucher les côtes européennes après mille périls évoquent le sort qu'ils ont réussi à fuir, on plonge dans l'enfer. La Corne de l'Afrique est devenue l'empire du mal, la conclusion macabre d'une folie mégalomane. Ce qui n'empêche aucunement certaines voix de se porter à la défense d'Issayas Afewerki. On pouvait lire, début 2018, sur un site camerounais d'information[1], les compliments enamourés servis par un certain Mohamed Hassan, «spécialiste» de l'Érythrée. Un expert à qui on ne peut pas reprocher de manquer d'originalité dans son appréciation des malheurs du monde. «Le gouvernement est assez franc sur le sujet : les élections et les médias privés ne sont pas sa priorité, n'en déplaise à la vision ethnocentriste des Occidentaux qui glorifient le bulletin de vote.» Le même Mohamed Hassan affirme, sans sourire, que la priorité du gouvernement érythréen, c'est «le développement». D'ailleurs, il en veut pour preuve que, pour aller plus vite sur la voie du progrès, le pays a refusé les aides de la Banque mondiale et du Fonds monétaire international. Conclusion : «L'Érythrée nous montre qu'un pays africain n'a pas

---

1. «Voilà pourquoi Isaias Afwerki est devenu un homme à abattre aux yeux de l'Occident», camerounliberty.com, 26 mai 2016.

besoin de l'aumône de l'Occident pour se développer.» Une évidence qui a dû échapper aux centaines de milliers d'exilés, aux enfants affamés, en mal de soins, en mal d'éducation, aux femmes reléguées à une existence moyenâgeuse. Inutile d'ajouter que notre thuriféraire condamne le rapport accablant établi en juin 2015 par le Haut-Commissariat aux droits de l'homme des Nations unies présidé par Mike Smith. L'agence internationale accuse le gouvernement érythréen de porter l'entière responsabilité des «violations flagrantes, systématiques et généralisées des droits de l'homme», précisant que celles-ci «pourraient constituer des crimes contre l'humanité». Rien de moins.

En général, l'enfer sur terre n'est promis qu'aux pays en guerre. Ce qui n'est plus le cas de l'Érythrée depuis que les hostilités avec l'ennemi héréditaire, l'Éthiopie, ont cessé. Il faut donc en conclure que la brutalité, la cruauté, le désir d'asservir autrui constituent le fondement de la personnalité d'Issayas Afewerki, devenu le bourreau de son propre peuple. Les crimes contre l'humanité dénoncés par les Nations unies sont commis depuis un quart de siècle, dans les prisons et les camps militaires. Là comme ailleurs, il s'agit d'instiller la terreur au sein de la population : esclavage, emprisonnement, disparition, torture, viol, persécution. Pas de système judiciaire indépendant, pas d'assemblée nationale faute d'élections, pas d'institutions démocratiques susceptibles de rappeler de temps en temps le chef à la décence. «L'impunité est totale», a martelé le président de la commission d'enquête de l'ONU, Mike Smith. Sans doute découragé par l'inertie de la communauté internationale à la suite de la publication de ce rapport extrêmement choquant, Mike Smith estime aujourd'hui que l'étendue des crimes implique un transfert de la situation vers la Cour pénale internationale et en ayant recours, lorsque c'est possible, aux tribunaux nationaux compétents.

Issayas Afewerki n'en a cure. Il voyage peu. Et pour cause! C'est un personnage mystérieux et dangereux. Sa carrière politique a démarré en 1966, dans un bar d'Asmara. Il est entré, une mitraillette à la main, et il a tué, sans frémir, deux officiers éthiopiens. Gérard Prunier, ancien chercheur au CNRS, l'a bien connu et, lorsqu'il décrit Afewerki, il souligne «son courage physique». À la suite de cet attentat, il se réfugie dans la Chine de Mao livrée à la Révolution culturelle. De retour en Afrique, deux ans plus tard, il rejoint les combattants indépendantistes érythréens, fort de l'enseignement reçu à Pékin sur les préceptes de la guérilla. À l'époque, les mouvements indépendantistes sont divisés sur un plan idéologique. Issayas Afewerki va mettre tout le monde d'accord. Toujours selon Gérard Prunier, il est «brutal et cruel, plus assassin que les autres[1]». À ses yeux, il s'impose de façon meurtrière face à la concurrence.

Nul ne conteste ses capacités intellectuelles. Il a un don pour la propagande et il organise un mouvement très efficace, le Front populaire de libération de l'Érythrée. «C'était une dictature léniniste très consensuelle[2]», précise l'ancien chercheur du CNRS.

Depuis, l'homme s'est révélé nettement moins consensuel : brutal, caractériel, arrogant, sans nuance, l'insulte à la bouche. Au moins, plus personne ne se trompe, au fil des années, sur sa personnalité. Pas de place pour la moindre opposition. En septembre 2001, il organise une gigantesque rafle visant les éventuels gêneurs. Seul point positif dans ce tempérament glaçant : il semble que l'homme ne s'intéresse nullement à l'argent, ce qui le distingue singulièrement de ses collègues dictateurs. Il ne porte pas les

---

1. Gérard Prunier, ancien chercheur au CNRS, spécialiste des problèmes politiques en Afrique orientale, cité par Laurent Ribadeau Dumas, «Le président érythréen Issayas Afeworqi : un mélange de Staline et d'Ubu roi», geopolis.francetvinfo.fr, 14 août 2012.
2. *Ibid.*

costumes «flashy» affectionnés par la plupart des dirigeants africains. Il se promène en chemisette, des sandales
aux pieds et, jusqu'à récemment, il conduisait lui-même sa
vieille Toyota dans les rues d'Asmara. Il aime simplement
le pouvoir et, en conséquence, ne supporte pas la moindre
contradiction. Conclusion sans appel de Gérard Prunier :
«c'est Ubu roi et Joseph Staline, calculateur et cynique[1]».
L'abus d'alcool semble avoir surmultiplié sa dérive naturelle. Ces excès auraient par ailleurs entraîné des problèmes de santé. On lui reconnaîtra cette particularité : il
ne s'est jamais ménagé, ni dans la violence ni dans ses excès.
En avril 2012, il avait disparu pendant un mois après un
conflit avec ses généraux, peu désireux d'envoyer leur
armée d'adolescents mal nourris face aux divisions éthio-
piennes. Pendant un mois, dans sa retraite, il a bu. Jusqu'à
en tomber et être transporté d'urgence dans un hôpital du
Golfe[2]. Il est finalement reparu, sur les écrans de la télévision, un sourire inquiétant aux lèvres, pâle comme un
mort, pour reprendre les rênes du pays.

Peu d'informations circulent aujourd'hui sur la réalité
du pouvoir en Érythrée. Trop loin du reste de la planète,
sans doute. Trop loin des préoccupations des grandes
nations qui n'ont jamais montré beaucoup d'intérêt pour
les damnés de la terre, surtout lorsqu'ils ne sont qu'une
poignée, comparés à nos milliards d'habitants déjà perclus
de problèmes. Tout le monde a choisi de fermer les yeux.
Les Israéliens ont loué une partie du port en eaux profondes
de Massawa et d'autres bases d'intervention dans la région,
histoire de garder un œil vigilant sur le détroit de Bab-el-
Mandeb, qui contrôle la route du pétrole en direction
du canal de Suez. Les Saoudiens, les Iraniens, les Chinois

---

1. «Le président érythréen Issayas Afeworqi : un mélange de Staline et
d'Ubu roi», art. déjà cité.
2. Léonard Vincent, «L'archipel de la tyrannie : Afeworki, l'oublié»,
Le Nouvel Observateur, 13 août 2012.

et les shebabs somaliens font bon ménage avec le gouvernement érythréen. La France dispose même d'une ambassade à Asmara. Non que le personnel diplomatique en poste dans cette lointaine contrée soit débordé. D'ailleurs, la mission est d'autant plus difficile que nos ressortissants sont priés de ne pas sortir des limites de la capitale. Quant à l'Union européenne, elle s'affirme «préoccupée», tout en souhaitant «maintenir un dialogue diplomatique». Qu'en termes élégants, et cruels, ces choses-là sont dites!

Issayas Afewerki présenterait la plupart des symptômes généralement répertoriés lors des examens cliniques réservés aux psychopathes. Notamment le déni! Plus de la moitié de la population souffre de malnutrition, lorsqu'il ne s'agit pas purement et simplement de famine. Le chef de l'État a refusé toutes les offres d'aide alimentaire venues de l'étranger. «Cette assistance diabolise les locaux et rend les gens paresseux.» Conséquence, le taux de mortalité s'envole.

Sa stature impressionne : il mesure 1,90 mètre et en joue. Son sourire est quasi permanent : cruel, ironique, énigmatique. Il ment avec une extraordinaire aisance. Il punit avec brutalité et sadisme : il emprisonne et fait disparaître ses anciens camarades de la guerre d'indépendance sans remords. Il a fait construire pour eux un bagne très spécial, la prison d'Eiraeiro, dans la brousse. On y meurt, plus ou moins lentement. Il alimente les microconflits qui font la misère de la région : le Yémen, l'Éthiopie, Djibouti, le Soudan et ses rebelles, les islamistes somaliens, les rebelles de l'Ogaden. Il entretient les «moustiques», les mouchards du régime, partout infiltrés.

Sans même utiliser des mots aussi vidés de sens, à l'usage, que «morale» ou «humanité», l'Occident devrait, dans son propre intérêt, regarder de plus près les exactions commises par Issayas Afewerki : chaque mois, ce sont plus de 4 000 Érythréens qui passent clandestinement les frontières avec l'Éthiopie ou le Soudan pour fuir le régime. Ils ne peuvent plus supporter le travail forcé ou ce service militaire obligatoire qui dure des années. Ils sont considérés comme des «ennemis du peuple». Ils savent que, s'ils sont pris pendant leur évasion, ils risquent la prison ou la mort. Traverser la frontière est extrêmement dangereux. Les postes de contrôle pullulent, et les snipers font des cartons sur les fugitifs sans état d'âme. Ceux qui échappent aux balles sont retrouvés entassés dans des camps de fortune, en Éthiopie et au Soudan. Leur attente peut durer des années, dans d'infernales conditions. On ne peut pas faire confiance aux autorités qui les tolèrent sur leur sol. Ils sont en butte aux viols, aux enlèvements, à la violence, à la corruption... L'Éthiopie n'est pas une destination en soi. C'est une étape obligée. L'objectif, bien sûr, c'est l'Europe. Le voyage, s'il ne se termine pas au fond de la mer, peut durer des années, avec, désormais, une escale périlleuse en Libye, où l'esclavage et la traite achèvent de briser les espoirs et les âmes. Lorsque la traversée ne s'est pas achevée en tragédie pour ces jeunes hommes, ces femmes, ces enfants, c'est la ruée vers Calais, vers d'autres dangers, vers une autre impasse. Et si l'Europe, dans sa grande sagesse, trouvait l'inspiration nécessaire pour s'impliquer dans la gestion de la crise érythréenne en amont de ce désastre humanitaire, elle s'en verrait soulagée et pourrait même s'en enorgueillir.

Tous ces dirigeants africains, actuels et passés, qui ont résolument martyrisé leurs compatriotes, ne sont pas obligatoirement des hommes «primitifs», dénués d'intelligence ou d'éducation. Si Bokassa et Amin Dada n'étaient que des clowns sanguinaires, la nouvelle génération réfléchit, toujours autour de la sempiternelle question : comment faire pour durer lorsqu'on s'est construit comme dictateur, coupable aux yeux de la morale et des bonnes mœurs, qu'on est poursuivi par les règles de bienséance internationale ?

Comment faire pour échapper au châtiment suprême, quel que soit le temps passé au pouvoir ? Car le tyran, comme le commun des mortels, passe des nuits agitées. L'issue est souvent funeste. Les dernières heures de Kadhafi, filmées, projetées sur les écrans de télévision du monde entier, hantent les esprits. Les plus sages tentent de trouver une porte de sortie avant que la colère des peuples, ou l'ambition d'autres ego, ne vienne troubler définitivement une retraite bien gagnée.

C'est le cas du président José Eduardo dos Santos, en Angola. Après quarante années passées aux manettes, les poches pleines, il ne s'est plus porté candidat à sa propre succession. À 75 ans, on fatigue et on envisage de mourir paisiblement dans son lit, le plus tard possible, à l'abri d'une foule féroce et vengeresse, capable de toutes les exactions et de toutes les cruautés. Dos Santos s'est donc choisi un dauphin. Il s'agit d'un ex-ministre de la Défense, João Lourenço. Un homme d'ordre, comme lui. Avant de quitter la tête de l'État, dos Santos a pris la précaution de faire adopter toute une série de lois qui le protègent contre d'éventuelles poursuites judiciaires. Il a également veillé, pour les années à venir, à ce que la législation bloque tout changement à la tête du pays, de l'armée et de la police. Qu'importe que dos Santos laisse derrière lui un pays exsangue, alors même que l'or noir a rempli les caisses pendant une vingtaine d'années. Une précaution supplémentaire : c'est sa fille, Isabel dos Santos, qui dirige la compagnie pétrolière nationale, la Sonangol. Et c'est son fils, José Filomeno, qui pilote le fonds souverain de l'Angola. C'est un fait : les rois africains, cruels, barbares, sans pitié, ont appris au fil du temps à se préserver un futur. Même les tyrans ont droit à une retraite heureuse et paisible. De préférence dans l'aisance financière.

101

Parfois, le dictateur ne peut pas tirer sa révérence, même s'il sent la Grande Faucheuse s'approcher de lui à grands pas. On ne le laisse pas partir, on ne lui laisse pas le choix. Il faut continuer à dominer, brutaliser, séquestrer, éliminer, bâillonner les adversaires, d'autant plus nombreux que vous les avez astreints à la servitude pendant très longtemps.

Le cas Omar Hassan Ahmed el-Béchir, le très charismatique président du Soudan, est édifiant. Voilà un homme qui règne depuis bien longtemps sur un territoire tourmenté. Depuis 1989 très exactement. Fortune faite, toutes turpitudes exaucées, toutes vengeances accomplies, toutes hontes bues, Omar el-Béchir ne rêve probablement qu'à une seule chose : quitter Khartoum et les nuages qui s'y amoncellent. Seulement voilà : il est devenu la honte de la planète par la volonté de la Cour pénale internationale. Un mandat d'arrêt a été délivré contre le président soudanais pour crimes de guerre, crimes contre l'humanité et génocide. Il est devenu le premier chef d'État en exercice à faire face à un mandat d'arrêt international, même si nombre de pays, notamment arabes ou africains, ne reconnaissent pas l'autorité de ladite Cour pénale internationale. Avouons tout de même que les points de chute, pour un dictateur en retraite ou en exil, s'en trouvent limités. Et puis, peut-on vraiment, de nos jours, compter sur ses amis pour s'assurer une fin de vie heureuse, loin des tracas judiciaires ? Omar el-Béchir, qui avait accueilli chez lui Oussama ben Laden, avant de l'en chasser lorsque le chef d'Al-Qaïda était devenu l'ennemi public numéro un, sait que, entre grands fauves, amitié et loyauté ne pèsent pas lourd. Alors il réfléchit, il analyse, il temporise, il négocie, il se montre diplomate. Et, jusqu'à présent, il a su faire preuve d'intelligence et de subtilité. Ce dirigeant-là, qui s'endort le soir en oubliant les atrocités commises, notamment au

Darfour, est un stratège, doué de finesse et d'un solide cerveau.

Depuis une trentaine d'années, le monde a eu le temps de se faire une idée sur le personnage : malveillant, paranoïaque, impitoyable, cupide, usant de méthodes sanguinaires pour parvenir à ses fins. Mais c'est aussi un homme pragmatique. On peut se livrer à un génocide sans manifester d'émotion tout en restant assez lucide, lorsque les circonstances l'exigent, pour faire preuve de réalisme. On peut même changer radicalement d'opinion, dans telle ou telle négociation, notamment avec les pays étrangers, histoire de gagner du temps. Et le temps d'un dictateur, on l'a vu, c'est de l'argent. Plus quelques gratifications personnelles, en fonction de son tempérament, de ses vices, de ses obsessions et de ses turpitudes.

L'argent ! Parlons-en. On estime ses revenus annuels en millions d'euros. C'est un niveau relativement compliqué à établir, tant les hommes et les femmes qui nous gouvernent renâclent généralement à faire connaître l'étendue de leur patrimoine. Il faut tenir compte, pour faire les additions, des gains directs, mais également des revenus issus des « partenariats publicitaires », des royalties et des retours sur divers investissements. Aujourd'hui, le président soudanais pèserait près de 300 millions d'euros. Ne lui jetons pas la pierre ! Il est, paraît-il, particulièrement avisé en matière de placements boursiers. Même expertise en ce qui concerne l'immobilier. Il gagne beaucoup d'argent, assure-t-on, grâce à un très lucratif contrat publicitaire signé avec une marque de cosmétiques. Il est l'heureux propriétaire de plusieurs restaurants à Khartoum, la capitale, dont une chaîne réputée, poétiquement baptisée « Chez l'gros Omar ». Un club de football porte ses couleurs, et il a des actions dans la mode avec une ligne de vêtements féminins, « Béchir séduction ». Autre manne qui rapporte de confortables dividendes : un parfum qui, en toute simplicité, porte le nom de «L'eau d'Omar».

On ne plaisante pas avec Omar el-Béchir, un homme réélu en avril 2015 avec 94,5 % des suffrages exprimés pour un mandat présidentiel de cinq ans. Précisons, si besoin en était, que cette «victoire» n'a pas surpris grand monde. L'opposition boycottait le scrutin. Parce qu'elle dénonçait les manipulations mais aussi, et on peut le comprendre, par prudence : s'opposer pendant une campagne électorale, publiquement, à un homme responsable d'une guerre civile qui a ravagé son pays pendant vingt ans, qui a fait plus de 2 millions de morts et 4 millions de réfugiés, peut se révéler extrêmement risqué. Personne n'aime marcher sur la queue du chat, qu'il dorme ou pas. On connaît la résolution du Président : comme certains de ses collègues, il s'est emparé du pouvoir par le biais d'un coup d'État. Il a suspendu la Constitution, aboli l'Assemblée législative et a interdit les partis politiques et les syndicats. C'est une bonne base pour gouverner. Et, pour faire bonne mesure, il a ordonné que son pays vive sous le régime de la charia. Ce qui ne risque pas de contribuer à l'épanouissement des femmes. Omar a deux épouses : la première est l'une de ses cousines, Fatima Khalid. La seconde est la veuve d'un ancien membre du Conseil de commandement révolutionnaire pour la sauvegarde de la nation. Elle est la mère de plusieurs enfants, nés avant la disparition prématurée de son défunt mari. Omar el-Béchir n'a pas de progéniture propre. La charia, le rigoureux code islamique, est appliquée y compris dans le Soudan du Sud où la population est en majorité chrétienne. On verra que cette initiative ne portera pas bonheur à son initiateur puisque le Sud a fini par faire sécession et acquérir son indépendance. Pas de chance, c'est là, dans les sous-sols du Sud-Soudan, que repose l'essentiel de la manne pétrolière qui, pendant des années, a alimenté la cassette personnelle du roi Omar.

Rien de particulièrement original, donc, dans sa façon de se maintenir au pouvoir en écrasant les libertés et en opprimant le peuple. Mais Omar el-Béchir se singularise par son sens politique. Au fond, se plaît-il à déclarer, comme il l'a fait avant sa réélection dans les colonnes du journal *Le Monde*[1] : «Ça fait longtemps qu'on me qualifie de dictateur. J'en ai l'habitude [...]. Je mène une politique qui dérange certaines grandes puissances, à commencer par les États-Unis. Je dis haut et fort que la Palestine a le droit de résister à Israël, je suis opposé aux interventions américaines dans les pays musulmans...» En clair, ce n'est pas sa faute s'il faut avoir une main de fer dans un gant d'acier. En tout cas au Soudan. Et cela ne regarde personne. S'il se montre cruel et implacable, ce n'est pas parce que c'est un monstre, un individu assoiffé de sang. C'est simplement parce qu'un bon stratège doit faire face à toutes les situations, y compris lorsque les décisions prises se traduisent par un massacre, comme au Darfour au début des années 2000. Omar a toujours regardé la réalité en face, en bon fils de paysan de la vallée du Nil. Il s'adapte. Il est entré dans l'armée à l'âge de 16 ans. Il a même fait le coup de fusil en 1973 dans le Sinaï contre les forces israéliennes. Il offre à ses compatriotes un langage simple, compréhensible par tous, lorsqu'il renverse le chef du gouvernement, Sadeq al-Mahdi, en 1989. Il harangue les foules, le Coran dans une main, une kalachnikov dans l'autre : «Je vais purger ce pays des renégats, des larbins et de nos ennemis... Quiconque trahit la nation ne mérite pas l'honneur de vivre!»

Cela dit, on peut interdire la danse et les festivités lors des mariages, et se tenir informé en temps réel de la marche du monde. Lorsqu'il héberge Ben Laden, ce qui lui

---

1. Joan Tilouine, «Omar Al-Béchir : "Ça fait longtemps qu'on me traite de dictateur"», *Le Monde*, 23 février 2015.

vaut de se retrouver sur la liste noire antiterroriste des États-Unis, il se targue d'être un défenseur de l'islam. Et même si on l'accuse d'empocher les confortables subsides versés par Ben Laden. Changement de ton lorsque les États d'Afrique du Nord tancent le Soudan pour avoir accueilli sur son sol des terroristes qui exportent leurs attentats chez ses voisins. Il expulse Oussama Ben Laden. Ce dernier aurait dû se méfier et se renseigner auprès de Carlos, terroriste internationalement connu, qui lui aussi avait trouvé refuge quelques années auparavant à Khartoum, chez son protecteur Omar. Il avait finalement été «vendu» et livré à la France, après avoir été drogué et kidnappé, offert sur un plateau à Charles Pasqua, le ministre français de l'Intérieur de l'époque, qui, en connaisseur, avait apprécié «l'efficacité» des services soudanais. On n'a jamais connu le montant de la transaction financière liant la France et le Soudan à l'occasion de cette péripétie. Quelle que soit la somme, il est probable qu'elle ait atterri dans le coffre-fort personnel des maîtres du pays. Personne ne songe à pleurer sur le sort de Carlos, qui finit ses jours dans une prison française, mais cette violation du droit international, et accessoirement des règles élémentaires de l'hospitalité, éclaire les principaux traits de caractère d'Omar el-Béchir.

Et d'abord son obstination face aux obstacles qui se présentent! Illustration : la tragédie du Darfour. En 2003, sous prétexte de mater la rébellion qui agite cette province occidentale du Soudan, Omar el-Béchir envoie sur place des éléments de l'armée, épaulés par une milice paramilitaire suréquipée, les «janjawids», de très sinistre réputation. En fait de maintien de l'ordre, il s'agit d'un véritable nettoyage ethnique visant les Fours, les Masalits et les Zaghawas. Au passage on élimine également quelques tribus arabes opposées au régime de Khartoum. Ce sont les Fours qui ont donné leur nom à cette province, autrefois indépendante.

Ces faits font l'objet de deux mandats d'arrêt délivrés par la Cour pénale internationale en 2009 et 2010 pour crime contre l'humanité et génocide. Évaluer le degré d'un génocide n'est jamais chose aisée lorsqu'il faut user d'arithmétique pour constater l'effroyable bilan des massacres perpétrés. On estime néanmoins que les hordes dépêchées par Omar el-Béchir sont responsables de la mort de plusieurs centaines de milliers d'hommes, de femmes et d'enfants. Des centaines de villages ont été incendiés. Des milliers de femmes ont subi des viols, une arme qui s'est répandue un peu partout ces dernières années, lorsque le «nettoyage ethnique» s'abat sur un territoire. Y compris en Europe lors du conflit en ex-Yougoslavie. Autre conséquence des ravages endurés par la population du Darfour : des millions de personnes ont été déplacées à l'intérieur du Soudan, dans des camps, ou dans les pays frontaliers, notamment le Tchad. Le Darfour n'est pas la seule province à avoir été matée en 2003 par le gouvernement central. Les mêmes horreurs ont été constatées ailleurs : les monts Nouba, le Kordofan, le Nil bleu, à l'est du pays. Sans évoquer bien sûr les atrocités commises dans le Soudan du Sud, qui a réussi à arracher son indépendance en 2011, et qui, depuis, continue d'alimenter, de son côté de la frontière, une sauvagerie sanguinaire. Ce génocide illustre l'idéologie d'Omar el-Béchir : «rétablir l'ordre» du pouvoir central, c'est également l'occasion de mener une véritable campagne d'arabisation et d'islamisation au profit d'un État qui renie ses origines africaines et confessionnelles, chrétiennes et animistes.

D'où l'immense colère qui résonne à travers le monde. Aussi immense que l'apathie qui semble animer la planète. Car notre homme, sous le coup de dix chefs d'inculpation par la Cour pénale internationale dont l'accusation de génocide, donc, vit sa vie, voyage à l'étranger et mène une assez brillante diplomatie avec un certain nombre de pays, et non des moindres.

Nos amis Serbes, qui semblent s'y connaître en matière de purification ethnique, ont eu le bon goût récemment de décorer le président soudanais. C'était en février 2016. La raison en est simple, à défaut d'être moralement recevable : la Serbie décore les présidents de tous les pays n'ayant pas reconnu l'indépendance du Kosovo. Qu'importe qu'une centaine de gouvernements, dont les membres de l'Union européenne, aient admis l'autonomie de cette ancienne province serbe à majorité albanaise. Omar el-Béchir n'est pas le seul Africain à avoir été ainsi «honoré» par Belgrade. Une trentaine de chefs d'État ont déjà reçu leur colifichet.

Notre sujet se démène avec beaucoup de sang-froid. Ne faisait-il pas partie, en novembre 2016, des cent quatre-vingts chefs d'État et ministres qui participaient à la COP22 à Marrakech ? Ce n'est pas parce qu'on est sous mandat d'arrêt international qu'on ne peut pas militer pour l'excellente cause du dérèglement climatique ! D'ailleurs, le président soudanais s'est toujours senti très à l'aise au Maroc. Et ce n'est pas le royaume qui le trahira en le faisant arrêter pour le transférer ignominieusement devant la Cour pénale internationale. Lorsqu'il arrive à Marrakech, on lui déroule le tapis rouge. Le protocole est impeccablement réglé. La procureure de la CPI, Fatou Bensouda, originaire de Gambie, constate son impuissance. Elle est habituée. Omar se sent comme chez lui un peu partout, de l'Afrique du Sud à la Russie. Il se sent fréquentable, après tout. Mohammed VI l'a bien dit : «La position du Maroc est constante en ce qui concerne son soutien au Soudan et à son président.» Il faut y lire l'empreinte d'un héritage spirituel, culturel et social. Et cette capacité à tirer profit de toutes les situations. Il se trouve que le Maroc a demandé sa réintégration à l'Union africaine dont le Soudan est un membre éminent. Il se trouve également que les membres de cette Union africaine sont profondément hostiles à la Cour pénale internationale. Ils font bloc et ne reconnaissent pas son autorité. Et le Maroc n'est pas le seul pays à accueillir avec bienveillance ce cher Omar. En juin 2015, le gouvernement sud-africain le laisse filer à l'issue du sommet de l'Union africaine alors que le tribunal de Pretoria lui interdisait de quitter le territoire. Même chose au Rwanda un mois plus tard. Si Rabat n'a rien à refuser à Khartoum, c'est aussi parce que la position du Soudan sur le Sahara est on ne peut plus claire : il fait partie intégrante du Maroc. N'en déplaise au Front Polisario. Et le Maroc s'est bien gardé de condamner publiquement les exactions d'Omar el-Béchir, notamment au Darfour. On se serre les coudes.

Reconnaissons que notre dictateur sait naviguer au gré des variations d'un monde sans grands repères. Il entretient les meilleures relations avec l'Arabie Saoudite. Il se réjouit des changements intervenus dans la politique américaine depuis que Donald Trump est aux manettes. Le chef de la Maison Blanche a levé les sanctions imposées à son pays depuis vingt ans. Le département d'État estime que la situation des droits de l'homme s'est améliorée au Soudan et que la lutte contre le terrorisme y fait des progrès. Du petit-lait pour Omar! L'Amérique – et son histoire – l'inspire particulièrement : «Les États-Unis ont perpétré des génocides contre les Amérindiens, à Hiroshima, au Vietnam», répétait-il à la télévision soudanaise en 2009, après son inculpation par la CPI. Autrement dit : ils n'ont pas de leçon de morale à me donner.

Omar el-Béchir sait donc louvoyer. D'autant qu'il est loin d'être le seul à rejeter la logique d'une justice internationale, à laquelle n'adhèrent même pas les États-Unis. À Alger, il est accueilli comme un ami. Car, sur le chapitre du droit, précisément, l'Algérie n'aime guère qu'on vienne la taquiner. Le passé grouille de fantômes, et ce n'est pas une spécificité algérienne. Lorsque le statut de Rome, fondement juridique de la CPI, a été adopté, le régime de Bouteflika sortait d'une atroce guerre civile face aux «barbus» du GIA. S'inscrire dans ce processus de justice internationale revenait à ce que des agents de l'État, soupçonnés de violations massives des droits de l'homme, soient susceptibles de poursuites. De quoi rendre frileux! Les ex-pays «colonisés» se soutiennent. Ce qui arrange finalement tout le monde. Les Chinois, qui livrent des armes et investissent dans le pétrole. Les Russes, qui reçoivent Omar el-Béchir à la maison comme un ami et renforcent leur coopération économique et militaire. Histoire de résister aux «actes agressifs» des États-Unis. Sur les bords de la mer Noire, dans la résidence d'été de Vladimir Poutine, le président soudanais est tout sourires, détendu. Nous sommes en novembre 2017, quelques semaines seulement après la levée des sanctions économiques américaines. Ce bon vieil Omar pourrait en remontrer à Talleyrand. Les Israéliens eux-mêmes oublient certains principes de base en expulsant les milliers de migrants qui ont échoué chez eux au fil des catastrophes humanitaires ayant marqué les dix dernières années. De nombreux Soudanais font partie de cette diaspora. À Jérusalem, on sait fort bien qu'ils ne peuvent, en aucun cas, rentrer chez eux. Le Haut-Commissariat de l'ONU pour les réfugiés s'en émeut. Et alors?

Reste l'angoisse du lendemain! Malgré toute son habileté, son machiavélisme et son opportunisme, notre ami Omar se ronge les sangs. D'ailleurs, il change de lieu de résidence régulièrement et privilégie la proximité du haut commandement militaire, tout près de l'aéroport de Khartoum. On ne sait jamais!

Depuis la sécession du Sud-Soudan, la vie est beaucoup plus difficile pour ses sujets. La rente du pétrole s'est amoindrie, à défaut de s'être tarie, et le coût de la vie augmente.

Ce qui, généralement, et partout dans le monde, entraîne une pointe d'agacement parmi les populations les plus dociles. Mieux que personne, il connaît l'angoisse de l'imprévisibilité. Il a déjà vécu dans sa vie deux révolutions, en 1964, lorsqu'il était adolescent, et en 1989, pour son bénéfice personnel. Il est contraint de choisir très soigneusement ses gardes du corps. Il épie son environnement, soupçonne certains de ses proches, dans les rangs de son propre parti. Il a renforcé les pouvoirs et les moyens d'une milice à sa botte, le National Intelligence and Security Service, qui terrorise, lorsqu'il le faut, la poignée d'opposants qui osent encore manifester. L'habileté et l'art de corrompre ne vous protègent cependant pas, après tant d'années, de toute mauvaise surprise.

Omar el-Béchir se morfond depuis quelques années, depuis l'indépendance du Sud-Soudan. Les choses vont mal, et il n'est pas sourd. Alors ? Partir ? Il a indiqué qu'il ne briguerait pas un mandat supplémentaire. Il se sent incompris, sans doute parce que les méandres de son esprit et de ses alliances sont difficiles à appréhender, y compris chez ses proches. Et puis, d'autres éléments lui échappent : comme les ambitions des confréries musulmanes qui veulent avant tout éviter l'arrivée au pouvoir d'un non-Arabe. En attendant la survenue de cette apocalypse qui hante l'esprit de chaque autocrate au pouvoir, Omar el-Béchir serre la vis chez lui. Autant qu'il le peut. Lorsque la hausse du prix du pain entraîne une foule dans la rue, il lui fait part de sa mansuétude et de sa compassion à coups de gourdin. Omar en a sûrement assez qu'on le traite de dictateur, finalement. Il en a assez des revendications. Il en a assez des juristes de la Cour pénale internationale. Assez d'être caricaturé de façon grotesque. Plus qu'assez de vivre avec sur la conscience les morts et les torturés du Darfour. N'allez pas croire qu'être un psychopathe à sang froid vous épargne de tous les tourments.

6

Rodrigo Duterte, le «nettoyeur».
Un paradis aux Philippines

«L'extrême justice est injustice.»

Cicéron

L'homme est un mystère sans limites, «un misérable petit tas de secrets», comme disait André Malraux dans ses *Antimémoires*. Au-delà de ce constat, on perçoit parfois une ou plusieurs anomalies susceptibles de modifier spectaculairement une trajectoire : un comportement erratique, une schizophrénie, des tendances à la bipolarité, une cruauté marquée, un irrespect flagrant pour les normes sociales ou morales en vigueur dans les sociétés d'aujourd'hui. Plus qu'une anomalie : une aberration. Le défilé des déviants, des paranoïaques, des meurtriers de masse, des déréglés idéologiques, des fous radicalisés, des prophètes assassins, des psychopathes dévorés par leur ego et leur narcissisme marque l'histoire de l'humanité. Jusqu'à ce que l'on répertorie dans ce cortège l'absolue aberration, celle qui dépasse votre besoin de comprendre. Parce que ce caractère-là s'extrait de toute norme idéologique ou religieuse. Il a quitté la nébuleuse confiée habituellement aux bons soins de la psychiatrie. Il est hors normes. Pas forcément par l'étendue de ses crimes ou la monstruosité de ses actes, mais parce qu'il échappe tout bonnement au classement et à l'analyse.

Rodrigo Duterte est sans doute de ceux-là. Chez lui, aux Philippines, on l'a surnommé «Digong». Il est né en 1945. Il a suivi des études d'avocat, comme son père, et, comme son père, il s'est engagé en politique. Aujourd'hui il est président de la République. Il a été confortablement élu le 9 mai 2016 et, à l'époque, sa cote de popularité dépassait les 75 % d'opinions favorables.

Ce n'était déjà plus un inconnu sur la scène politique. Il avait travaillé au bureau du procureur de Davao, dans le sud du pays. Après la chute de Ferdinand Marcos, en février 1986, il avait été élu maire de sa ville, un poste qu'il a occupé, par intermittence, jusqu'en 2010. À cette date, il est remplacé par sa fille, Sara Duterte Carpio, avant de reprendre le collier jusqu'à l'élection présidentielle.

Il ne fait guère parler de lui. Sa notoriété ne dépasse les limites de sa ville qu'en raison de sa détermination à éradiquer le crime dans la cité. Ce qu'on ne saurait qu'encourager.

Il résiste aux sollicitations de ses amis qui le poussent régulièrement à se lancer dans la politique au niveau national. Rodrigo Duterte préfère s'occuper de ses ouailles. On remarque son énergie réformatrice : il nomme, parmi ses adjoints, des représentants des minorités musulmanes et lumads. Une première, saluée comme il convient par une partie, libérale, de l'opinion. Il veille à ce que ses ordonnances interdisant les discriminations à l'égard de la communauté musulmane soient respectées à la lettre. Il se bat pour le maintien des écoles communautaires indigènes que le pouvoir central envisage de supprimer. Et surtout, donc, il lutte contre le crime. Sa popularité grimpe en flèche. Le magazine américain *Time*[1] l'a surnommé «*The Punisher*», ce que l'on pourrait traduire par «Le Nettoyeur». Il faudra du temps pour juguler cette criminalité galopante, mais enfin, après vingt ans d'efforts, Rodrigo Duterte se vante d'être à la tête de «la ville la plus sûre du monde». Ce n'est pourtant pas ce qu'indiquent les statistiques officielles publiées par le gouvernement philippin qui constatent, en données brutes, que la bonne ville de Davao occupe toujours la tête du classement pour la criminalité. Elle est même championne toutes catégories en ce qui concerne le nombre de meurtres commis entre 2010 et 2015. Sur la même période, en matière de viols et d'agressions sexuelles, elle n'occupe que la deuxième place. Mais enfin, on reconnaît au maire Rodrigo Duterte la volonté de placer le crime en tête de ses préoccupations, pour le bien-être de la population, qui affiche très clairement sa gratitude. Et c'est d'ailleurs cette réputation de pourfendeur de la délinquance qui propulsera le maire à la tête du pays en 2016.

Jusque-là, personne n'a rien remarqué d'anormal. Les langues vont pourtant finir par se délier à Davao, où un ancien policier explique que le maire de l'époque l'aurait payé pour exécuter non seulement des criminels notoires, mais aussi des opposants politiques. Il cite le nom de Jun Pala, un commentateur de la radio qui n'épargnait pas l'édile dans ses chroniques. Cet ancien policier précise : je n'étais pas le seul à émarger sur la liste des policiers embauchés par Duterte.

Les amateurs de psychomorphologie affirment, en examinant le portrait officiel du président philippin, que des troubles de la personnalité sont aisément repérables. Nous avons choisi de nous méfier de cette approche, mais il faut bien reconnaître que notre Philippin dégage des ondes

---

1. *Time*, 14 mai 2016.

assez inquiétantes. Une fausse bonhomie, une sorte de simplicité paysanne... C'est pourtant, et son curriculum vitae le prouve, un homme instruit qui, parallèlement à ses études de droit, est diplômé en sciences politiques. Il est par ailleurs spécialiste de l'histoire du droit aux Philippines au temps de la colonisation espagnole et il parle plusieurs langues. Rien du *campesino* qu'un miraculeux destin aurait porté aux plus hautes fonctions ! Ce qui ne l'empêche pas d'être grossier, machiste, belliqueux et d'avoir avoué, sans complexe aucun, qu'il avait tué de sa main des criminels. Il garde même un souvenir précis et savoureux d'un de ces délinquants qu'il avait catapulté d'un hélicoptère en vol. Il ne trouve pas apparemment que des défauts à Hitler, lui non plus, et, lors d'une conférence internationale, il s'est permis de traiter publiquement Barack Obama de «fils de pute», une de ses insultes préférées, qu'il a déjà utilisée à l'encontre de l'ambassadeur des États-Unis à Manille, et même à l'adresse du pape François, coupable à ses yeux d'avoir entraîné des embouteillages monstrueux dans les rues de la capitale à l'occasion de sa visite officielle aux Philippines. Lorsqu'on lui fait remarquer avec insistance que ce vocabulaire n'est pas réellement approprié dans la bouche d'un chef d'État, il minimise la valeur de ses propos. *Putang ina mo*, en langage local, signifie littéralement : «Ta mère est une pute» et, d'après Duterte, aux Philippines, ce n'est là qu'un signe d'agacement sans réelle portée. Rien à voir, toujours selon lui, avec la connotation qu'elle revêt dans les pays occidentaux. Peut-être ! L'université de Manille l'a sans doute préparé à faire fonctionner son cerveau, mais, côté bonnes manières, c'est un échec total. Récemment, il a gentiment prié l'Union européenne, qui lui reproche à juste titre les méthodes employées pour lutter contre la criminalité, d'aller «se faire foutre». Il visait tout particulièrement la France et le Royaume-Uni responsables, selon lui, de l'extermination de milliers d'individus au temps de la colonisation. Pour se faire mieux comprendre, il a accompagné ses déclarations d'un doigt d'honneur. Les chancelleries et les diplomates du monde entier font face à une ère radicalement nouvelle dans leurs relations avec le gouvernement de Manille. Un personnage intéressant, difficile à situer, entre le bouffon entraînant le rire et le psychopathe suscitant la consternation.

À son arrivée au pouvoir, Rodrigo Duterte a 71 ans. Ceux qui l'ont connu dans son adolescence affirment qu'il a toujours eu l'air d'un gangster. D'ailleurs, depuis l'âge de 15 ans, il porte un revolver sur lui. C'est un garçon réputé agressif, prompt à la bagarre. En novembre 2017, il a indiqué, sans sourire, qu'il avait tué un homme à l'âge de 16 ans. À coups de couteau! Le défunt lui avait jeté «un mauvais regard». Il fait ces déclarations lors d'un séjour au Vietnam, à Da Nang, à l'occasion du sommet sur la coopération économique entre l'Asie et la zone Pacifique. Donald Trump est présent à cette réunion internationale. Duterte ajoute, devant une assistance médusée, qu'il se demande combien d'autres personnes sont mortes de sa main depuis qu'il est président.

Son responsable de la communication a fort à faire, ces derniers mois. Il insiste sur le fait qu'il faut prendre certains propos de l'honorable Rodrigo Duterte avec des pincettes. Qu'il a parfois tendance à «asticoter» ses interlocuteurs, avec un humour bien particulier, et que, en tout cas, le message convoyé par son attitude était parfaitement bien compris des parasites sociaux. Après tout, lorsqu'on promet aux électeurs qu'on va éradiquer le crime et le trafic de drogue, on a droit à l'hyperbole. Lorsqu'on promet aux Philippins que, dès son arrivée au pouvoir, 100 000 crapules néfastes pour la société seront massacrées et données en pâture aux requins de la baie de Manille, on peut bien se permettre quelques dérapages.

117

Rodrigo Duterte a toujours échappé aux conséquences, même les plus brutales, de ses actes, ce qui, d'après un de ses opposants, le sénateur Antonio Trillanes, explique ce sentiment d'impunité caractéristique du psychopathe. La psychiatrie ne peut guère faire le catalogue précis et exhaustif des origines des déviances. Il existe tout de même des pistes analytiques bien intéressantes, notamment en ce qui concerne les enfants et les adolescents. Qu'est-ce qui calcifie une jeune âme dans un chemin pervers? Tout acte contraire aux normes commis pendant la période de l'enfance ne signifie pas obligatoirement, et heureusement, qu'on se prépare à rejeter les normes sociales ou morales. Franchir les bornes, transgresser, ignorer les frontières entre ce qu'il est convenu d'appeler le «bien» et le «mal» ne sont pas forcément synonymes à terme d'une profonde pathologie. Tous les parents ont vécu la fameuse «crise de l'adolescence»! Et n'ont pas engendré des dictateurs. Certains incidents de parcours, comme un sentiment d'injustice, un problème de santé, un environnement difficile, peuvent se traduire par une période occasionnelle de délinquance plus ou moins sérieuse. Et certains adultes peuvent se livrer, régulièrement, ou exceptionnellement, à un mode de vie désaxé, sans qu'un expert puisse diagnostiquer chez eux l'état de psychopathe. *A contrario*, ce principe étant posé, l'enfance d'un tyran caractérisée par des manifestations précoces d'asociabilité, et surtout la sévérité des symptômes, peut annoncer l'apparition de dysfonctionnements graves.

Rodrigo Duterte, en l'occurrence, est un phénomène. Citons de nouveau le sénateur Antonio Trillanes, interrogé par le journal britannique *The Observer*[1]. «Je crois, dit-il, que la crise originelle ayant entraîné les égarements de

---

1. Kate Lamb, «Rodrigo Duterte: the president warlord of the Philippines», *The Observer*, 12 novembre 2017.

Duterte est liée à la mort de son père, qui s'est immédiatement traduite par la pauvreté et l'isolement. Rien ne le distinguait plus des autres garçons de son âge dans la région où il est né. Il lui a fallu se battre férocement pour s'extraire de sa condition sociale et, lorsqu'il a réussi à obtenir pouvoir et argent, il n'était plus question de s'en priver.» Apparemment, les dégâts ont été sévères en ce qui concerne son développement personnel. Un document très intéressant[1], établi il y a vingt ans, éclaire spectaculairement les errements tragiques du futur président des Philippines. Il s'agit d'un examen psychiatrique réalisé sur la personne de Rodrigo Duterte à l'occasion de la procédure de divorce engagée par sa première épouse, Elizabeth Zimmerman. Le médecin chargé de l'examen constate dans son rapport que «le patient souffre d'un trouble narcissique majeur de la personnalité, assorti de tendances agressives incluant un ego surdimensionné et une tendance prononcée et permanente à humilier et à diminuer autrui». On notera qu'il est rarissime de prendre connaissance d'un tel bilan psychiatrique concernant le président d'un pays de 100 millions d'habitants. Au moins, le diagnostic est posé en termes médicaux et significatifs. Ce qui autorise le «patient», non pas à confesser, mais à affirmer que oui, c'est vrai, il a tué de ses mains, alors qu'il était maire de Davao, mais aussi, dit-il, devenu président, des «criminels» qui ne méritaient pas un moindre châtiment. Oui, dans une guerre contre la drogue et l'amoralité, on a le droit de faire le travail qui s'impose, autrement dit, on a droit de vie ou de mort sur autrui. Le populisme a décidément de l'avenir, mais, dans le cas qui nous occupe, on ne peut pas ignorer la pathologie. «Oui, déclare-t-il à une télévision locale

1. Kate Lamb, «Rodrigo Duterte: the president warlord of the Philippines», *The Observer*, art. déjà cité.

en mai 2015, j'ai organisé et dirigé des escadrons de la mort dans ma ville.»

On a enregistré des milliers de décès avant, et depuis son accession au pouvoir : une moitié revient aux policiers, l'autre aux *vigilantes* encouragés par Duterte. On a retrouvé des cadavres dans les rues, des têtes décapitées enveloppées dans des emballages de plastique, agrémentées d'une pancarte précisant que la victime était un trafiquant de drogue, un consommateur ou un vulgaire délinquant. Un an après l'élection de Duterte, les Philippines avaient battu le record établi par Ferdinand Marcos, qui, lui non plus, ne lésinait pas lorsqu'il s'agissait de justice expéditive. Mais Marcos, lui, avait mis vingt ans pour parvenir à pareil tableau de chasse. Amnesty International a donc eu de sérieuses raisons de dénoncer Duterte. D'autant plus que la sécurité ne s'en est pas retrouvée renforcée aux Philippines. D'après James Gomez, directeur de l'ONG pour l'Asie du Sud-Est, le danger est encore plus important aujourd'hui, parce que le respect de la loi et du droit ne signifie plus rien pour les citoyens de ce pays.

Populisme, cynisme, sentiment d'impunité, indécence : notre personnage, en guise de réponse aux critiques venues du monde entier, proclame qu'il promet l'immunité aux policiers qui règlent les comptes, la nuit, dans les rues. Et si la contestation va trop loin, il fait emprisonner les critiques les plus virulents. Comme la sénatrice Leila de Lima, membre de la Commission des droits de l'homme aux Philippines. L'opinion ne réagit pas. Car Rodrigo Duterte est populaire. Près des deux tiers de ses concitoyens l'approuvent dans sa croisade anticriminalité. Les Philippins voient en lui un défenseur des pauvres, un ennemi des «élites». C'est un ingrédient qui fonctionne un peu partout dans le monde.

Rodrigo Duterte, le «nettoyeur». Un paradis aux Philippines

Tenter de comprendre le fonctionnement cérébral, intellectuel et moral de Duterte n'est pas chose aisée. Ainsi s'exprime Solita Monsod[1], une journaliste chevronnée qui a eu entre les mains, elle aussi, le certificat de divorce des époux Duterte en 1998 : «On ne peut pas juger le comportement de cet homme selon les normes habituelles... Ce type souffre d'un désordre mental.» «Au moins, ajoute-t-elle, il n'a pas accès au bouton nucléaire!»

Nous avons eu l'occasion de remarquer que les dictateurs contemporains ont le mérite de dire ce qu'ils pensent et de faire ce qu'ils disent. Pas d'inhibition, aucune trace de «surmoi». Duterte n'a pas trahi ses électeurs lors de la campagne présidentielle lorsqu'il leur a dit que, avec lui, ils pourraient s'asseoir sur les droits de l'homme. Promesse tenue, preuves sanguinolentes à l'appui. Ce délicat leader a un frère, qui le connaît mieux que personne. Emmanuel Duterte s'est confié au *New York Times* récemment : «Mon frère a la tête dure. Plus vous lui conseillez de ne pas faire telle chose, plus il s'acharnera à la faire. Il a vraiment besoin de baisser d'un ton dans sa colère. En fait, il faudrait lui apprendre à dompter cette colère.»

On l'a souvent comparé à Donald Trump pour sa gestuelle et pour sa rhétorique de bas étage. En l'occurrence, Trump n'a pas encore abattu un passant sur la 5e Avenue, à New York, à coups de revolver un jour de froide colère. Et le président américain, aussi imbu de lui-même soit-il, ne peut prétendre se situer au-dessus des lois. Au contraire de son homologue philippin qui a évoqué la possibilité de se gracier lui-même pour les meurtres qu'il a commis. Affaire d'éducation, d'enfance déréglée, d'environnement sauvage? En 2012, il a promis une récompense de 125 000 dollars à qui lui apporterait la tête d'un chef

---

1. Solita Collas-Monsod, «Assessing a president's behavior», *Philippine Daily Inquirer*, 14 octobre 2017.

de gang présumé, précisant qu'il ajouterait 30 000 dollars si on lui livrait la tête dans un sac de glace, « pour qu'elle ne sente pas trop mauvais ». Sam Peckinpah aurait pu s'inspirer des saillies du dictateur philippin pour tourner certains de ses films !

Au palais de Malacañan, où il réside, l'atmosphère s'en est trouvée transformée. « Duterte Harry », comme on l'a surnommé (un hommage dont se serait bien passé Clint Eastwood), semble doué d'une énergie démoniaque. Cet homme parle, et parle encore, parfois de façon interminable. Toujours pour insulter, stigmatiser, et toujours pour flatter la mort. « Je crois au châtiment », répète-t-il. Il préconise l'instauration de pendaisons publiques. Histoire, *dixit*, d'économiser le prix des munitions. Son accession à la présidence ne l'a pas fait changer de ton, d'où sa popularité auprès des classes les plus défavorisées du pays qui se retrouvent dans sa verve et sa brutalité. C'est un « bad boy » ! Et alors ? Il n'est pas le premier à diriger un État. D'autres avant lui se sont montrés insultants, brutaux, menaçants. Y compris dans des nations hautement civilisées, des temples de la culture. Il a donné du pouvoir à ses concitoyens, notamment à l'égard des trafiquants de drogue : « Appelez la police, ou faites-le vous-même si vous disposez d'une arme, vous avez mon soutien. » En direct à la télévision ! Quel effet ont ces propos sur une population qui, comme ailleurs, a ses comptes à régler, ses frustrations à nourrir, ses vengeances à assouvir ? Pour que les choses soient bien claires, et pour que les protestations se réduisent à un murmure, Duterte enfonce le clou, auprès de ceux qui pourraient encore ralentir ses excès. Il s'adresse aux médias : « Ce n'est pas parce que vous êtes journaliste que vous êtes exempté du risque d'assassinat, si vous êtes un fils de pute. » Une audace sidérante dans un pays où la presse compte déjà ses morts par dizaines : cent soixante-seize journalistes ont été assassinés aux Philippines au cours des trente dernières années. Jusqu'où va la perversion ? Duterte est-il seulement un démagogue qui nourrit sa base des propos qu'elle veut entendre ? Ou bien les démons qui nourrissent sa logorrhée quotidienne correspondent-ils à sa propre réalité ? Lorsqu'il menace des représentants officiels de l'Union européenne, choqués par ses méthodes, de les pendre haut et court, on imagine aisément que ce dérapage relève purement et simplement de la provocation. Quand il annonce qu'il dévorera le foie des terroristes capturés dans le secteur touristique de Bohol en avril 2017, à condition «qu'on lui apporte du sel et du vinaigre» pour faire passer le tout, on pourrait même le regarder comme un plaisantin amateur de calembours franchement lourds. Surtout lorsqu'il ajoute : «Je mange tout. Je ne suis pas difficile.» Mais quand l'ogre aborde d'autres thèmes, comme la sexualité et le viol, on entrevoit la vraie nature de l'homme.

Vit-on dans l'illusion lorsqu'on imagine qu'un comportement anormal, asocial, voire criminel est la conséquence d'un choix moral ? S'agit-il tout simplement d'un incident, dépendant de notre chimie interne ? Un vilain mélange de molécules à l'intérieur du cerveau ? On observe généralement ces phénomènes du point de vue d'une morale universelle. Ce que récusent et méprisent la totalité des individus présents dans cet ouvrage.

Rodrigo Duterte ne connaît pas l'autocensure. À propos d'aucun sujet. Et une majorité de ses concitoyens ne semblent pas s'en inquiéter outre mesure aujourd'hui. En 1989, alors qu'il était encore maire de Davao, les détenus d'une prison violent une religieuse australienne avant de l'assassiner. Vingt-cinq ans plus tard, Duterte va publiquement exprimer des sentiments non seulement répugnants, mais aussi parfaitement incohérents avec son dégoût affirmé des meurtriers de tout poil : «J'ai vu le visage de cette religieuse et je me suis dit : "Putain, quel dommage !" Ils l'ont violée, ils ont tous attendu leur tour. J'étais en colère qu'ils l'aient violée, mais elle était si belle. Je me suis dit : "Le maire aurait pu passer en premier."» Les ambassadeurs américain et australien en poste à Manille ont élevé une protestation officielle, et indignée.

Le président philippin semble fasciné par l'acte du viol. Et, encore une fois, il exprime librement son ambivalence, comme quand il condamne «fermement» les viols d'enfant. «Je n'aime pas, dit-il en public, qu'on viole des enfants... Mais peut-être qu'on peut faire joujou avec disons... Miss Univers... Et puis peut-être même que je pourrais féliciter celui qui a les c... de violer quelqu'un lorsqu'il sait que la mort est au bout!» Même ambiguïté, pour dire le moins, quand il rend visite, comme chef des armées, aux soldats philippins engagés dans le sud du pays, dans la région de Marawi, où il a institué la loi martiale et où le comportement brutal de la troupe fait scandale. Duterte tient à rassurer ses militaires : «En ce qui concerne la loi martiale et ses conséquences, j'assume ce qu'il en résulte et je suis le seul responsable. Faites votre boulot. Je m'occupe du reste. Et si vous violez trois femmes dans la foulée, vous n'aurez qu'à dire que c'est moi.»

Puisque l'impunité est acquise, pourquoi se priver lorsque, par exemple, on affiche sa misogynie dans les termes les plus crus? Pourquoi cacher ses relations extra-conjugales? Pourquoi nier qu'on fréquente trois petites amies en plus de son épouse? Quand l'association Women Against Duterte a déposé plainte en avril 2016 auprès de la Commission des droits de l'homme pour dénoncer les encouragements au viol lancés par Duterte et son manque de respect à l'égard des femmes, le Président s'est borné à leur répliquer qu'il les verrait bien en enfer. Car, pour lui, ces jugements, ce puritanisme, ne sont que des marques d'hypocrisie. C'est ce qu'il a affirmé avec force devant la Chambre des représentants. «Qui, dans cette enceinte, n'a pas une maîtresse? a-t-il demandé aux représentants élus du peuple. Après tout, il y a tellement de femmes autour de nous, et la vie est si courte!» Apparemment, cette boulimie de consommation féminine guide la vie privée du Président qui ne se cache pas d'absorber des quantités industrielles de Viagra pour honorer ses conquêtes.

La vulgarité de Duterte fait bon ménage avec une rouerie exceptionnelle. Y compris sur ces sujets liés à la sexualité. Il a reçu une délégation de militantes et de militants LGBT pour leur dire qu'il ne voyait absolument aucun obstacle à l'ouverture du mariage pour tous aux Philippines. Un pays qui n'autorise ni le divorce ni l'avortement! «Je suis favorable au mariage entre personnes de même sexe : il suffira de changer la loi», a-t-il affirmé sans sourire. Certes! Mais l'Église catholique, très puissante, veille au grain, et s'oppose depuis le début aux divagations du Président. D'où la main tendue de Duterte aux homosexuels, lui qui les a copieusement insultés et stigmatisés depuis le début de sa carrière politique. «Tout ce qui vous fait plaisir, je vous le donnerai, leur a-t-il promis. Pourquoi imposer une morale qui ne fonctionne plus?» Bonne question : pourquoi imposer une quelconque morale? Rodrigo Duterte ne recule devant rien lorsqu'il s'agit d'assurer le spectacle politique. Lors de sa rencontre avec ces militants LGBT, il a affirmé que certains membres de sa famille étaient gays et que lui-même s'était longuement interrogé sur le fait de savoir s'il était, ou non, bisexuel.

Oui, pourquoi se priver de bouffonnerie alors que tout est permis, qu'aucun filtre ne vient injecter un minimum de décence dans la machine humaine baptisée Duterte? L'homme est radical, on l'a dit, et peut s'enorgueillir d'avoir à son bilan l'exécution sommaire d'une dizaine de milliers de personnes. Le Président est pur et dur. Y compris s'agissant de sa progéniture.

À l'été 2017, le fils du Président est entendu par une commission d'enquête sénatoriale portant sur des accusations de trafic de drogue lancées par un sénateur, courageux, de l'opposition. Réaction immédiate du leader philippin : «Je ferai tuer mon propre fils si les accusations portées contre lui se révélaient fondées. Et les policiers qui se chargeraient de son meurtre seraient protégés de toute poursuite.» Pauvre Paolo Duterte. Il est âgé de 43 ans, et sa réputation, c'est vrai, est sulfureuse. Ce n'est pas très original dans la famille puisque Rodrigo lui-même, lorsqu'il était maire de Davao, a défrayé la chronique à plusieurs reprises pour des soupçons de corruption aggravée. Ce qu'il a toujours démenti. Sa virilité proclamée et son caractère brutal ont fait taire les rumeurs. Alors Paolo, par qui le scandale arrive, prie Dieu pour que les paroles de papa aient dépassé ses pensées. D'autant que Paolo est également accusé de faire partie d'une triade chinoise ayant acheminé en contrebande en Philippines une énorme cargaison d'amphétamines. «J'ai prévenu Pulong [c'est le surnom de son fils] : si tu te fais prendre, tu es mort.» Corneille et Racine trouveraient une intense matière et une féroce inspiration chez les dictateurs contemporains. Patiemment, les collaborateurs du Président s'échinent à minorer les propos de leur seigneur et maître, champion de l'hyperbole et expert avéré de la rhétorique pure.

On pourrait, à l'occasion, en rire, comme lorsque Duterte chante une chanson d'amour en l'honneur de son nouvel ami Donald Trump. Attention! Une amitié qui a ses limites! On peut trouver des qualités et un certain charme à Trump, mais on ne risque pas, en bon Philippin, de succomber à la culture néocolonialiste des États-Unis.

Pas si on s'appelle Duterte. Et il le fait savoir, haut et fort :
«J'ai visité l'Amérique. C'est nul!»

Quoi qu'il en soit, en cette douce nuit du 12 décembre
2017, le dictateur chante et regarde Trump dans les yeux :
«Tu es la lumière de mon monde, la moitié de mon cœur.»
Les Philippins ont une faiblesse pour la romance douce-
reuse. C'est le côté sensible, affable, romantique de ce pays.
En l'espèce, cette chanson, c'est la véritable déclaration
d'amour d'un adolescent ravagé par la puberté et l'éveil si
remarquable du désir. Rodrigo Duterte n'a pas tenu à
s'expliquer sur le choix qu'il a fait ce soir-là, en poussant la
chansonnette, lors d'un dîner d'État à Manille donné en
l'honneur de Donald Trump, en visite officielle. Pas beaucoup de contenu sur un plan diplomatique, mais tout de
même un message affectueux à l'égard du président des
États-Unis dont les manières, l'éducation, et certaines
singeries, n'ont pas pu laisser son collègue philippin
indifférent.

Ce jour-là, pour ce dîner de gala, dix-neuf chefs d'État
sont rassemblés à l'occasion du sommet des nations de
l'Asie du Sud-Est. La chanson interprétée de façon câline
par le Philippin s'appelle «Ikaw». Traduction : «Toi».
C'est une rengaine très connue aux Philippines. Duterte a
associé sa voix de velours à celle de Pilita Corrales, une
célébrité du cru. «Je chante sur ordre du commandant en
chef des États-Unis», explique Duterte. Il est très applaudi.
Et visiblement Donald Trump a beaucoup apprécié.
D'ailleurs, le lendemain, assis côte à côte, devant la presse,
les deux hommes semblent s'entendre parfaitement, et
l'humeur est joviale. Voilà devant les caméras deux septua-
génaires, très décontractés, très complices. Histoire de
maintenir cette évidente entente cordiale, ils vont refuser
toute question relative à la situation des droits de l'homme
aux Philippines. On élude. Trump n'entend pas gâcher
l'ambiance lorsqu'il est interrogé à ce propos : «Ce n'est

pas une conférence de presse, c'est une rencontre bilatérale.» Le sujet ne sera pas abordé pendant l'entretien en tête à tête qui va suivre. On saura simplement que Trump s'est présenté comme un véritable ami des Philippines, contrairement à son prédécesseur Barack Obama, le «fils de pute» évoqué par Duterte.

Pendant que Donald Trump se félicite d'avoir amorcé une amicale relation avec le leader très controversé des Philippines, les diplomates du département d'État se lamentent et voient se profiler une dangereuse réorientation des relations inter-États dans cette région sensible du Sud-Est asiatique. «Parfois, disait Staline, les décisions d'un seul homme peuvent transformer radicalement les structures économiques et sociales d'une nation et entraîner des répercussions mondiales.» Staline savait de quoi il parlait, et le monde se souvient encore des conséquences de cette vision globale. Duterte a entamé une transhumance diplomatique destinée à éloigner le grand frère américain pour se rapprocher notamment de la Chine. Il faudrait sans doute signaler ce phénomène symptomatique à l'occupant de la Maison Blanche. En clair, les Philippines sont passées en deux ans du statut de meilleur allié des États-Unis dans la région à celui de critique le plus résolu du leadership américain en Asie. La relation si ancienne et si forte avec les États-Unis s'est désagrégée. On se contente de négocier des accords commerciaux. Jusqu'à récemment, les Philippines, avec le Vietnam, l'Australie, et même l'Inde, servaient de tampon aux ambitions de Pékin. Duterte a beau susurrer ses chansons d'amour dans l'oreille de Trump, il a décliné une invitation à la Maison Blanche et il a mis un terme aux manœuvres militaires conjointes organisées depuis des décennies par les deux pays. Et les sondages montrent que les Philippins sont bien d'accord avec leur président : ils commencent à mal digérer les vestiges de la colonisation de leur pays, il y a plus de cent ans, par les Américains. Et ils confessent un début d'amitié curieuse avec leurs voisins chinois.

Tout cela, on l'a vu, a de quoi nourrir l'hostilité de l'Église catholique à l'égard du régime. Duterte, qui n'a guère l'habitude de prendre des gants pour affronter ses adversaires, déclarait au début de l'année 2017 que l'Église catholique était «pleine de m...», et qu'elle sentait mauvais, qu'elle était corrompue et qu'une bonne partie des prêtres étaient homosexuels et pédophiles.

En réalité, c'est l'hécatombe liée à la sanglante croisade menée par Duterte contre les «trafiquants» qui a amené le clergé philippin à s'opposer frontalement au régime. 13 000 victimes en deux ans! Comparé à Duterte, Ferdinand Marcos fait figure d'aimable père Fouettard. Et l'Église, dans les régions les plus reculées, constitue le dernier rempart contre les exactions policières. Qu'importe que des milliers de gens s'intoxiquent au «*shabu*», cette drogue de synthèse concoctée en Chine et importée aux Philippines : cette addiction ne mérite pas systématiquement une balle dans la tête en guise de cure de désintoxication. Un manque total de considération humaine que ne peut pas valider l'Église. Et même si le Président, sous la pression d'une partie de l'opinion indignée par les épouvantables bavures de cette guerre antidrogue, a dû faire officiellement marche arrière fin 2017, personne n'est dupe. Les tueries se poursuivent au même rythme. Le Président a toujours le soutien de sa base électorale.

Quatre Philippins sur cinq sont catholiques. Cherchez l'erreur! Pourquoi la hiérarchie de l'Église ne fait-elle pas entendre sa voix un peu plus fort? Là aussi, Duterte sait y faire. Il y a des avantages fiscaux, qu'il ne remet pas en question. Il y a des intérêts financiers, notamment dans des exploitations minières du nord du pays. Il y a des scandales de pédophilie. Certains prêtres s'affichent avec leur maîtresse ! Et certains applaudissent même à deux mains les méthodes sanguinaires du Président. En ces circonstances, difficile d'affirmer une autorité morale. Les prélats philippins se sont fait remarquer par leur silence lorsque le président Duterte a affirmé *urbi et orbi* « qu'il serait heureux de massacrer 3 millions de drogués comme Hitler l'avait fait avec 3 millions de juifs [*sic*] ». Certains prêtres résistent, et, menacés de mort, trouvent refuge à Rome. Le Vatican ne fait aucun commentaire, sans doute pour ne pas aggraver la situation. Son ambassadeur à Manille, l'archevêque Gabriele Giordano Caccia, a décidé d'imiter son prédécesseur : il reste muet.

Duterte règne, sans remords, sur un archipel à la dérive. Sur le plan sociétal, moral, humanitaire. Cette catastrophe se contemple différemment selon que l'on a la chance de vivre dans un État de droit ou qu'on traîne sa misère de père en fils dans une région du monde où la vie ne pèse pas lourd. Beaucoup de Philippins considèrent que les élites sont arrogantes et corrompues et que l'avènement d'un homme comme Duterte n'aggrave pas leur sort. « Il a l'intérêt du peuple en tête », disent encore les électeurs des classes sociales les plus défavorisées, conscients que la guerre contre la drogue se livre au prix d'un total mépris de la justice et de la vie humaine. La belle affaire ! Duterte dispose d'une ligne de crédit, comme avant lui les thuriféraires du nazisme affirmaient, la bouche en cœur, que l'Allemagne avait progressé ! Par exemple, Hitler avait créé en Allemagne des centaines de kilomètres d'autoroute ! La débilité de l'argument laisse rêveur, comme le recours au vieil adage qui veut qu'on ne fasse pas d'omelette sans casser des œufs. Au pays des tyrans tout se vaut, tout se ressemble. À tel point que Duterte a fait transférer le cercueil de Ferdinand Marcos au cimetière des héros de la nation, ce même Marcos qui, avec son épouse, avait consciencieusement mis à sac son pays où il avait imposé la loi martiale pendant quatorze ans, de 1972 à 1986. Un éternel recommencement... Si un putsch ne l'emporte pas dans la tourmente, Rodrigo Duterte dirigera les Philippines jusqu'en 2022. Et plus si affinités. On sait que les dictateurs préfèrent s'inscrire dans la durée tant les avantages de la situation sont multiples et variés. Il représente une calamité pour son pays, mais 78 % des personnes interrogées déclarent soutenir son action. Il a de bonnes raisons, à ce stade, d'être satisfait de ses prouesses, et la lune de miel se poursuit. Peu d'ombres au tableau : pas ou guère d'opposition, une situation économique convenable, même si les investissements étrangers ont étrangement chuté de 90 % dès son arrivée aux affaires, une place au soleil dans la galaxie des pays qui comptent en Asie du Sud-Est, un Sénat et une Chambre des représentants étonnamment dociles... L'avenir est radieux. Les défenseurs des droits de l'homme peuvent bien lancer leurs cris d'orfraie ! Les Philippins sont habitués à la violence, à l'arbitraire et aux manifestations d'autorité de la part de leurs dirigeants. «Les historiens me décriront sans doute comme un boucher», a admis lui-même ce président si populaire.

7

Le boucher de Damas

« Les ruines même ont péri... »

CÉSAR, devant les vestiges de Troie
après sa victoire sur Pompée

Il n'est sans doute pas indispensable de s'être promené au printemps dans les ruelles parfumées des souks d'Alep, dans les années 1970, pour partager le chagrin du peuple syrien. Mais ce genre de souvenir peut vous hanter lorsque vous regardez, muet et impuissant, devant un écran de télévision, les ravages insensés d'une guerre civile. Car, sous les décombres abominables, il y a des centaines, des milliers, des dizaines de milliers de cadavres, des femmes, des enfants, des hommes dont certains ont pris les armes pour gagner leur liberté. D'autres souvenirs affluent : une rencontre avec Hafez el-Assad, dans son bureau, à Damas. Souvenir aussi d'un jour où, sortant de l'hôtel Semiramis, il avait fallu patienter un long moment sur la place, contraint et forcé d'assister à la pendaison de trois « espions israéliens », ou prétendus tels. Il est des pays cruels, menés avec cruauté par de cruels dictateurs. Alors le pire est toujours à craindre lorsque le tyran engendre des fils et que l'un d'entre eux lui succède. Car on remarque souvent une forme d'émulation *post mortem*. Papa ayant déblayé l'immense champ des inhibitions morales, Bachar, le rejeton, n'a pas eu à s'encombrer de ce délicat travail préparatoire. Il a été «formé», ou plus exactement «déformé» depuis sa naissance. Aucun verrou n'a été mis en place. Un peu comme dans une lignée animale, où le dressage et la concentration génétique finissent par produire des spécimens harmonieux et remplis de douceur, ou bien, hélas, des molosses belliqueux et sanguinaires.

Jean-Marie Quéméner, journaliste chevronné, excellent connaisseur du Proche-Orient, a publié un livre sobrement intitulé *Bachar el-Assad, en lettres de sang*[1]. Hormis l'intérêt que présente tout travail sérieux et documenté, c'est la conclusion générale de l'ouvrage qui retient l'attention du lecteur. Pour l'auteur, «Bachar incarne la Syrie dans sa psychologie et il ne renoncera jamais». Tout est dit, jusqu'à ce que l'histoire vienne en finir avec les prétentions et les ambitions des uns et des autres.

Le personnage, dont il faut fouiller l'âme, a été éduqué dans les meilleures écoles. Il est «sophistiqué» dans ses raisonnements et rationnel dans ses stratégies. Bachar el-Assad est complexe. Et la notion de «mal» semble étrangère au fils de son père qui joue avec le feu en faisant montre d'une grande maîtrise de lui-même. Les tyrans sont de types très divers, dans leur nature, leurs motivations, leurs réactions et par le chemin qu'ils suivent. Bachar a des enfants. Pourtant, les images des cadavres des habitants de Khan Cheikhoun, une zone rebelle, tués au matin du 4 avril 2017, les pupilles dilatées, la bave à la bouche, sans trace de blessure, ne l'empêchent pas de dormir. La même scène se reproduira le printemps suivant et entraînera, cette fois, une punition balistique déclenchée par la France, les

1. Plon, 2017.

États-Unis et le Royaume-Uni. Sans davantage de réaction de la part du président syrien. Pas plus d'ailleurs que de son épouse Asma, «la Rose du Désert». Ces deux-là ont fréquenté les meilleurs établissements scolaires, ont parcouru le monde, ont côtoyé la société cosmopolite la plus huppée. L'idée que l'utilisation d'un gaz neurotoxique contre leurs concitoyens, las de subir leur dictature, soit proprement inhumaine ne les effleure pas. En ce fameux matin d'avril 2017, quatre-vingt-sept civils vont mourir. Sans doute autant un an plus tard dans le district de la banlieue de Damas. Et, d'après tous les experts, succomber au gaz représente une souffrance effroyable. Or le président syrien, qui au passage a suivi des études de médecine, est désormais habitué à recourir à ce genre d'armement condamné par le monde entier. Il avait obtenu un bilan bien plus impressionnant le 21 août 2013 à la Ghouta, dans ces mêmes quartiers est de Damas : 1 400 morts dont 426 enfants. L'ONU s'en était émue, et la France comme les États-Unis avaient prévenu : Bachar el-Assad a franchi la ligne rouge. Il a suffi à l'intéressé de décliner toute responsabilité dans cette affaire pour que les bombardiers occidentaux restent bien sagement à leur base. Même si, après expertise, tout indique, preuves à l'appui, que le régime syrien a bel et bien utilisé du gaz sarin pour détruire la vermine rebelle. Les services de renseignements occidentaux ont fait leur travail. Ils ont établi la provenance des produits toxiques, des munitions utilisées et des appareils qui ont largué les bombes. Quatre ans plus tard, le carnage, donc, s'est répété. À la fin de l'hiver 2018, les mêmes avions sont revenus au-dessus de la Ghouta, dans la banlieue de Damas, pour renouveler le carnage. Lorsque la situation l'exige, l'aviation syrienne se montre moins raffinée pour terroriser les ennemis du régime : en lieu et place de gaz sarin, on largue sur les villes et les villages des barils d'explosifs ou de chlore. L'effet est sensiblement identique.

Même les observateurs les plus cyniques n'en reviennent pas devant la détermination de Bachar el-Assad à punir le peuple qu'il est censé diriger. Établir le nombre des victimes est aujourd'hui mission impossible. On parle de 350 000, 400 000 morts. Un chiffre colossal, sidérant, mais probablement encore loin de la réalité. Quel homme peut regarder en face ce sinistre bilan? Et sans fléchir! Avec résolution, sans perdre le sommeil ou l'appétit! À quoi peut bien servir de faire la guerre à son peuple, de l'anéantir, de le pousser à l'exil? On estime que 11 millions de Syriens, soit la moitié de la population, ont été déplacés ou ont fui leur pays. Et, si l'on préfère oublier la cruelle souffrance infligée à toute une nation, on peut s'interroger sur le danger que fait planer Bachar el-Assad sur la planète entière. Car cette guerre civile est devenue un nœud gordien international. La Syrie est un enjeu pour toutes les grandes puissances, qui s'y affrontent à fleurets plus ou moins mouchetés. Tout y est : terrorisme international, crise des migrants, stabilité du Moyen-Orient, relations entre frères ennemis, et non des moindres. Bachar a, en tout cas, réussi à s'imposer dans les cauchemars du monde entier.

Il ne paie pourtant pas de mine, notre Bachar el-Assad, ne serait-ce que comparé à son père. Mais il utilise manifestement son cerveau, à sa manière. Et chacun doit lui reconnaître une forme de funeste lucidité. Quelques mois après le soulèvement qui affecte son pays, il affiche la couleur : «Toute action occidentale contre la Syrie mettra le feu aux poudres dans l'ensemble de la région. Il ne me faut, à titre d'exemple, que six heures pour transférer des centaines de missiles sur les hauteurs du plateau du Golan et bombarder Tel-Aviv.» Et de souligner que l'Iran, son allié, s'attaquera le cas échéant aux positions américaines dans cette zone. En clair : même si vous me considérez comme un boucher, je suis chez moi et vous êtes priés, au nom de vos intérêts, de me laisser agir à ma guise. Sauf à alimenter le chaos pour l'amener à un niveau bien supérieur. Qui osera regarder la réalité en face ? Bien vu, jugeront les analystes à sang froid. Après tout, Bachar est toujours au pouvoir et, au cours des cinq dernières années, il a reconquis beaucoup de terrain. Il a bel et bien survécu au «Printemps arabe» qui a vu tomber ses collègues tunisiens, égyptiens et libyens. Nous entrons là dans la sphère des psychopathes rationnels, capables d'analyser froidement une situation dramatique, quel que soit le prix à payer pour autrui.

Si l'on veut vraiment s'imprégner des mécanismes de pensée qui alimentent le comportement du président Syrien, il est bon de jeter un coup d'œil en arrière.

Assez loin en arrière, d'ailleurs, puisqu'on retrouve une trace très surprenante de la famille Assad dans les archives du Quai d'Orsay. Il s'agit d'une lettre adressée par le grand-père, Souleiman Assad, au Français Léon Blum, alors président du Conseil, en 1936. Une missive bien curieuse dans laquelle Souleiman Assad implore la France de ne pas abandonner son protectorat sur la Syrie. Ce statut a été instauré à l'issue de la Première Guerre mondiale et prendra fin en 1943. L'idée générale, et malheureuse, est de créer des États réunissant des ethnies, des tribus et des religions différentes, autant d'antagonismes irréductibles, en espérant qu'un jour le chaos se transformerait en idée nationale. Il est tout de même rarissime qu'un responsable notoirement connu, en l'espèce une des figures de la communauté alaouite, refuse l'offre d'accès à l'indépendance de son pays. Léon Blum, lorsqu'il reçoit ce courrier en date du 15 juin 1936, est stupéfait. Encore ne peut-il apprécier entièrement le reste de la missive en fonction d'éléments ultérieurs qu'il ne connaîtra évidemment pas de son vivant.

Car le père, et grand-père, de la lignée tragique des Assad, s'attarde longuement dans sa lettre sur «le fanatisme et l'étroitesse d'esprit profondément ancrés au cœur des Arabes musulmans à l'encontre de tous ceux qui ne sont pas musulmans». Et se range au côté des juifs persécutés à Damas : «ces bons juifs ont apporté la paix et la civilisation aux Arabes musulmans et ont propagé la richesse et la prospérité en terre de Palestine. Ils n'ont fait de mal à personne et ils n'ont rien pris de force. Pourtant, les musulmans leur ont déclaré la guerre sainte et n'ont pas hésité à massacrer leurs femmes et leurs enfants».

Ce texte a été écrit il y a plus de quatre-vingts ans. Si les descendants directs du brave Souleiman n'ont pas pris à leur compte son admiration pour les juifs, en revanche, les alaouites de la dynastie Assad ont retenu la leçon à l'égard de la majorité musulmane sunnite, terrifiés de passer sous leur domination. C'est le ciment originel de la gouvernance féroce du clan Assad depuis 1970.

Pour comprendre Bachar, il faut faire la connaissance de Hafez, le père. Au passage, aussi, accepter l'idée que c'est la France qui a largement contribué, jusqu'à récemment, à l'épanouissement de la communauté alaouite, et au final, à la prise de pouvoir des Assad.

Hafez prend les rênes du pays par la force, en 1970. Il instaure un parti unique, le Baas. Il installe une police et un service de renseignements très répressifs. Il interdit toute forme d'opposition. Les prisons se remplissent. On l'a vu longuement dans les chapitres précédents, on ne vit pas dans la tranquillité sous certaines latitudes lorsqu'on tyrannise les esprits, et Hafez el-Assad n'échappe pas aux obligations liées à sa position de dictateur. Lorsque les Frères musulmans se révoltent dans la ville de Hama, en 1982, il envoie ses troupes avec une mission on ne peut plus claire : pratiquez la terre brûlée. Bilan, en moins d'un mois :

20 000 morts. Il a fait construire, à proximité de Palmyre, une prison qui, aujourd'hui encore, fait frémir les plus endurcis. On y exécute sans fléchir. On torture sans remords, avec plus ou moins de raffinement. En 1980, on y a massacré un millier de détenus, sur les ordres du frère du chef de l'État, Rifaat. On estime que 17 000 personnes ont «disparu» sous le règne d'Hafez el-Assad. Sans laisser de trace. Dont on ne connaît pas le lieu d'inhumation. Certains, déclarés morts, ont réapparu après avoir passé quatorze années en prison. On exhume parfois une fosse commune. Les familles ne reçoivent aucune information.

Voilà des antécédents qui pourraient expliquer l'insensibilité de Bachar el-Assad. Car la population est parfaitement au courant des pratiques carcérales en cours depuis si longtemps. Et l'effroi suscité par certains témoignages se révèle très efficace auprès de celles et ceux qui voudraient secouer le joug. Le pénitencier de Palmyre, construit pas si loin, somme toute, du regard des touristes, peut légitimement traumatiser les plus vaillants. Les matons y ont les pleins pouvoirs. Les prisonniers sont des «cafards» sur lesquels on peut soulager ses frustrations. On entasse les détenus tête-bêche dans une étroite cellule, et un mastodonte vient tasser l'ensemble pour introduire quelques prisonniers supplémentaires. Tout est permis.

L'impunité est totale et elle est éternelle pour le maître du pays qui finira d'ailleurs ses jours dans son lit après trente ans de pouvoir absolu. On peut porter un costume trois-pièces, une cravate et faire tailler sa moustache par le plus habile des barbiers chaque matin, la violence est naturelle et légitimée sans sourciller par ces hommes-là. Et Bachar en est l'incontestable héritier. On a du mal à assimiler les informations qui proviennent de l'ONU ou d'Amnesty International. On a beaucoup de mal à entendre ce genre de témoignage : «On dormait avec, comme bruit de fond, des personnes en train de mourir d'étouffement.» On a du mal à enregistrer certaines accusations faisant état de viols d'enfant dans des prisons syriennes. On a beaucoup de mal à appréhender une telle violence d'État : le fouet, les yeux énucléés, la strangulation... Toujours autant de mal à visualiser ce que publie Human Rights Watch en 2012, qui recense vingt-sept centres de détention où l'on utilise quotidiennement le *bsat alreeh*, le «tapis volant». Il s'agit d'un assemblage grossier de planches destiné dans un premier temps à immobiliser un prisonnier pour ensuite étirer ou tordre ses membres à l'extrême. On dit pourtant que l'humanité, dans son ensemble, a fait des progrès depuis le bon vieux temps de l'Inquisition. Le fils semble avoir surpassé le père. On ne torture plus «simplement» pour obtenir des informations. On tue, on mutile, on terrorise pour annihiler toute forme de résistance. Dans l'impunité la plus totale. La Syrie est devenue une sorte d'abattoir.

En fait, Bachar n'a rien fait pour succéder à son père. Il imaginait probablement sa vie autrement, ailleurs, dans la tranquillité de sociétés plus civilisées, moins promptes à égorger l'adversaire. Mais le destin du clan Assad en a décidé autrement et, le moins que l'on puisse dire, c'est que l'actuel président syrien a scrupuleusement respecté les préceptes inculqués dans la famille : la violence vaut plus que le droit.

Le successeur désigné par Hafez el-Assad lui-même, c'était Bassel, le fils aîné. Un vrai play-boy, tout baigné de virilité et de force brutale, dont les portraits ornaient les rues et les bâtiments de Damas au début des années 1990. Il était le prochain chef, et nul ne l'ignorait. Las ! le 21 janvier 1994, à 31 ans, il meurt au volant de sa voiture sur la route menant à l'aéroport. Il roulait trop vite, et son véhicule est sorti comme un projectile du rond-point où il s'était engagé, pied au plancher.

Hafez et sa femme sont effondrés. Avec Bassel, l'avenir de la dynastie semblait assuré tant son père l'avait préparé, en lui inculquant notamment cette absolue obligation de se montrer impitoyable en dehors du camp alaouite. Bachar, le second dans la lignée de succession, c'est tout autre chose. D'abord, il s'est éloigné de la Syrie et semble couler des jours heureux à Londres, où il a découvert l'amour auprès d'une jolie compagne, sophistiquée, épanouie dans ses activités, cosmopolite et... sunnite. Et puis Bachar n'a pas tout à fait la tête de l'emploi lorsque l'on se prend à l'imaginer dans le rôle dictatorial qu'on attend du fils d'Hafez el-Assad. Certes, il est grand, mais il s'est voûté prématurément comme si le poids du monde lui était tombé dessus. Jean-Marie Quéméner, dans sa biographie, précise que Bachar a « une démarche d'échassier ». Non seulement il a les épaules tombantes, mais il est affligé d'un « cheveu sur la langue » bien embarrassant, surtout pour un futur chef d'État. Apparemment, il a intégré l'idée, avec un certain soulagement, que c'est son frère aîné qui reprendra le flambeau et remplira à son tour les prisons syriennes. Bachar, lui, a envie de vivre, à l'européenne, si possible dans l'aisance, dans une communauté civilisée, sans avoir à connaître les exactions de son clan, les geôles bondées, et les tortures infligées par les sbires de son père. Il se voit ophtalmologiste et il poursuit ses études avec assiduité à Londres. Ce n'est pas l'étudiant le plus brillant de la faculté, mais, au moins, il persévère pendant plusieurs années. Certes, on l'a baptisé Bachar à sa naissance, ce qui signifie « lion », mais non, franchement, il n'a pas prévu dans son plan de carrière de finir tyran, comme papa, à attendre l'apocalypse et le châtiment qui guettent les tortionnaires en chef un jour ou l'autre. Il n'a pas exactement le profil.

Il est venu au monde en 1965. Celui qui accédera au titre de « plus grand criminel de guerre » de ce début de

XXIe siècle est né timide : «la petite chose fragile de la famille», pour citer de nouveau Quéméner. La question se pose donc : Bachar el-Assad a-t-il caché son jeu dans sa jeunesse en affichant une personnalité modeste, discrète, en apparence «normale»? Ou bien est-il devenu ce bourreau impitoyable parce qu'il a été exposé à des circonstances très particulières? Autrement dit, y avait-il vocation rentrée, ou bien les choses de la vie ont-elles déclenché un affreux séisme, avec les effroyables conséquences qu'ont eu à subir les Syriens?

Il faut se résoudre à le croire : Bachar est un «bon garçon». Ce sont les témoignages, unanimes, recueillis auprès de ceux qui l'ont fréquenté, notamment à l'école. Son père est président de la République, mais son fils se rend tout seul, quotidiennement, dans l'établissement scolaire où il est inscrit. Il n'est pas flanqué de gardes de sécurité, dans un pays pourtant réputé pour ses accès de violence politique. Les mêmes témoins ajoutent que, lors des voyages organisés par l'école, il préfère accompagner ses jeunes camarades dans un autocar plutôt que de suivre l'excursion dans la voiture conduite par le chauffeur de la famille Assad. Il apprend le français et l'anglais, en plus de sa langue natale. Il est admis en 1982 sans difficulté, on s'en doute, à l'université de Damas, dont il ressort six ans plus tard avec un diplôme d'ophtalmologie en poche. Après quatre années d'internat dans un hôpital militaire, il décide de partir pour Londres afin de poursuivre une spécialisation. Il sera bien vu des enseignants du St Mary's Hospital où il commence à exercer. «Gentil et sympathique», dira de lui le médecin chargé d'assurer sa formation.

Bachar el-Assad apprécie son séjour londonien. Il y est libre. Il habite un appartement en bordure de Hyde Park. Il découvre Internet et les merveilles du monde digital. Il travaille beaucoup, en étudiant sérieux, et ne court ni les pubs ni les boîtes de nuit. C'est à Londres, on l'a dit, qu'il rencontre celle qui deviendra sa femme, à l'occasion d'une réception donnée à l'ambassade de Syrie. Elle s'appelle Asma Fawaz Akhras. Elle est belle. C'est une jeune femme qui aime la mode et réussit magnifiquement dans le monde de la City. Seul souci : ses origines sunnites qui vont faire froncer le nez, et pendant très longtemps, de la mère de son futur époux. En tout cas, ces deux-là incarnent une certaine modernité, et ils s'aiment. Ils vont s'aimer en toutes circonstances, ce qui surprendra le monde entier.

Personne n'échappe à son destin, pour le meilleur et pour le pire, et lorsque Hafez el-Assad, qui essaie de surmonter le chagrin qui l'étreint depuis la mort de son fils aîné, lui intime l'ordre de rentrer à Damas pour prendre la succession, Bachar obtempère sans hésiter. On ne refuse rien au père. Il va devoir convaincre l'opinion qu'il est capable de prendre en main les rênes du pays un jour ou l'autre. On l'inscrit à l'académie militaire de Homs et, en cinq ans, il se voit promu colonel. L'uniforme fait partie de la tradition chez les Assad, et une image plus martiale ne peut pas nuire au grand échalas tout droit sorti de sa faculté de médecine. Le père assure son apprentissage et lui confie des missions diplomatiques, parfois importantes, comme quand il est reçu par Jacques Chirac à l'Élysée en novembre 1999.

À la mort d'Hafez el-Assad, en 2000, le Parlement, dans l'urgence, abaisse l'âge minimum de candidature à la présidence de 40 à 34 ans. Bachar est promu, dans la foulée, général en chef des forces armées syriennes et se voit « proposer » le poste de président de la République le 25 juin 2000. Il est élu, par référendum, le 10 juillet suivant. Car l'opinion attend beaucoup de cet homme que l'on juge moderne, réformateur et probablement désireux, à l'inverse de son père, de « démocratiser » le pays.

Difficile à croire aujourd'hui, mais on a bien parlé à l'époque de «Printemps de Damas». Pendant six mois. On libère des prisonniers politiques, on met fin à l'état d'urgence qui régit la vie du pays depuis 1963, on autorise les intellectuels à débattre publiquement de sujets tabous, comme la liberté d'opinion et la démocratie. De quoi agacer furieusement les dirigeants du parti Baas qui tiennent l'administration en coupe réglée. Curieux personnage que ce Bachar qui se révèle machiavélique et fin politique. Il réussit rapidement à court-circuiter et à museler son opposition. Sans lésiner parfois sur la brutalité. La famille el-Assad est là pour lui rappeler que la force est le seul outil dont il dispose s'il veut maintenir debout la maison. «Demande-toi toujours ce que ferait ton père», lui répète à satiété sa mère, la féroce Anissa.

Quoi qu'il en soit, le pays semble évoluer dans le bon sens. Des réformes économiques transforment radicalement le secteur financier. Douze banques privées voient le jour. L'immobilier connaît une période de prospérité dans la capitale. Une manne qui va profiter essentiellement à la bourgeoisie sunnite et fluidifier les relations avec le régime alaouite. Assad affirme qu'il s'inspire du modèle chinois : «Les réformes économiques passent avant les réformes politiques», dit-il, ce qui signifie, aux oreilles de ceux qui veulent l'entendre, que ces fameuses réformes politiques sont à venir... Question de patience!

En attendant, le pouvoir ne cède rien, et l'instabilité endémique de la région va entraîner Bachar sur le chemin d'une dictature de plus en plus étouffante et de plus en plus répressive à l'égard de son peuple. En bon rhétoricien, il justifiera ses choix par l'immensité des dangers qui guettent la Syrie. Et, comme par magie, il est réélu, toujours par référendum présidentiel, avec 97,62 % des suffrages en mai 2007.

Malgré les tours de vis répressifs, malgré les arrestations opérées dans les milieux intellectuels, la tension augmente, et pas seulement en Syrie. Peu de dirigeants de la région ont deviné les prémices du fameux «Printemps arabe». Notons que l'image de Bachar el-Assad ne s'est pas dégradée à l'étranger, même s'il est accusé par la France et les États-Unis d'avoir commandité l'assassinat de l'ancien Premier ministre libanais, Rafiq Hariri, en 2005. L'émotion soulevée par cet attentat va le contraindre à retirer ses troupes du Liban, qu'il continuera de contrôler par le biais du Hezbollah. Mais la presse internationale s'intéresse, avec une certaine naïveté, à ce leader confronté à la complexité des réformes à mettre en œuvre pour moderniser son pays. Il explique sans sourciller, dans un entretien au *Wall Street Journal*, que les choses avancent en Syrie. Nous sommes en janvier 2011 : «Pour ériger la démocratie, il faut changer la société, libérer la presse et créer une classe moyenne, ce que je suis en voie de faire.» Réélu à son poste en juin 2014, il prête serment, pour la troisième fois, le 16 juillet.

Comment devient-on criminel de guerre? Comment se laisse-t-on glisser sur la pente? Faut-il des dispositions particulières, innées? Les circonstances sont-elles à blâmer? À partir de quel moment décide-t-on de voyager jusqu'au bout de l'enfer?

Début 2011, le régime baassiste doit faire face à une atmosphère générale de contestation. Une contestation populaire, ce qui est assez rare, somme toute, sous ces latitudes, où l'on s'est habitué au fouet et aux représailles. Le vent tunisien est passé par là. Même chose en Égypte. Et, dès le 18 mars, des milliers et des milliers de personnes manifestent à Damas, à Homs et à Deraa. C'est dans cette localité qu'un des cousins du Président est accusé d'avoir fait torturer des dizaines d'enfants coupables de «graffitis hostiles au régime». Les opposants, principalement des oubliés des réformes économiques, incendient des bâtiments officiels. Répression immédiate : des centaines de morts et de blessés sont recensés. Des arrestations... Mais le mouvement ne s'interrompt pas. Selon l'ONU, 2011 marquera le début d'un mouvement infernal : 5 000 morts, au moins, et 14 000 arrestations. Résultat : le mouvement d'opposition au régime se transforme en révolution et accouche de l'Armée syrienne libre. Et c'est la guerre ! Le régime utilise ses armes lourdes contre les bastions de ce soulèvement. Et son aviation, qui ne discrimine pas entre insurgés armés et population. On appelle cela une guerre civile. Quelques années plus tard, on évoquera un bilan de 500 000 morts.

C'est un théâtre compliqué, où l'impuissance de ce qu'il est convenu d'appeler la «communauté internationale» va révéler en totalité sa veulerie, son cynisme et sa lâcheté. Car les puissances, perturbées par ce conflit et ses conséquences sur l'ensemble de la région, ont affaire à un «psychopathe» peu avare du sang de son propre peuple, mais aussi à un homme éduqué, intelligent et manipulateur. Il se présente invariablement comme le défenseur de la nation, de la laïcité, agressé par des terroristes, armés et financés par l'étranger. Il nie, tout du long, la réalité des «massacres» qui lui sont reprochés. Il dément l'utilisation d'armes chimiques, contre toute évidence. Et il sait préserver ses principaux alliés, en l'occurrence la Russie et l'Iran. Il va subir des défaites militaires spectaculaires mais il ne lâche rien et n'envisage pas d'abandonner le pouvoir pour permettre d'ouvrir un terrain de négociation afin de mettre un terme à la tuerie. Ses armées sont battues au fil des mois à Idleb, à Jisr al-Choghour, à Palmyre où flotte le drapeau noir de l'État islamique... Bachar tient bon, et l'avenir lui donne raison. Il s'est tourné, dit-on, vers sa mère au plus fort de la crise, qui lui répète : «Ne sois pas faible ! Fais ce que ton père aurait fait.» Il n'y a plus à proprement parler d'État syrien, mais la Russie et l'Iran parviennent à contrebalancer le sort des armes. Et Bachar est toujours en poste, confiant en sa résurrection. Il affirme qu'il va reconquérir son pays. Des territoires, certes! Mais le cœur de ses concitoyens? Il le répète au fil des interviews qu'il accorde à la presse étrangère : «Il n'y a pas d'autre issue que la victoire.» C'est le leitmotiv de tous les dictateurs du monde lorsqu'ils envisagent la corde qui se balance au-dessus du gibet qui les menace. En attendant que la justice divine se penche sur le sort de Bachar el-Assad, les atrocités se poursuivent, et les pourfendeurs du régime, les pays qui exigent son départ du pouvoir au nom de la morale, commencent à mettre de l'eau dans leur vin. C'est ce que l'on appelle la «Realpolitik»! Pas de solution en vue sans Bachar à la table des négociations. Et c'est une sacrée victoire pour un chef d'État considéré comme un assassin.

Il y a longtemps déjà que les timides fonctionnaires des Nations unies n'avaient pas utilisé un terme qui résonne lugubrement dans les consciences : extermination. C'est pourtant ce que l'on peut lire dans un rapport publié en février 2016 par la Commission des droits de l'homme de l'ONU[1]. C'est une «politique d'État». On torture et on massacre les milliers de détenus qui s'entassent dans les prisons syriennes. Et disparaissent purement et simplement. 55 000 photos numériques, dont 27 000 sont formellement identifiées par les Nations unies, viennent étayer l'accusation. 13 000 personnes au moins ont été pendues dans la prison de Saidnaya, et Amnesty International, par la voix de Nicolette Waldman, affirme qu'il n'y a aucune raison pour que ces barbares exécutions se soient interrompues depuis décembre 2015, date de publication du rapport de

---

1. Commission présidée par le Brésilien Paulo Sergio Pinheiro, 9 février 2016.

l'ONU. En droit international, ce genre de pratique entre dans la rubrique des «crimes contre l'humanité». Notre despote quinquagénaire a vite appris sa leçon. Depuis sa sépulture, Hafez el-Assad doit être fier de son rejeton. L'homme timide est devenu bourreau à grande échelle.

Les germes de la violence étaient là. D'ailleurs, le clan Assad tout entier semble avoir baigné dans cette radicalité mortifère et barbare. Prenez Maher, benjamin de la fratrie et dernier frère vivant du Président. Voilà un garçon qui censure allègrement toute sensiblerie lorsqu'il s'agit d'écraser par les armes les ennemis du régime. Il a tout juste 50 ans, mais son palmarès en termes d'extermination est inégalé. C'est le maître d'œuvre de la répression. Il dirige la garde républicaine, une force de 12 000 hommes ainsi que la quatrième division, l'unité d'élite chargée de la protection de Damas. Même Erdoğan, le président turc, le considère comme un «sauvage». Il parade à la tête de ses chars siglés «monstres de la quatrième division», et ceux qui ont rencontré ses blindés, notamment à Baba Amr, ne sont plus là pour témoigner de sa férocité.

La famille se sert les coudes. Bouchra, la sœur de Bachar, a épousé le général Assef Chawkat. Il a été rétrogradé au poste de vice-ministre de la Défense, mais il a encore son mot à dire, même si on se méfie de lui parce qu'il continue d'entretenir des relations suivies avec l'Occident. Il n'est pas rancunier. Il n'en veut pas à Maher, son beau-frère, de lui avoir tiré une balle dans le ventre il y a vingt ans dans un accès de colère. Rentré de sa convalescence au Val-de-Grâce à Paris, le général s'est réconcilié avec son assaillant. Et lorsque Bachar est arrivé au pouvoir, en 2000, il a dirigé les services de renseignements syriens. Il est mort, assassiné, en septembre 2012. Maher, cette fois, aurait présenté un alibi.

Et puis il y avait la mère, la douairière, qui a disparu en février 2016, à l'âge de 86 ans. Malade depuis plusieurs années, Anissa Makhlouf se faisait soigner régulièrement en Allemagne jusqu'à ce que l'Europe l'inscrive sur la liste noire des personnalités du régime de Damas et lui interdise de voyager sur le territoire de l'Union. En raison des circonstances, la présidence syrienne a renoncé à organiser des cérémonies de condoléances.

C'était, en tout cas, un personnage qui comptait, notamment pour son entourage familial, et qui ne crachait pas sur l'argent. Plusieurs membres de la tribu ont profité de leur filiation. Comme Rami Makhlouf, le cousin qui contrôlerait plus de la moitié de l'économie du pays. On l'a d'ailleurs surnommé «le roi de la Syrie». Il est propriétaire de plusieurs grosses entreprises, dans le bâtiment et les communications. Il incarnerait à lui seul le symbole de la corruption qui règne autour du clan Assad. Ainsi vivent, et perdurent, les dictatures du monde entier.

Anissa Makhlouf a épousé son amoureux, Hafez el-Assad en 1957, jeune lieutenant de l'armée de l'air à l'époque. Mariage d'amour, récompensé par cinq enfants. Ces dernières années, les rebelles l'avaient surnommée «Anissa la vicieuse». Leur rancune semble justifiée. La mère de Bachar paraît l'avoir systématiquement encouragé à choisir la répression la plus impitoyable pour rester au pouvoir. Des emails rendus publics par WikiLeaks en décembre 2011 confirment son influence. C'est une femme qui a su préserver tous les secrets pendant des décennies. Elle a prodigué ses conseils à son époux devant son irrésistible ascension et elle a été écoutée sans jamais se mettre en avant. Une «première dame» discrète.

Tout comme Hafez, elle a du mal à faire le deuil de son fils aîné, le bouillant Bassel. Et elle observe avec méfiance le comportement beaucoup moins viril de Bachar. Lorsque son mari décède, en 2000, elle fait entendre sa voix. Pas toujours aimable, notamment à l'égard de cette bru venue de Londres, on l'a dit, vêtue comme un top model, diplômée et, encore une fois, sunnite! Trop occidentale pour faire une bonne Syrienne femme de président absolu. Elle exige que les noces aient lieu dans la plus stricte intimité et refuse, jusqu'en 2007, de céder son titre officiel de «première dame» à sa belle-fille.

Un caractère, cette Anissa. Lorsque la contestation envahit les rues de Damas, elle s'adresse à son fils : «En 1982, ton père a fait 30 000 morts à Hama. Il a eu trente ans de paix.»

Ce qui n'exclut pas que cette mère si particulière n'ait pas éprouvé de funestes pressentiments concernant le sort de ses garçons survivants. Toujours par WikiLeaks, on apprend que, fin 2011, elle a exprimé une véritable inquiétude, celle de voir Bachar finir comme Kadhafi, et qu'elle aurait envisagé différentes stratégies de sortie avant que la fenêtre d'opportunité ne se referme définitivement.

Reste, dans ce cercle de famille exotique, la carte maîtresse de Bachar el-Assad : sa femme, «la Rose du Désert». Elle détonne, cette Asma, dans le décor des ruines, de la violence et du sang. Elle se réclame d'un certain modernisme. Sa tenue est toujours chic et soignée. Elle arbore les plus belles marques. Elle parle un anglais parfait, avec une pointe d'accent d'Oxford. Elle est diplômée du prestigieux Queen's College de Londres. Elle maîtrise tous les secrets de la fusion-acquisition, appris chez JPMorgan. Elle est née dans les beaux quartiers de la capitale britannique et possède à ce titre la double nationalité. Le peuple syrien attendait beaucoup d'elle. Lorsque le niveau des violences est devenu insupportable dans le pays, elle a été interrogée par le *Times* de Londres. Elle a observé un long silence avant de répondre par un email laconique : «Le Président est le président de tous les Syriens, non d'une faction de Syriens, et la première dame l'appuie dans son rôle.» Fermez le ban! Et depuis, pas le moindre soupçon de critique ou d'amertume n'est sorti de la bouche d'Asma. Alors que son propre père, le docteur Fawaz Akhras, qui réside à Londres, s'est déclaré «horrifié» dans les colonnes du *Daily Mail* par la répression orchestrée par le régime.

Asma el-Assad fait partie de ces mystères entourant la vie amoureuse des psychopathes et autres dégénérés qui fusillent et torturent leurs concitoyens sans remuer d'un cil. En juin 2012, alors que les terribles exactions commises par le président syrien alertent et émeuvent le monde entier, elle se laisse photographier, un samedi matin, à Damas, lors d'un entraînement de l'équipe nationale syrienne. Pieds nus, souriante, apprêtée, raquette en main, elle arbore un tee-shirt où l'on peut lire : «Toi, mon doux pays». Ce cliché, publié par le magazine allemand *Bild* et en France par le *Journal du Dimanche*, a fait le tour du monde. Fin du glamour!

Certains de ses anciens admirateurs ne peuvent pas croire que la brillante avocate, si bien élevée dans les écoles de Sa Majesté, puisse rester insensible aux souffrances infligées à des milliers de Syriens en quête de démocratie. Asma serait donc «contrainte» par le camp Assad d'afficher un indéfectible soutien à son tyran de mari, sous peine... Sous peine de quoi? En tout cas, elle incarne désormais, et pour toujours, un espoir déçu au sein de la jeunesse qui avait regardé positivement l'arrivée au pouvoir de cette première dame griffée Chanel. Elle tranchait furieusement avec les coutumes et les apparences locales. Elle représentait le saut tant désiré dans le monde contemporain, moderne, globalisé, loin des sanglantes et ancestrales turpitudes des anachroniques tribus de la région.

Le mariage n'avait pas été arrangé, comme c'est souvent le cas dans les grandes familles. Bachar et Asma sont apparus comme de vrais amoureux, flânant même, de temps à autre, dans les ruelles de Damas à la nuit tombée, se tenant la main aux tables des restaurants de la vieille ville. C'était au début, avant que la guerre civile ne s'abatte sur ce malheureux pays et ses malheureux habitants. Asma est une femme impérieuse, et elle le montre, par exemple à l'étranger, lorsqu'elle voyage avec son époux. Les services du protocole de l'Élysée s'en souviendront après une visite à Paris en 2001.

Femme de criminel de guerre. Ce n'est pas rose tous les jours! Il faut avant tout faire bonne figure au sein du clan. Et les femmes de ce clan n'ont pas caché leur hostilité. Bouchra, la belle-sœur, ne s'est pas montrée très gracieuse. Les angles se sont arrondis au milieu des années 2000, quand Bachar a réussi à s'imposer à ses proches. Et lorsqu'il a constaté que, en termes d'image, sa femme était un atout considérable. À l'étranger, on l'a vu. Quand elle rend visite à la reine Elizabeth à Buckingham. Quand elle assiste au défilé du 14 Juillet sur les Champs-Elysées, quand, au bras de Bachar, elle se promène amoureusement dans Paris. Les photographes de *Paris Match* se régalent. Elle rend Bachar el-Assad de nouveau fréquentable, lui que George W. Bush accusait dès 2002 de faire partie de «l'axe du mal» − pour une fois, Bush avait vu juste! Asma assiste aux obsèques de Jean-Paul II. Elle papote avec Cherie Blair, l'épouse du Premier Ministre britannique, et avec la reine d'Espagne Sofia. À Damas, elle s'active dans certaines organisations sociales. Mais aime-t-elle vraiment un peuple dont elle n'a fait connaissance que dix ans plus tôt? Elle ne peut guère prétendre ignorer ce qui se passe, le niveau des exactions sur la population civile, les tortures, les prisons, les exécutions, l'utilisation des armes chimiques par l'armée syrienne. Elle sait. Elle est mariée à Bachar pour le meilleur et surtout pour le pire. C'est sans doute pour «oublier» qu'elle passe son temps à faire du shopping sur Internet, sans lésiner sur le montant des factures, alors que les bombes et la fureur font rage autour d'elle. On dit qu'elle s'est accoutumée au fil des années à la corruption générale du régime. Et puis, comment sortir de cette situation ? Les femmes de dictateur finissent généralement aussi mal que leurs époux. L'histoire en témoigne avec une grande obstination. Le carnage entraîne le carnage.

Fuir ? Elle a bien dû y songer, même si elle affirme le contraire. En octobre 2016, elle accorde une interview à la télévision russe, dans laquelle elle déclare qu'elle a refusé toutes les offres de quitter son pays. «Je n'ai jamais pensé à être ailleurs... J'ai eu l'occasion de quitter la Syrie. Avec des garanties de sécurité et de protection pour mes trois enfants. On m'a même proposé des garanties financières, mais il ne faut pas être un génie pour comprendre l'objectif véritable des gens qui m'ont sollicitée... Il s'agissait d'une tentative délibérée pour saper la confiance du peuple envers son président.» De toute façon, c'est trop tard. Alors, si le bateau finit par couler, il sera temps d'aviser. En attendant, Asma s'investit davantage dans la communication du régime. Les médias officiels la montrent régulièrement au chevet des blessés de guerre, avec des enfants orphelins, à l'occasion de parrainages ou d'événements sociaux ou culturels. De quoi, parfois, s'interroger sérieusement sur la lucidité mentale régnant chez les el-Assad. Comme en ce 25 décembre 2016, juste après la chute d'Alep, où la présidence publie des clichés d'Asma et de son mari devant une église de Damas en compagnie d'enfants déguisés en Pères Noël. Sur sa page Facebook, la première dame donne sa version de la guerre en Syrie en adressant ses vœux aux 370 000 abonnés qui suivent ses activités. Elle leur promet pour 2017 «la joie et la santé». L'indécence de ce message, vu les circonstances, ne manque pas de sidérer l'opinion.

On évoque à son propos le fameux «syndrome de Marie-Antoinette». Car cette femme offre bel et bien deux visages. Elle l'a confié elle-même à l'écrivain Eyal Zisser il y a quelques années : «Je fais partie de deux mondes. Je suis britannique et je suis arabe.» Elle est très différente à tous les niveaux des autres épouses des leaders de la région. Mais elle entend profiter en même temps d'une vie de princesse. «La muse du changement», comme avait titré très imprudemment le magazine *Vogue* en dressant le portrait de «la plus fraîche et la plus magnétique des premières dames», s'absorbe dans son shopping de luxe. Sur fond d'apocalypse.

Lorsque l'on examine, d'un point de vue historique, à défaut d'être moral, les délires meurtriers des psychopathes qui parviennent à exercer le pouvoir, on bute sur une constatation d'une sombre simplicité : le pervers rationnel est infiniment plus dangereux que le dément illuminé. Car l'homme qui raisonne face à l'adversité qu'il a lui-même engendrée trouve les failles, les portes de sortie, les rapports de force qui, peut-être, lui permettront d'échapper à la corde du gibet et à l'opprobre universel. Bachar el-Assad a bien des défauts, ceux-là mêmes que l'on vient d'énumérer. Mais il faut noter qu'il est toujours là, aux manettes, président de la république de Syrie. Il poursuit sa vengeance contre les «rebelles», qu'il continue de bombarder et de torturer sous le regard du monde entier. Bref, Bachar el-Assad est en train de gagner la partie. Le sort de la guerre civile semble s'être joué lorsque l'armée syrienne a repris le contrôle des ruines d'Alep. Depuis, il a entamé, avec l'appui de ses alliés la Russie et l'Iran, une conquête territoriale impressionnante. Sans jamais s'attaquer aux djihadistes de l'État islamique, disloqués dans la tourmente. Un retournement de situation qui incite beaucoup les leaders de la communauté internationale à une grande prudence, à défaut de bienveillance, à l'égard de ce criminel de guerre. Mais enfin, les chancelleries du monde voient qu'il va falloir compter avec cet avatar d'un autre temps et qu'il n'est jamais bon, ni malin, d'insulter l'avenir.

Bachar estime disposer d'atouts majeurs. Avec ses airs de cadre supérieur, costumé de gris et cravaté, il a des choses à offrir aux grandes puissances : stabilité, frein à l'immigration... Il a conservé ses bonnes manières. Il n'éructe pas devant les caméras de télévision. Il est juste devenu un meurtrier de masse, d'un orgueil extrême, orgueil légitimé par la pusillanimité de ses adversaires. Le «boucher de Damas» continue de dormir en son palais, sur les hauteurs de la capitale. Avant de se coucher, il embrasse sur le front ses trois enfants et n'en revient toujours pas d'avoir été autant sous-estimé. Il ne constitue plus une «priorité», dans le jargon diplomatique. Le bourreau de son propre peuple régnera peut-être encore des années sur un pays martyrisé par ses soins.

8

Au nom du Coran

«Encore un moment, monsieur le bourreau!»
La comtesse DU BARRY, sur l'échafaud,
le 8 décembre 1793

A-t-on jamais entendu parler d'enfants crevant les yeux d'autres enfants? La France, avec angoisse, fait son examen de conscience : comment traiter les djihadistes, hommes et femmes, qui reviennent du Levant après la débâcle militaire de l'État islamique? Des enfants accompagnent parfois ces guérilleros de la folie, et ces enfants se sont parfois eux-mêmes rendus coupables d'atrocités. Au nom d'Allah! Que faire?

Ce sont des questions inédites pour le gouvernement français qui, probablement, cherche en vain des réponses dans l'histoire récente d'autres pays livrés aux horreurs de la guerre civile. Sauf que, même au Liberia, les enfants soldats évoluaient dans un autre contexte, tout aussi barbare sans doute, mais hors du champ fanatique d'une religion dévoyée.

Scruter Daech revient à porter le regard sur l'absolue démence criminelle. Oublions les guerres de Religion, la responsabilité des politiques occidentales dans la région depuis des décennies, les cultures des sociétés concernées, et contentons-nous d'observer les quelques personnages qui représentent, symboliquement, cette hécatombe des corps et de la pensée.

Au fil des dernières années, l'Occident a fait la connaissance d'un certain nombre d'assassins et de sadiques se réclamant du Prophète à l'intérieur du califat imaginé par Bakr al-Baghdadi. On peut les voir, sur d'atroces vidéos, découper les têtes de leurs prisonniers, à genoux dans le sable ou en bord de mer, dans leur tenue orange, pied de nez faisant allusion à la prison américaine de Guantánamo où les États-Unis ont détenu pendant des années les hommes soupçonnés d'avoir, de près ou de loin, favorisé les attentats menés par Al-Qaïda. Ces assassins sont originaires du monde entier : des Français, des Belges, des Tunisiens, des Marocains, des Allemands, des Britanniques, des Tchétchènes... Ils ont fait allégeance à ce qu'ils pensent être la lecture correcte du Coran. Ils ne sont pas arrivés là par hasard, quels que soient leur origine, leurs croyances, leur état mental. Ils ont répondu à l'appel de leur gourou : celui qui s'est autoproclamé calife en 2014 dans la mosquée al-Nouri de Mossoul. Son message était simple : nous allons bâtir un État islamique sur les ruines de la Syrie et de l'Irak. Ce sera un «Djihadistan», un État terroriste. Et ce message a été entendu : pendant quatre ans, Daech a imposé sa terreur sur un immense territoire. Jusqu'à ce que les armes de la coalition internationale délogent, avec peine, ces funestes soldats marchant sous un drapeau noir.

Abou Bakr al-Baghdadi est invisible depuis son insensée proclamation de Mossoul. Ce qui pourrait signifier qu'il est mort. Mais rien ne permet de le confirmer. Des rumeurs! En attendant, la pieuvre Daech, même considérablement affaiblie du point de vue militaire, n'a pas disparu des radars des services de renseignements du monde entier. Et la hantise des attentats continue de rythmer tristement la vie de nombreux pays, en Occident et en terre musulmane. Les cauchemars sont chose fréquente. Les psychanalystes s'en régalent et les ordonnent par catégories. La plupart du temps, ils peuvent même en trouver la signification la plus probable. Ces cauchemars se traduisent souvent par une panique intérieure liée à une peur physique, une paralysie devant le danger, un épouvantable sentiment d'injustice et l'impossibilité absolue de comprendre pourquoi le destin vous a choisi pour victime. En écoutant les témoignages de celles et ceux qui ont eu le redoutable malheur de vivre sous la botte des soldats de Daech, en Syrie ou en Irak, on est convaincu qu'un énorme travail de restauration psychique va être nécessaire.

Flore Olive est l'envoyée spéciale de *Paris Match* quelques jours après la libération de Raqqa et, en novembre 2017, elle publie un reportage hallucinant, narrant les tortures infligées aux prisonniers de l'État islamique dans l'enceinte du «stade noir», le lieu de rassemblement des détenus. Elle raconte notamment l'extravagante histoire d'Ismail. Il était pharmacien. Il n'a pas porté les armes contre les islamistes, se contentant d'essayer de survivre en restant fidèle à ses principes et à son éducation. Il va très vite «avoir des ennuis» avec la justice de Daech. Il a accepté d'examiner une femme qui se plaint d'une infection au visage : soixante-dix coups de fouet pour cela. Deuxième erreur : il refuse de fournir du tramadol, un fort antalgique, à un combattant qui ne souffre d'aucune pathologie. Le tramadol est très apprécié des soldats islamistes, paraît-il, pour le sentiment de toute-puissance qu'il procure. Ils prétendent par ailleurs que ce médicament améliore leurs performances sexuelles. Ismail tombe dans un piège : ce qu'il refuse à un soldat, il le fournit à un civil, qui le dénonce.

Cette fois, le châtiment est pire : quatre cents coups de fouet administrés, en pleine rue, en trois fois. Au terme des deux cents premiers coups, Ismail s'effondre. Il restera dix jours sans pouvoir bouger. Le cauchemar n'est pas terminé : il est emprisonné pendant une semaine. On le menace de décapitation.

Ismail, de retour dans sa pharmacie, essaie de continuer à vivre. Mais Raqqa n'est plus un endroit où l'on peut se comporter selon son éthique personnelle. Il refuse de prescrire à la femme d'un djihadiste la pilule abortive qu'elle réclame. Ismail est alors envoyé directement au «stade noir». Cellule numéro 7. Il doit porter la combinaison orange des condamnés à mort. On le bat tous les jours. On le plonge dans l'eau glacée pour simuler sa noyade. Il avoue tout ce qu'on lui demande d'avouer. Ses tortionnaires, particulièrement méthodiques et motivés, sont cagoulés. Il apprendra à sa libération que ce sont ses voisins. Des gens ordinaires, avec qui il entretenait de bonnes relations. La tuerie dans cette prison est quotidienne. On laisse exposés les corps et les têtes pendant plusieurs jours sur le stade. Miraculeusement, Ismail est relâché, à l'état de loque humaine, peu avant les attentats du 13 novembre 2015 qui ensanglantent les rues de Paris. Ce fameux 13 novembre est un jour de fête, à Raqqa. Les djihadistes ont fait installer des écrans géants sur la place al-Naïm pour montrer les images des attentats diffusées par les télévisions du monde entier.

N'allez pas croire que les responsables de l'État islamique ne sont, au fond, que des individus primaires animés par une bestialité venue du fond des âges. À l'évidence, le mépris de la vie conduit leur croisade, et la perversion est profonde. Perversion de la morale et de la religion détournée par leur sinistre croyance politique. Goût prononcé pour la sauvagerie et le sadisme. Mais goût aussi pour la manipulation, la propagande et la technologie. Le djihadisme a développé son expérience et ses compétences depuis le début des années 1980, depuis l'invasion de l'Afghanistan par les armées soviétiques. La violence islamiste est montée en puissance avec un objectif déterminé : éliminer tout régime nòn islamiste. La mondialisation permet d'utiliser tous les outils de propagande, et la violence n'a plus aucune limite. La terreur est une arme de destruction massive, des corps et des esprits. Les combattants de la foi, quelle que soit leur provenance, se réclament du wahhabisme et du salafisme. Cette dernière idéologie présente officiellement plusieurs visages qui, en fait, se confondent souvent dans la radicalité politico-religieuse : les «quiétistes», qui s'affirment comme des missionnaires de la piété et de l'éducation, les «réformistes», comme les Frères musulmans, et les «djihadistes». Ceux-là ont élargi le champ terroriste : la violence n'a pas pour objectif de «négocier» avec l'adversaire mais de le détruire. En l'espace de trois années, Daech a pu recruter des dizaines de milliers d'individus venus de partout, «captivés» par l'instauration d'un califat annonçant l'avènement de la justice de Dieu sur cette terre. L'absolu de l'extrémisme. Avec «intelligence», Daech a réussi à rassembler autour de son drapeau des «vrais croyants» face à la foule des infidèles, à savoir l'immense majorité des musulmans qui ne lisent pas dans les pages du Coran un appel permanent au meurtre et tous ceux qui, à travers le monde, n'ont pas choisi Allah comme guide spirituel.

Abou Bakr al-Baghdadi est-il toujours en vie? Lancinante question! Car son organisation survit, même si, sur le terrain militaire, Daech a été vaincu. Les idées les plus apocalyptiques ne meurent pas forcément avec les soldats qui les profèrent jusqu'à la mort. Même lorsque la mosquée al-Nouri, dans le centre de Mossoul, là même où al-Baghdadi avait annoncé à ses fidèles qu'ils allaient conquérir le monde, est dynamitée par les djihadistes en pleine retraite. Un monument qui avait résisté à neuf siècles d'existence. L'État islamique peut-il renaître de ses cendres ? Après tout, Al-Qaïda n'a pas purement et simplement disparu à la mort de Ben Laden!

Al-Baghdadi est ce qu'il est convenu d'appeler un «avatar» de l'histoire. Rien ne prédestinait cet homme, considéré comme médiocre, à incarner une menace mondiale. En tout cas, son modeste parcours jusqu'à l'invasion de l'Irak par les troupes américaines ne correspondait pas au portrait qu'on peut dresser d'un chef guerrier sanguinaire. Avant son arrestation par une unité américaine en 2004 et un séjour d'une dizaine de mois en prison, il vivait une vie plutôt morne de secrétaire administratif à Falloujah, dans le centre de l'Irak. Il est probablement né en 1971 dans cette même ville, sous le nom de Awad Ibrahim al-Badri. Rien de particulier à signaler alors. Il ne brille en aucun domaine, pas même sur le terrain de football avec les gamins de son âge. C'est pourtant son sport préféré, une vraie passion. Il donne l'impression d'être timide. Il rêve de devenir avocat, mais ses résultats scolaires, notoirement insuffisants, ne lui permettent pas d'entamer des études de droit. Pourquoi pas l'armée ? Hélas, sa mauvaise vue l'en empêche. On peut être myope et visionnaire! Il va finalement étudier la théologie. C'est son séjour de quelques mois dans l'immense prison de Bucca où s'entassent, pêle-mêle, terroristes sunnites, anciens généraux de Saddam Hussein et dignitaires du régime déchu qui va amener al-Baghdadi à prendre son essor. Ce n'est pas par hasard que l'on a surnommé la prison de Bucca «l'université du djihad». Et la réputation du futur calife va prospérer. On s'aperçoit que c'est un stratège très soigneux, très planificateur, et que lui, à la différence d'autres islamistes radicaux, a bien un projet en tête. Libéré en décembre 2004 (les Américains n'ont rien trouvé de particulièrement suspect chez ce détenu), il fait allégeance à Abou Moussab al-Zarqaoui, terroriste affilié à Al-Qaïda, et finira par le remplacer quelques années plus tard avec un nouveau patronyme, Abou Bakr al-Baghdadi, en référence à Abou Bakr, premier calife successeur du prophète Mahomet. L'État islamique qu'il installe avec une incroyable rapidité va lui permettre de régner sur une nation illusoire créée de toutes pièces, de rassembler des dizaines de milliers de partisans venus du monde entier, et de parfaire son don pour la propagande. «L'islam n'est pas et n'a jamais été la religion de la paix, répète-t-il à ses troupes. C'est la religion de la guerre!» Preuve de sa soudaine notoriété : le magazine *Forbes* le classe en novembre 2014 dans sa liste des personnalités les plus puissantes du monde. Et pas seulement parce que les États-Unis ont mis sa tête à prix pour la modique somme de 10 millions de dollars! Ben Laden, lui aussi, a figuré sur cette liste qui, à défaut d'être prestigieuse, est tout de même significative. Oussama a été rayé du classement *Forbes* après son exécution par les commandos américains, dans sa cachette pakistanaise en mai 2011.

Al-Baghdadi, on l'appelle «le Fantôme». Et, sur les rares photos dont on dispose, l'homme correspond quelque peu à ce surnom. Épaisse barbe noire et lunettes sur un regard un peu illuminé, ou turban sur la tête, djellaba noire, l'air inspiré d'un maître du vaudou! Bref, inquiétant. Il s'intéresse beaucoup à sa propre sécurité. Lorsqu'il apparaît dans un lieu public, ce qui est rare, ses gardes font rempart autour de son corps et bouclent le secteur. Aucun cliché n'est autorisé. L'anxiété s'installe, et la couverture des réseaux téléphoniques s'évanouit. Le public présent est instamment prié de louer le Prophète, spontanément de préférence : «Allahu Akbar! Allahu Akbar!» On prête allégeance avec enthousiasme et on attend une demi-heure après le départ du calife pour prendre ses cliques et ses claques et rentrer à la maison.

Il n'est pas seul et il a su, il faut bien le reconnaître, structurer l'administration de l'État islamique. Il a nommé deux députés : Abou Muslim al-Turkmeni, responsable des affaires en territoire irakien, et Abou Ali al-Anbari, qui s'occupe du côté syrien. D'après le *Wall Street Journal*, souvent bien informé, ce sont deux anciens généraux de l'armée de Saddam Hussein. Tous deux sont responsables de la bonne gestion de la bureaucratie de l'État islamique. Car c'est le règne de la bureaucratie, une vraie! Un cabinet principal conseille activement le calife autoproclamé. Le conseil consultatif l'avise sur les affaires juridiques. À ce propos, c'est évidemment la loi islamique qui s'impose sur le territoire. Ce même conseil est responsable des châtiments infligés. Il est donc responsable des décapitations de journalistes étrangers qui ont ensanglanté la brève existence du califat. Pour faire fonctionner l'État, sept provinces ont été constituées, sept «vilayets». Un gouverneur administre chacune, étroitement surveillé par l'un des deux députés de l'organisation. Il y a des institutions en charge des finances, de la levée de l'impôt, de la communication, des relations presse, de l'action militaire.

La population est vampirisée par le système. Principale cible, les chrétiens. Ils sont soumis à l'obligation de se convertir à l'islam. Les femmes coupables de «mauvaise conduite» sont lapidées. On ne parle pas d'une mort rapide. Il y a des raffinements. De toute façon, l'article 5 de la charte de l'État islamique, qui organise la vie de millions de personnes, stipule que ceux qui s'opposent à la volonté de Dieu seront soumis à «l'exécution, la crucifixion, l'amputation des bras et/ou des jambes». L'article 8 interdit l'usage de l'alcool, du tabac et des drogues, une disposition qui tolère quelques exceptions en fonction de l'auteur du délit. L'article 10 précise que toute manifestation publique est prohibée, puisque «contraire à l'islam». L'article 14

illustre tout autant les conditions de ce séjour en enfer :
«les femmes devront sortir le visage et le corps complète-
ment couverts par un niqab, et seulement si ce déplacement est nécessaire, dûment autorisé par le père, le frère
ou le mari, et accompagnées de l'un d'eux».

Les pires exactions, apparemment, ont été commises à
l'encontre des communautés chrétiennes. Dans son livre
Le Martyre des chrétiens d'Orient : portraits et témoignages[1], Frédéric
Pons donne la parole aux populations chrétiennes persé-
cutées, et il cite notamment le rapport d'Amnesty International qui établit la liste des enlèvements, des tortures, des
exécutions et des crimes de guerre imputables aux islamistes. Frédéric Pons accuse de complicité les associations
basées au Qatar, en Arabie Saoudite et en Turquie. Il parle
de «génocide», appuyé en cela par les conclusions de plusieurs ONG américaines. «Daech, poursuit-il, a violé des
centaines et probablement des milliers de femmes chrétiennes, endommageant de manière permanente leurs
organes reproducteurs ou les laissant enceintes des œuvres
de leurs ravisseurs.» Cent vingt-six églises ont été attaquées
et incendiées. Les bébés sont arrachés à leur mère dès l'ac-
couchement. Quant aux jeunes filles enlevées, les plus jolies
(si elles sont vierges) reviennent aux chefs. Elles deviennent
des esclaves sexuelles, ou sont revendues : 60 euros pour
une femme entre 30 et 40 ans, 160 euros pour une enfant
de 1 à 9 ans, chrétienne ou yézidie. Une des captives a pu
témoigner : «J'ai été violée trente fois un matin.»

Constante de ce genre de régime : les homosexuels sont
traités aussi sauvagement que les femmes. Ils meurent par
lapidation. Ou bien on les jette du toit d'un immeuble.

On se doute que les enfants ne sont pas mieux traités.
D'après l'ONU, ils servent souvent de boucliers humains,
de kamikazes, ou bien ils subissent eux aussi la torture et

---

1. Calmann-Lévy, 2017.

sont vendus comme esclaves. Et là encore, ce sont les minorités yézidies et chrétiennes qui sont les plus harcelées. Le rapport de la Commission des droits de l'enfant des Nations unies publié en février 2015 retourne le cœur : exécutions de masse de jeunes garçons, décapitations, crucifixions, ensevelissements d'enfants vivants, violences sexuelles systématiques, asservissement...

Qu'a bien pu penser l'émir al-Baghdadi de ce carnaval mortuaire, lui qui, après tout, est père de famille ? Sa seconde épouse l'a quitté trois mois après le mariage et s'est réfugiée au Liban, où elle a été arrêtée, puis relâchée lors d'un échange de prisonniers avec le Front al-Nosra, une fraction de la nébuleuse de Daech.

Lorsque Hitler a exigé l'extermination des juifs raflés sur l'ensemble des territoires occupés par les armées nazies, le crime et sa dimension ne sont pas immédiatement apparus aux yeux de l'humanité. Pas de télévision, pas de relais d'information, ou très peu, pas d'Internet, pas de réseaux sociaux. Et les affidés du Führer en charge de l'opération ont tenté d'assurer, en vain, la plus grande discrétion à leur œuvre génocidaire. Pas les soldats de Daech. Au contraire ! Ils ont mis en scène leurs actes les plus barbares pour le plus grand effroi de la communauté internationale. Et, pour être certains de bien capter l'attention de tous, ils ont choisi de filmer et de diffuser d'horribles images de décapitation, spécialement lorsqu'il s'agissait de ressortissants occidentaux. Entre 2013 et 2015, vingt-trois otages ont été rassemblés dans la sinistre prison de Raqqa. Pour au moins six d'entre eux, leur ultime supplice a été filmé et transmis aux médias internationaux. Le premier à avoir perdu la vie s'appelait Serguei Nicolayevitch Gorbounov, un ingénieur russe capturé en octobre 2013. Après avoir subi les tortures de rigueur, il a été tué d'une balle dans le dos. L'année d'après, c'est James Foley, un journaliste américain, qui est décapité, dans sa tenue de prisonnier orange, après presque deux années de détention. D'autres journalistes et des membres d'organisations humanitaires meurent de la même façon, sous les yeux horrifiés du monde entier. En février 2018, le journal *Le Parisien*[1] publie une double page consacrée aux otages français, capturés, et finalement libérés par Daech au terme d'une effroyable détention. Quatre reporters chevronnés retenus pendant dix mois en Syrie. Ils racontent l'enfer qu'ils ont traversé, et leur témoignage illustre mieux que n'importe quelle analyse la nature criminelle et sadique de l'État islamique. Ce compte rendu met en valeur la participation des djihadistes étrangers sur le terrain. Édouard Élias, Didier François, Nicolas Hénin et Pierre Torres vont vivre leur captivité ensemble, sous la garde de quatre sadiques britanniques, que James Foley, avant d'être exécuté dans d'atroces conditions, a surnommés « les Beatles ». Avec une grande pudeur, les rescapés français vont décrire par le menu le comportement de leurs bourreaux. Ils sont soumis à des simulacres d'exécution, ils sont battus, torturés, transférés de prison en prison à travers la Syrie. Nicolas Hénin, peu de temps après sa capture, a réussi à s'évader de sa cellule. Il est repris dès le lendemain. C'est un enfer quotidien où l'on finit par oublier toute notion du temps, tout espoir et tout signe d'humanité. Les prisonniers sont affamés, survivent dans une hygiène plus que précaire. Les gardiens venus d'Europe sont plus cruels encore que les « locaux ». Parmi eux, le Français Mehdi Nemmouche qui, quelques mois plus tard, le 24 mai 2014, assassinera quatre personnes au Musée juif de Belgique à Bruxelles. Les premières semaines de leur incarcération ont lieu dans un hôpital d'Alep, que certains détenus ont comparé à Auschwitz tant le mépris de la vie et le sadisme semblent y constituer le quotidien. On égorge dans les couloirs, on torture la nuit, de

---

1. *Le Parisien*, 19 février 2018.

20 heures à 4 heures du matin. Les prisonniers sont terrifiés. Certains tentent de se suicider. Les journalistes français vont retrouver dans ce mouroir d'Alep d'autres prisonniers, encore plus affaiblis qu'eux : des confrères étrangers et des humanitaires, danois, italiens, espagnols, allemands, belges, russes, anglais et américains, dont James Foley, David Haines et Alan Henning. C'est James Foley, citoyen des États-Unis, qui excite le plus la cruauté de ses geôliers. On a fini par le surnommer «punching-ball» tant il est abreuvé de coups chaque jour que Dieu fait. Les «Beatles», les quatre tortionnaires britanniques affectés aux journalistes français, mettent en œuvre leurs pulsions sadiques le visage masqué. On finit par les reconnaître à leur voix, à leur accent. L'un d'entre eux est gaucher et, lorsqu'il frappe, les prisonniers font la différence avec un droitier. Humanité! Le chef de la bande, George, *alias* El Shafee el-Sheikh, est un adepte de la crucifixion et de la noyade. Son complice, «Djihadi John», est l'homme qui a décapité devant une caméra James Foley, le 18 août 2014. Les autres membres de ce macabre quatuor s'appellent Alexanda Amon Kotey, dit «Ringo», et Aisne Leslie Davis. Dans ce dantesque tableau, un seul réconfort qui surviendra après la libération : un de ces dégénérés a été tué dans un bombardement à Raqqa, un autre croupit dans une prison turque, et les deux derniers ont été capturés par les combattants kurdes. Les «Beatles» ont sur la conscience au moins vingt-sept assassinats.

Une autre image de barbarie mise en ligne par Daech : la mort d'un pilote jordanien, Mouath al-Kassaesbah, brûlé vif dans une cage le 3 février 2015. Les «guerriers» d'al-Baghdadi aiment recourir au bûcher pour assouvir leur soif de pureté religieuse et punir l'infidèle. Jusqu'à la fin du califat, ils ont brûlé vives des jeunes filles yézidies au nom de «la religion de la paix et de l'amour». Des témoins

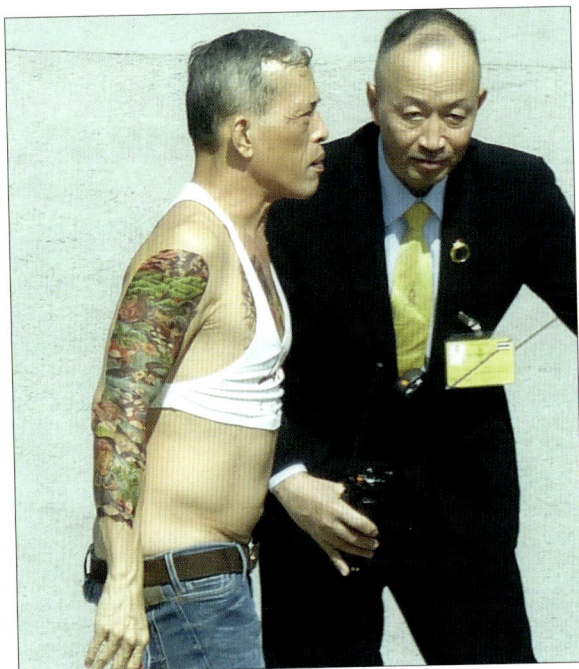

Sa Majesté, Rama X, roi de Thaïlande, en tenue de ville (*à gauche*).

Ramzan Kadyrov : cruauté, machisme et folklore macabre.
Le « frère » de Poutine en Tchétchénie.

Noursoultan Nazarbaïev : le temps appartient aux despotes au Kazakhstan.

Gurbanguly Berdimuhamedow : il se présente comme « l'éleveur » du peuple Turkmène

Saparmyrat Nyýazow, ancien président du Turkménistan, prophète mégalomane, « Père de la Nation ».

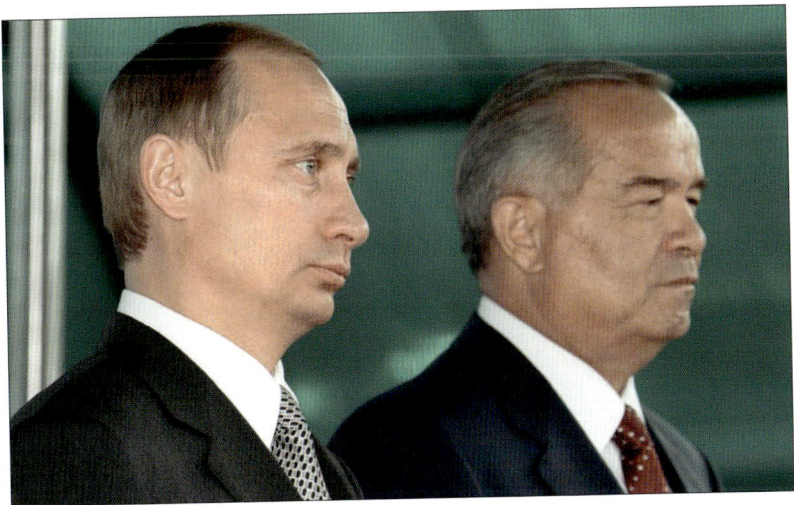

En Ouzbékistan : Islam Karimov (*à droite*), admirateur de Tamerlan, tyran turco-mongol sanguinaire du XIVe siècle.

©Mikhail Svetlov / Getty / AFP

Alexandre Loukachenko, un dictateur à l'ancienne en Biélorussie.

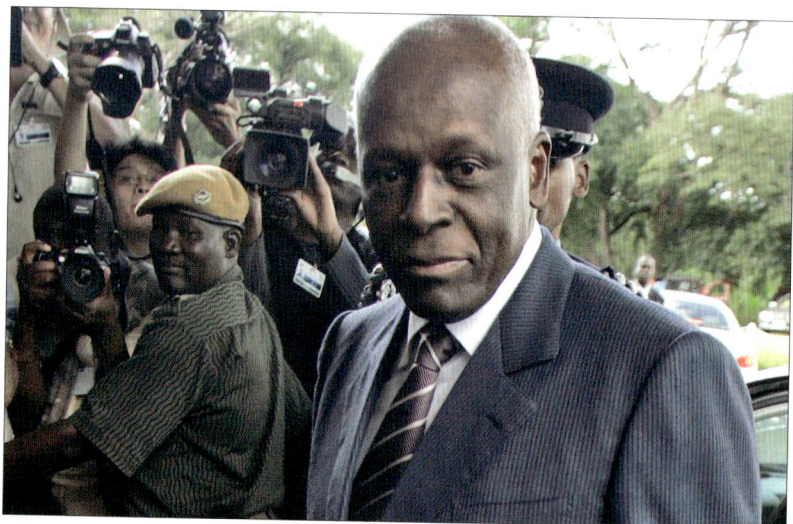

© Sipa Press

Angola : José Eduardo dos Santos, ou comment transformer un grenier à grain en désert.

© Sipa Press

Génocide et corruption au Soudan. « Ça fait longtemps qu'on me traite de dictateur », précise lui-même Omar el-Béchir.

© Getty Images

Rodrigo Duterte, le « Dirty Harry » des Philippines.

Bachar el-Assad, un criminel de guerre si bien élevé en Syrie.

Abou Bakr al-Baghdadi : les ténèbres de Daech.

Nicolás Maduro, la dérive idéologique du Venezuela.

Donald Trump : « Make America Great Again ».

Corée du Nord : Kim Jong-un, ou comment jouer avec des allumettes sans allumer l'incendie.

Vladimir Poutine : en Russie, les tsars n'ont pas froid aux yeux.

ont décrit la fin odieuse de dix-neuf jeunes femmes, coupables d'avoir refusé de devenir les esclaves sexuelles des glorieux combattants de l'islam. Elles ont été enfermées dans une cage et brûlées vives elles aussi devant des centaines de personnes conviées au spectacle. Cela s'est passé à Mossoul à l'automne 2017.

Al-Baghdadi n'a pas pu assister à cette réjouissance purificatrice. Il avait fui la ville avant que la coalition internationale n'entame ses frappes aériennes et ses bombardements pour «attendrir» la résistance des djihadistes. Avant de partir, et c'est sa dernière déclaration officielle connue, il avait exhorté ses troupes à «tenir bon». Le sadisme, le fanatisme et l'obscurantisme peuvent facilement cohabiter avec la lâcheté. Est-il mort le 16 juin 2017 dans un bombardement aérien, comme l'ont affirmé les Russes avant de déclarer qu'ils n'étaient sûrs de rien? Pour les États-Unis, le doute subsiste. D'ailleurs, la prime offerte pour sa capture a grimpé jusqu'à 25 millions de dollars.

Cette trop longue séquence sanguinaire ramène à des questions sans réponse. La barbarie contemporaine est le produit d'un homme, le maître, et d'un système. La main-d'œuvre, pour faire fonctionner l'ensemble, ne manque guère. Surtout, elle vient de partout. Alors il faut bien admettre, avec une infinie angoisse existentielle, que les barbares ne sont pas seulement des «Orientaux» désaxés, des hommes du lointain. Le pire est également latent chez nous, au sein de nos sociétés. Le corollaire, c'est cette interrogation lancinante : les hommes ont-ils, au fond d'eux-mêmes, l'envie d'être dominés depuis l'origine du monde? Car l'illuminé sadique, autoproclamé calife, ne pourrait survivre si ses sujets remettaient en question d'emblée sa pathologique philosophie. On espère donc, à cette date, qu'il est mort, qu'il a disparu de la communauté des humains, et que ses «fidèles», au moins une partie d'entre eux, ont appris depuis la différence existant entre le «bien» et le «mal».

Mais, en réalité, on n'y croit guère, car la mémoire historique n'en finit pas de nous torturer, et «l'expérience» nazie revient nous hanter lorsque la barbarie s'épanouit quelque part sur notre planète. Vassili Grossman, correspondant du journal de l'armée Rouge pendant quatre années de tuerie, de juin 1941 à mai 1945, raconte dans ses *Carnets de guerre*[1] ce qu'il a découvert lors de la libération du camp d'extermination de Treblinka, en Pologne. Et il dresse le palmarès des sadiques qui ont œuvré sur le minuscule territoire de cet abattoir dantesque. Parmi les bourreaux, il s'attarde sur le cas du SS Zepf et décrit la férocité d'une «créature d'apparence humaine», spécialisée dans l'assassinat des enfants. Grossman, qui en a tant vu de Stalingrad à Berlin, s'interroge sur ce qu'il qualifie de «cruauté alogique». Il écrit ceci : «[Ce] qui doit nous horrifier, ce n'est pas que la nature donne naissance à des dégénérés de ce genre, toutes sortes de monstres existent dans le monde organique : des cyclopes, des êtres à deux têtes, toutes sortes d'horribles monstruosités et les perversions qui vont avec. L'horrible est ailleurs : c'est que ces créatures dignes d'être mises à l'isolement, étudiées comme des phénomènes relevant de la psychiatrie, existent dans un certain État en tant que citoyens actifs.» L'État islamique a été disloqué à coups de canon. Mais ses fanatiques ont bel et bien incarné les «citoyens actifs» de ce cauchemar.

---

1. Calmann-Lévy, 2007.

9

Dictature et salsa

«Le peuple n'a qu'un ennemi dangereux; c'est son gouvernement.»

Bien évidemment, aucun continent n'est épargné par l'altération mentale. Et, en la matière, l'Amérique centrale offre bien des perspectives à la fois aux autocrates et aux historiens. Il suffit de voyager dans cette contrée pour percevoir quelques ferments favorables à l'épanouissement mortifère de personnalités très atteintes. Une tradition d'abord d'appréciation de la vie, de son poids et de sa valeur, différente de ce qu'il est communément admis sous d'autres cieux, notamment en Europe. Il est fascinant, et horrifiant, de découvrir que le taux de criminalité dans un pays comme le Salvador a toujours été extraordinairement plus élevé que n'importe où ailleurs dans le monde, à n'importe quelle époque de notre histoire. Le dernier soulèvement des paysans abusés par leurs propriétaires dans ce minuscule pays, avant la Seconde Guerre mondiale, s'est conclu par 32 000 exécutions en une seule journée. À l'époque, les fusils n'étaient pas automatiques, et il a fallu beaucoup de résolution aux bourreaux pour mener à bien

171

leur tâche. Un peu comme les Einzatsgruppen de Hitler dans les territoires de l'Est après l'invasion de l'URSS en 1941. Et lorsque l'on se promenait dans les années 1980 dans les rues d'El Salvador, la capitale, et dans les campagnes avoisinantes, on pouvait difficilement ne pas remarquer à quel point la vie d'un homme ne valait vraiment pas cher. Même si la situation politique est très différente aujourd'hui, les choses n'ont pas fondamentalement changé. Et c'est une atmosphère que les voyageurs avisés prennent en compte lorsqu'ils choisissent ces destinations. On pourrait en dire à peu près autant du Nicaragua, du Guatemala et du Mexique. Ce qui complique quelque peu ce sinistre constat, c'est l'histoire politique de ces pays, et les souffrances endurées depuis des siècles par la population. Car ces opprimés se sont battus comme des lions pour connaître un jour liberté et égalité, alors que, bien souvent, les révolutions ont accouché de régimes encore plus brutaux que les précédents.

La démocratie a-t-elle progressé au Nicaragua ? Voilà une nation qui a énormément souffert de l'asservissement imposé par les grands et très riches propriétaires qui ont, sans pitié, sans compassion, imposé leurs règles moyenâgeuses à des paysans maltraités, menacés, abandonnés à l'ignorance et à l'esclavage. La chose était établie et acceptée : personne n'aurait levé le petit doigt, notamment aux États-Unis, pour demander poliment à Somoza, le leader local, de gouverner décemment et d'essayer, pour le moins, d'améliorer la vie quotidienne de la population. Lorsqu'un tremblement de terre a ébranlé la capitale, Managua, Somoza n'a pas songé un instant à remettre un peu d'ordre dans les infrastructures de son pays et, lorsqu'on se rendait sur place dans les années 1980, les décombres et les gravats étaient toujours là, plus de dix ans après le séisme. Un total mépris pour la population.

On peut être résilient, dur à la peine et à la douleur, survient un jour un «sauveur» qui offre ne serait-ce que l'illusion qu'un monde différent est possible. Cet homme s'est appelé Daniel Ortega, de son vrai nom Daniel Ortega Saavedra. Il est né en 1945. Il est issu de la «classe moyenne», si tant est qu'on puisse définir cette appartenance dans pareil pays. Une chose est certaine, ses parents l'ont éduqué dans le bon sens, dans une perspective de démocratie susceptible d'en finir avec le terrible joug imposé par la famille Somoza. Ortega s'inscrit à l'université et, très vite, abandonne ses études pour rejoindre le Front sandiniste de libération nationale. Anastasio Somoza Debayle n'est pas un dictateur de seconde zone. Il ne tolère aucune forme d'opposition, et lorsque Daniel Ortega, alors jeune guérillero du Front sandiniste, se fait arrêter en 1967, celui-ci est soumis aux mauvais traitements et à la torture, comme tous les prisonniers politiques. Après sept années passées derrière les barreaux, il bénéficie d'un échange de prisonniers entre la guérilla et le régime. Les sandinistes, devenus des activistes et des combattants chevronnés, avaient réussi à enlever un membre de la famille Somoza ainsi que les ambassadeurs américain et chilien en poste à Managua. Voilà une expérience – cette longue incarcération de sept années –, qui aurait dû instruire Daniel Ortega sur la férocité et la cruauté de ceux qui emprisonnent leurs opposants et les maltraitent.

La vie est dure, ces années-là, pour les ennemis du régime Somoza. Le frère de Daniel Ortega, Camilo, meurt sous la torture en 1978. La même année, Daniel rencontre la poétesse Rosario Murillo, avec qui il se mariera.

Aux États-Unis, le président Jimmy Carter, ému par les témoignages rapportés par une journaliste du *Washington Post*, Karen DeYoung, décide d'abandonner à son triste sort la coterie Somoza. Et, en juillet 1979, le Front sandiniste de libération nationale renverse le dictateur.

Une junte de reconstruction nationale est mise sur pied. La communauté internationale aurait dû, dès cette époque, se méfier de l'appellation de «junte nationale». Les mots ont un sens.

Cette nouvelle association au pouvoir représente évidemment un énorme progrès par rapport au passé récent. Elle regroupe des sandinistes, des membres de la bourgeoisie libérale et surtout la directrice du journal *La Prensa*, une oasis d'humanité, de liberté et de courage sous la sordide et corrompue dictature somoziste. Seulement voilà, la petite graine dictatoriale s'est glissée dans les veines de Daniel Ortega qui va imposer sa mainmise sur l'ensemble des organes de pouvoir. Il a appelé cela, dans un premier temps, la «démocratie participative». À d'autres époques, dans d'autres endroits, on a baptisé cette forme de tyrannie «dictature du peuple». Autrement dit sans contrôle, sans respect de l'État de droit ni de toute forme d'opposition. Ce fut une immense déception et un énorme point d'interrogation pour tous ceux, dont l'auteur de cet ouvrage, qui pendant des années avaient voyagé sur place et pu mesurer la tragédie d'un peuple asservi et l'étendue de ses espérances.

Malgré la méfiance qui s'instaure, parmi ceux qui redoutent une démocratie à la Castro, des progrès réels émergent : la peine de mort est abolie et l'homosexualité n'est plus pénalisée. On organise une «croisade pour l'alphabétisation». On double le budget de l'éducation. On améliore le système de santé, on vaccine, on construit des hôpitaux, on réduit de moitié la mortalité infantile qui reste tout de même mesurée à 40 ‰. On redistribue des terres aux paysans, avec, toutefois, une certaine timidité.

Et puis on finit aussi par assister à une forme de glissade antidémocratique assez inattendue. Liée aux circonstances, il faut le reconnaître. L'administration Reagan n'aime guère les «gauchistes» et elle va tout faire, y compris par les moyens les plus illégaux, pour déstabiliser le régime sandiniste. Ortega est devenu l'ennemi numéro un, après Fidel Castro. Les États-Unis imposent un embargo au Nicaragua, et surtout ils financent la guerre menée à l'intérieur du pays par les «Contras», dont les membres sont entraînés par la CIA, grâce aux fonds recueillis clandestinement par le lieutenant-colonel Oliver North, conseiller à la sécurité de la Maison Blanche. Un bien étrange personnage, qui, quelques années plus tard, finira devant les tribunaux.

Malgré les difficultés, Daniel Ortega s'installe au pouvoir. Il est élu président de la République le 4 novembre 1984. Deux ans plus tard, il fait adopter une nouvelle Constitution. La guerre menée par les «Contras» continue de faire rage. On estime le bilan de cette déstabilisation armée à 30 000 morts. L'économie est paralysée. La CIA, pour financer ses opérations, vend des armes à l'Iran et organise un trafic de cocaïne depuis la Colombie. Les États-Unis seront condamnés en 1987 par le Tribunal international de La Haye à verser 17 milliards de dollars d'indemnisation au Nicaragua, somme dont l'Amérique ne s'acquittera évidemment jamais.

À ce stade de son itinéraire, Daniel Ortega incarne donc encore l'homme courageux, déterminé à libérer son peuple d'une insupportable oppression, luttant contre l'impérialisme américain et se voulant l'artisan respectueux de la démocratie. L'exercice du pouvoir corrompt-il fatalement tout dirigeant confronté aux difficultés liées à la naissance d'un monde meilleur? La politique modifie-t-elle obligatoirement la perception morale d'un homme supposé intègre? Ces questions se posent lorsque l'on analyse l'attitude de Daniel Ortega pendant les années qui vont suivre.

En février 1990, c'est Violeta Barrios de Chamorro, la directrice du journal *La Prensa*, démocrate irréductible, qui est élue à la présidence de la République du Nicaragua. Elle dirige une alliance de partis opposés à ce qui ressemble déjà à une dictature sandiniste. Ortega, bon joueur, reconnaît publiquement sa défaite. Mais il ne l'accepte pas. Quelques jours avant la transmission des pouvoirs à la nouvelle équipe élue, il lègue aux principaux cadres de son parti une véritable fortune foncière saisie à l'occasion du renversement d'Anastasio Somoza. La corruption a fait son œuvre dans les rangs sandinistes.

Presque sept ans plus tard, Ortega est de nouveau battu aux élections, mais il réussit à conclure un pacte avec son adversaire, le libéral Arnoldo Alemón. Pour la gauche, c'est une trahison. Cinq ans après, Ortega, encore une fois, est défait à la présidentielle. Et cette succession d'échecs, chez un homme qui a conquis par la force des armes le pouvoir et l'a exercé, semble entraîner un virage moral définitif. Après tout, seul le pouvoir compte vraiment, quels que soient les moyens employés pour y parvenir : les cartels de la drogue alimentent les caisses du parti sandiniste, les juges sont corrompus... Stratégie «payante» puisque, en 2007, Ortega revient au pouvoir. Sur le plan idéologique, on s'y perd : il s'allie avec l'Église catholique romaine et d'anciens «Contras». Le Nicaragua va jusqu'à interdire l'avortement thérapeutique, autorisé dans le pays depuis 1837. Sa politique étrangère est devenue radicale : soutien inconditionnel à Bachar el-Assad, à Kadhafi, à Raúl Castro, à Hugo Chávez. Il marque sa sympathie à l'égard des FARC, les guérilleros colombiens. En 2016, le Nicaragua refuse de ratifier les accords de Paris sur le réchauffement climatique. C'est pourtant l'un des pays les plus concernés au monde par ce phénomène. L'homme semble errer entre les idéaux de sa jeunesse et les turpitudes que le pouvoir peut satisfaire.

Y compris le népotisme puisque, lorsqu'il gagne l'élection de 2016, il s'est présenté à ses concitoyens en compagnie de sa femme, Rosario Murillo, candidate à la vice-présidence du Nicaragua. Les Ortega sont devenus caudillos à vie! La famille se porte bien : quatre des neuf enfants du couple occupent des postes clés dans l'appareil d'État. Finalement, le clan Ortega devient comparable au clan Somoza, resté au pouvoir pendant quarante-deux ans. Soit un mystère pour ses anciens compagnons de lutte, qui regardent leur ex-leader multiplier les exonérations d'impôts et les concessions aux riches Nicaraguayens. Ils n'en reviennent pas de la réforme constitutionnelle qui a supprimé la limitation du nombre des mandats présidentiels. Ortega mourra dans son lit, au palais présidentiel, quelle que soit l'échéance.

Rosario Murillo a été surnommée «la Sorcière». Elle est donc devenue vice-présidente, et les Nicaraguayens, lorsqu'ils manifestent leur opposition, défilent dans les rues, vêtus de blanc et de bleu (les couleurs du drapeau), un balai à la main. C'est vrai, elle est devenue une icône des contes d'enfants : elle fait peur. Ses concitoyens ne supportent plus la corruption généralisée. Mais une des caractéristiques de la corruption, c'est de maintenir chaque strate de la société dans la dépendance. Somoza était un expert en la matière, d'où sa longévité. Les observateurs étrangers se bornent à constater «une dérive autoritaire», comme on dit dans les chancelleries. Les habitants de Managua, eux, ont la dent plus dure. Le couple présidentiel est dénommé «lord and lady Macbeth». La première dame intrigue : elle a une main de fer, elle est excentrique, aime les tenues bariolées, et dirige la communication et les médias. Elle occupe les écrans de la télévision, pour y lire ses poèmes, ou réprimander les fonctionnaires. Elle n'est plus toute jeune, elle est sexagénaire, mais son dynamisme reste intact. Avec son mari, elle a installé une monarchie. Lui est froid, pragmatique et méfiant. Elle est extravertie et pardonne tout à son époux dictateur : même lorsque sa propre fille, née d'un précédent mariage, Zoilamérica Narváez, a accusé Daniel Ortega, en 1998, d'avoir abusé d'elle lorsqu'elle était enfant. Rosario a défendu l'honneur de son mari sans faiblir. La fille, elle, a été exilée au Costa Rica. Sa mère assène pourtant chaque jour, pendant le journal télévisé de la quatrième chaîne, à l'heure du déjeuner, des messages philosophiques sur l'amour «et la famille».

À Managua, on ne parle pas de prisons surpeuplées, de tortures, de viols, de crucifixions. Et les habitants en soupirent d'aise. Ils ont connu pire, sur le plan de la violence, et leurs voisins, qui sont toujours confrontés à une brutalité endémique, les envient même peut-être un peu. Mais qui pourra jamais expliquer qu'un ancien combattant de la démocratie, indigné par l'arrogance d'un pouvoir despotique, ait pu, quelques décennies plus tard, enfiler à son tour le costume du dictateur? Fidel Castro, peut-être! Le jour où ces deux-là feront le bilan de leur randonnée terrestre, là-haut, loin des critiques qui leur sont adressées! À Cuba, le régime a bourré ses prisons et exécuté des centaines d'opposants, sans états d'âme. Ortega, lui, s'est installé dans une dictature «soft». Ses concitoyens réfléchissent à leurs illusions perdues.

Même dérive un peu plus au sud, où un certain Chávez avait l'ambition, avec des méthodes personnelles, et pas toujours très orthodoxes, d'amener ses compatriotes vénézuéliens à l'aube d'un régime démocratique.

Hugo Chávez n'est certainement pas exempt de critiques mais, après l'échec de sa tentative de coup d'État en 1992, le leader «bolivarien», nettement engagé à gauche, dont les qualités éminentes sont louées par Fidel Castro, avait su, une fois arrivé au pouvoir, concrétiser ses ambitions de justice sociale. Et pendant plusieurs années sa cote de popularité reste intacte auprès des classes défavorisées. On investit dans l'éducation, la santé, et on améliore le pouvoir d'achat. Le Venezuela s'extrait relativement vite de sa stagnation, et surtout du poids de l'injustice qui, depuis toujours, accable celles et ceux qui ne font pas partie des clans contrôlant les richesses du pays. Et s'il est une richesse dont dispose le Venezuela, c'est bien le pétrole. Un pactole jalousement surveillé par les militaires, les classes possédantes et l'allié américain.

Au début des années 1980, le modèle économique s'essouffle, et le malaise social s'illustre par des émeutes sanglantes dans la capitale, notamment en 1989. Endettement, fuite des capitaux, dévaluation, faillite bancaire, disqualification des partis politiques au pouvoir ! Hugo Chávez, ancien lieutenant-colonel, ancien putschiste, est élu président de la République en 1998. Et les années à venir ne vont pas constituer un long fleuve tranquille. D'autant plus que la chute du cours du pétrole aura un redoutable effet de spirale. L'or noir représentant environ 80 % du revenu national, on comprend facilement que le mode de gouvernement consistant à redistribuer systématiquement cette rente au nom de l'équité sociale va entraîner une gigantesque faillite. Hugo Chávez n'aura pas l'occasion de mesurer l'étendue de cette descente aux Enfers. Il meurt en 2013 et c'est son «dauphin», Nicolás Maduro, qui lui succède. Un homme plutôt pittoresque : ancien chauffeur de bus, adepte de la salsa, fan de Castro ! Avec un aspect moins exotique : c'est un homme brutal, un autocrate déterminé et têtu, un individu impitoyable.

Il est né le 23 novembre 1962 à Caracas. Il suivra les traces de son père dans l'action syndicale. D'origine juive, côté paternel, il se déclare catholique, comme la majorité des Vénézuéliens. Pour faire bonne mesure, il s'inscrira au mouvement de Sathya Sai Baba, un gourou indien qui a préconisé l'union de toutes les religions. Dans le même temps, il se découvre stalinien pur jus et va militer, dès le lycée, pour la Ligue socialiste, tendance marxiste-léniniste. Il se fait même expulser, en 1977, pour propagande communiste. Quelques années plus tard il reçoit une formation à l'école des cadres du Parti communiste cubain, dédiée à l'endoctrinement idéologique des candidats à la révolution en Amérique latine. Au début des années 1990, alors qu'il est chauffeur de bus, il devient dirigeant syndicaliste où il se fait un nom. Tout naturellement, il entre en politique aux côtés de l'homme qui monte : Hugo Chávez.

Les échelons sont rapidement gravis : député, président de l'Assemblée nationale, ministre des Affaires étrangères, vice-président de la République. C'est tout naturellement qu'il succède à son mentor, le 14 avril 2013... avec seulement 50,6 % des suffrages exprimés! Il passe encore pour un «modéré». Hugo Chávez n'en pensait que du bien. «Il a la main ferme, disait-il, il a une vision, il a le cœur d'un homme du peuple, et il est plein d'expérience malgré sa jeunesse.» Sans doute! Mais Maduro, déjà à l'époque, révèle quelques aspects curieux de sa personnalité, susceptibles de soumettre à caution ce jugement positif. Par exemple, lorsqu'il accuse «les ennemis historiques du Venezuela» d'avoir «inoculé» le cancer à Hugo Chávez. Ou lorsqu'il déploie l'armée, dès son accession au pouvoir, dans les rues de Caracas pour garantir la paix civile. D'autres dérives plus ou moins voyantes alertent les démocrates du pays, notamment quand il annonce que le corps de Chávez sera embaumé comme celui de Lénine, ou quand il viole la Constitution en interdisant au président de l'Assemblée nationale d'assurer l'intérim avant l'élection présidentielle. Heureusement, la Cour suprême lui est toute dévouée. Le Conseil national électoral, tout aussi serviable, traîne des pieds quand la régularité du scrutin est contestée.

Au total, des débuts difficiles, des manifestations violentes et des promesses de réforme qui ne seront jamais tenues. La chute brutale des cours du pétrole est passée par là, aussi préserver les acquis sociaux de la « révolution bolivarienne » devient mission impossible. Le sort s'acharne : le pays connaît une terrible sécheresse en 2016. Les centrales hydroélectriques ne fonctionnent plus qu'au ralenti. Le Fonds monétaire international estime le taux d'inflation à 720 %. Le Venezuela est déclaré en état de cessation de paiement. En clair, c'est la faillite. On mesure l'agilité intellectuelle des dirigeants à leurs réactions face aux crises graves : en décembre 2017, Maduro décide d'inventer une monnaie, ou plus exactement une cryptomonnaie : le « petro ». Les économistes en riraient, si c'était drôle. La pénurie s'installe : plus de nourriture, plus de médicaments, une mortalité infantile sensiblement en hausse. Le paludisme, éradiqué depuis un demi-siècle, fait sa réapparition. Les hôpitaux n'ont plus les moyens de fonctionner.

Nicolás Maduro, lui, commence à perdre les pédales. Il manifeste une forme de paranoïa assez fréquente chez les dirigeants incompétents : il ne peut être que victime d'un complot. Le paludisme, la sécheresse, le cours du pétrole... décidément, on lui en veut. Résultat, le pouvoir est battu sans coup férir aux élections législatives de 2015 et l'opposition remporte les deux tiers des sièges à l'Assemblée. Elle exige, en vain, l'organisation d'un référendum révocatoire. Cette fois, c'en est trop pour le Président qui dénonce « un coup d'État parlementaire ». Alors ses amis de la Cour suprême retirent, en toute simplicité, tout pouvoir au Parlement. Grève générale, appel au secours en direction de l'armée. Rien n'y fait. La Cour suprême s'octroie les pouvoirs du Parlement.

Au printemps 2017, les Vénézuéliens sont à bout de nerfs. Ils descendent dans la rue, notamment dans les quartiers pauvres de Caracas. On dénombre vingt-quatre morts. La répression se durcit, et la délinquance s'accroît, en raison de la pénurie : on vole, on rackette, on enlève... L'anarchie est en route. Nicolás Maduro est un bien étrange président, et ses décisions interrogent sur ses capacités intellectuelles. Il a trouvé, croit-il, une nouvelle astuce : la formation d'une Assemblée constituante pour modifier les règles. Cette nouvelle assemblée sera formée d'une moitié de ses partisans. L'autre moitié sera désignée par les urnes, mais les partis politiques ne pourront pas présenter de candidats ! Du « sur-mesure » qui, encore une fois, pourrait faire rire, mais la situation ne s'y prête pas vraiment. La procureure générale du Venezuela, Luisa Ortega Díaz, pourtant chaviste historique, décide de siffler la fin de la partie et exprime son opposition au gouvernement. Elle est destituée et instamment priée de quitter le pays, « pour sa sécurité ». Le Venezuela est bel et bien entré en dictature. Des élections, dont la validité ne sera reconnue par aucun gouvernement étranger, sont « arrangées » le 30 juillet 2017. Les pays voisins parlent joliment d'une « rupture démocratique ». L'ONU reproche à Maduro son usage systématique de la force pour bâillonner l'opposition. Des dizaines de personnes sont mortes et on a vu apparaître dans les rues des milices armées circulant à moto.

Décidément, quelque chose ne tourne pas rond dans le cerveau de Maduro, et le pays part en lambeaux. Le Venezuela est devenu le deuxième pays, après le Salvador, le plus criminogène du monde. La corruption éclate désormais au grand jour. Avec des conséquences très concrètes pour les citoyens. Une étude réalisée par la Fondation Bengoa montre que les Vénézuéliens ont perdu en moyenne 8,7 kilos entre 2014 et 2016, un indicateur encore inconnu dans l'étude des dérèglements dans la vie politique d'une nation. 80 % des ménages s'inscrivent en dessous de la ligne de pauvreté, contre 50 % deux années plus tôt. Le *New York Times* indique que la mortalité des nouveau-nés a été multipliée par cent en 2015. L'inflation, pour 2017, dépasse les 2 000 %. C'est un cercle vicieux dont Maduro, en piètre économiste en chef, est responsable. Le contrôle des changes, imposé en vain, pour éviter l'exil des moins défavorisés, a eu pour conséquence de développer le marché noir, qui fonctionne en devises, et, l'économie étant basée exclusivement sur le pétrole, faute de diversification lorsqu'il était encore temps, le pays est prié de tout importer... en dollars !

Malgré tout, le président vénézuélien, tant admiré par une partie de l'extrême gauche occidentale, n'a pas perdu sa bonne humeur ni le sens de la fête. Il faut dire que sa famille et ses proches n'ont pas des heures de queue à s'infliger quotidiennement pour tenter de se procurer les quelques aliments indispensables à leur survie. On l'a dit, il adore danser, jusqu'à s'en étourdir, et il faut reconnaître que, pour pareil gabarit, il affiche beaucoup d'énergie. En mai 2017, on a pu l'admirer, sur YouTube, en train de se déhancher en compagnie d'un grand nombre de fonctionnaires conviés à garder le moral au rythme de la salsa. En bas du bâtiment où la fête battait son plein, les blindés de la garde nationale aspergeaient de gaz lacrymogène les manifestants qui n'en peuvent plus de ce régime. La musique en moins, on se croirait revenu au bon vieux temps du général Pinochet au Chili. On arrête, on emprisonne, on humilie, on torture à l'occasion. Le roi s'amuse, même lorsque le roi est nu. Il dispose, en bon dictateur, de l'impunité absolue. À la différence d'Hugo Chávez, Maduro n'a aucun charisme, aucun esprit, aucun talent. Sa brutalité surprend. Ses méthodes rappellent parfois ce qui s'est passé en Allemagne lorsque Hitler et ses sections d'assaut ont terrorisé ceux qui tentaient d'affirmer une opposition. Ses milices, baptisées «colectivos», manifestent un total mépris pour les droits de l'homme. L'impunité est garantie, comme lorsque les sbires du régime pénètrent, en plein jour, dans l'enceinte du Parlement et agressent violemment cinq députés réputés hostiles à Maduro. Tout est permis. Malheur à celles et ceux qui n'ont pas les moyens de se réfugier en Colombie ou au Brésil. Toute une société s'écroule, dans son économie, dans ses valeurs. Le Venezuela est devenu la plaque tournante du trafic international de la cocaïne. La moitié de la production colombienne transiterait par Caracas, avec l'assistance de membres du pouvoir, de militaires et d'anciens guérilleros des FARC, qui se sentent comme chez eux dans le pays. Maduro et les narcotrafiquants feraient bon ménage, et les dollars circulent. Vive la crise! En 2015, deux des neveux de Mme Maduro ont été arrêtés en Haïti alors qu'ils s'apprêtaient à introduire une tonne de cocaïne aux États-Unis. Ils ont été extradés et purgent une longue peine de prison dans un pénitencier, chez les «gringos», les ennemis du Venezuela.

Le monde ferme volontiers les yeux sur les dérives des gouvernants. Après tout, les droits de l'homme, les libertés publiques ne font pas une diplomatie. Et ce qu'il est convenu d'appeler le «fascisme de gauche» constitue une notion très embarrassante à manier dans l'opinion internationale. Chacun sait que Maduro est un homme médiocre, et que c'est précisément pour cette raison qu'il a été coopté, entre autres par Cuba. On ne lui demande pas de comprendre la marche du monde, et notamment le fonctionnement de l'économie. On lui demande de conserver le pouvoir, à n'importe quel prix. Il faut faire vivre l'image de Simón Bolívar, la grande figure de l'émancipation des colonies espagnoles en Amérique latine au XIXe siècle, devenu *post mortem* l'inspirateur d'un mythique socialisme du XXIe siècle. Qu'importe que Maduro soit totalement discrédité! Chávez disposait d'une légitimité démocratique chaque fois qu'il remportait une élection. Maduro est coupable d'avoir confisqué le pouvoir législatif en bafouant la Constitution. Christophe Ventura, chercheur à l'IRIS, spécialiste de l'Amérique latine, parle de «guerre civile de basse intensité».

L'avenir ne s'annonce pas très positif. Maduro n'a pas l'intention de quitter le pouvoir. Ses amis militaires, auxquels il a confié l'essentiel des prérogatives gouvernementales, pas davantage. Quatorze ministres sur trente-deux portent ou ont porté l'uniforme. Et les faits sont têtus : une banane vendue 1 900 bolivars, la monnaie locale, le matin en vaut 3 000 l'après-midi. D'où l'idée de génie, digne des *Pieds nickelés*, mise en œuvre par Maduro : le Carnet de la patrie, distribué à plus de 16 millions de personnes. Il vous permet de bénéficier de certains avantages sociaux et il vous autorise également à aller voter. On appelle cela un mécanisme de contrôle, si l'on aime les euphémismes.

Le haut-commissaire aux droits de l'homme aux Nations unies a demandé l'ouverture d'une enquête sur d'éventuels crimes contre l'humanité commis au Venezuela. Le prestigieux prix Sakharov 2017 pour «la liberté de l'esprit» a été remis à l'Assemblée nationale vénézuélienne pour son opposition à Maduro. Les États-Unis ont imposé des sanctions, ce qui est extrêmement rare lorsque ces mesures visent nommément un chef d'État en exercice. Maduro est le quatrième de la liste, après Bachar el-Assad, Kim Jong-un et Robert Mugabe. L'Union européenne s'est contentée de faire part de sa préoccupation sur «le sort de la démocratie au Venezuela». On dit, depuis déjà un certain temps, que le Vatican serait à la manœuvre pour tenter d'exfiltrer Nicolás Maduro vers La Havane.

En attendant, le prix de la banane continue d'augmenter, et l'opposition, asphyxiée, commence à baisser les bras. Le Venezuela est passé de la 117ᵉ à la 139ᵉ place au classement de la liberté de la presse établi par Reporters sans frontières en l'espace de deux ans. Ce qui n'a pas empêché Maduro de remporter l'élection présidentielle une fois de plus le 20 mai 2018. Il faut dire que la moitié des électeurs ont préféré rester chez eux. À quoi bon jouer le jeu de la démocratie si on sait qu'à ce jeu on a perdu d'avance, tant les dés sont pipés ?

10

American Psycho

«Ne sommes-nous pas, comme le fond
des mers, peuplés de monstres insolites?»

Henri Bosco, *Le Récif*

Psychopathe? Sociopathe? Les experts en discutent. Ils
se réunissent très officiellement. On disserte, on établit des
bilans. Le diagnostic est délicat et d'une immense importance. On s'interroge. D'abord, comment en est-on arrivés
là? Par quel tour du destin? La stupéfaction a été totale, y
compris pour le cas clinique que l'on examine! Faut-il se
réfugier dans le sarcasme, l'ironie, l'indifférence ou la
sourde anxiété? À quoi ressemble le futur de la planète
entre les mains de cet homme-là?

Car il s'agit bien de Donald Trump, président des États-
Unis, première puissance du monde. Autrement dit, son
état mental n'intéresse pas seulement ses administrés, il
concerne des milliards d'individus qui, au fil des mois,
depuis novembre 2016, se demandent s'il est bien sage que
le successeur du très digne et très pondéré Barack Obama
ait le doigt si près du bouton nucléaire. Lorsque la pous-
sière retombera sur le champ de bataille, autrement dit
lorsqu'un 46ᵉ président viendra s'asseoir dans le Bureau

ovale, et quelle que soit l'échéance, les historiens dresseront le bilan, mais une question restera entière, et lancinante : pourquoi les Américains ont-ils élu Donald Trump le 8 novembre 2016, contre toute attente, quoi qu'en disent les experts champions de l'*a posteriori*, face à une redoutable, sinon charismatique, adversaire, Hillary Clinton ? Le jour et la nuit !

D'un côté un massif bouffon, ignorant, vaniteux, sans grâce, menteur, xénophobe, sexiste et, pour tout dire, vulgaire... De l'autre une femme compétente, expérimentée, intelligente, cultivée et éduquée, même s'il faut le répéter, trop introvertie pour être jamais populaire. Et puis, être la femme de Bill n'est pas une martingale très sûre pour grimper dans les sondages. L'histoire retiendra tout de même qu'Hillary l'a remporté dans le vote populaire avec 2 millions de voix d'avance. Mais Donald Trump, pour le coup, bon stratège, avait tout misé sur le collège des grands électeurs dans les États industriels les plus sinistrés, là où le ressentiment contre «les élites» était le plus fort. Une révolution assez malsaine somme toute, qui a réveillé tous les vieux démons de l'Amérique et qui a offert au reste du monde un spectacle pour le moins unique. Les lointains artisans de la Constitution des États-Unis doivent se retourner dans leurs tombes, eux qui avaient sculpté avec un soin inouï le texte supposé, précisément, éviter que leur pays, un jour, ne soit livré à la «voyoucratie». Ils venaient de loin, ces premiers Américains. Ils fuyaient les persécutions, l'intolérance, politique ou religieuse, et ils se méfiaient plus que tout des tyrans, dictateurs et autres potentats qui les avaient contraints à l'exil.

«Psychopathe» semblerait qualifier d'excessive manière le comportement de Donald Trump, et pas seulement depuis son arrivée à la Maison Blanche. Les psychiatres américains qui se sont réunis à l'été 2017, et à cette occasion ont été entendus par des parlementaires du Sénat et de la Chambre des représentants, semblent pencher vers une terminologie moins radicale, mais tout de même très anxiogène : «sociopathe».

Donald Trump serait sociopathe. La définition clinique, telle qu'établie par l'Institut Charles Rojzman, à Paris, s'adapte assez bien à ce que l'on sait et ressent depuis qu'on observe, au quotidien, le comportement du Président : la sociopathie se manifeste par de l'individualisme et une sorte d'indifférence aux autres. Elle a pour caractéristique d'isoler les gens, de les dresser les uns contre les autres, en fonction de divers facteurs économiques et sociaux. L'égoïsme est élevé au rang de valeur. Le sociopathe privilégie l'hypercompétitivité, la réussite individuelle ou encore le culte de la personnalité.

Somme toute, rien qui ne puisse s'expliquer, à défaut de s'en réjouir. Si l'on va un peu plus loin sur le chemin de la recherche médicale, on trouve de quoi s'inquiéter davantage : la sociopathie est un trouble de la personnalité dont le principal critère d'identification est la capacité limitée à ressentir les émotions humaines, aussi bien à l'égard d'autrui qu'à propos de soi-même. Résultat : un manque d'empathie. Il n'agit pas selon les normes fixées, qu'il dénonce souvent. Les praticiens précisent que la plupart des individus violents et prédateurs peuvent être rangés dans cette catégorie. Bien sûr, il y a des distinctions à établir car l'appréciation clinique, après tout, intéresse aussi bien la science que la philosophie. Et du coup la politique.

Puisque nous nous penchons sur le cas des États-Unis, et pour conclure ce rapide tour d'horizon psychiatrique, on notera que les chercheurs comportementalistes américains mettent souvent en avant, à propos de la sociopathie, un choix narcissique, en vertu du principe «du plus grand plaisir». Dernier point : le diagnostic du trouble de la personnalité antisociale est plus courant chez les hommes que chez les femmes, même si cette tendance semble évoluer au fil des années.

Ce constat ayant été établi, il est frappant de faire l'inventaire des manifestations concrètes relevées chez les individus identifiés comme sociopathes. La liste est éclairante : incapacité de se conformer aux normes sociales, tendance à tromper par profit ou par plaisir en recourant au mensonge et à l'escroquerie, impulsivité ou incapacité à prévenir, irritabilité et agressivité, mépris inconsidéré pour sa sécurité et surtout celle d'autrui, irresponsabilité persistante, incapacité d'honorer ses obligations financières, absence de remords, indifférence, refus de reconnaître ses torts notamment lorsqu'on a blessé, maltraité, humilié ou volé autrui.

Pour l'instant, Donald Trump coche à peu près toutes les cases du très officiel *DSM, Manuel diagnostique et statistique des troubles mentaux*[1]. Ce « manuel », qui fait autorité, indique qu'un trouble de la personnalité antisociale peut être diagnostiqué à partir de trois des indicateurs cités plus haut. Tout aussi passionnante, la *CIM, Classification internationale des maladies*, publiée par l'Organisation mondiale de la santé, préfère l'appellation de « trouble de la personnalité dyssociale ». Cette bible médicale établit, elle aussi, sa liste de critères : dédain envers les sentiments des autres, attitude flagrante et permanente d'irresponsabilité et d'irrespect des règles, normes et engagements sociaux, incapacité à maintenir des relations durables, bien que n'ayant aucune difficulté à les établir, tolérance très faible à la frustration et incapacité à ressentir la culpabilité ou à profiter de l'expérience, et tendance marquée à rejeter la faute sur autrui ou à rationaliser des excuses à propos de comportements amenant le sujet en conflit avec la société.

---

1. Elsevier Masson, 2015.

Les États-Unis se sont choisi un président. L'Amérique est une grande et respectable démocratie. Et le peuple y est souverain. Les électeurs se demandent tout de même aujourd'hui par quel malheureux hasard l'homme qui s'assied tous les jours dans le Bureau ovale pour se préoccuper de leur avenir fait partie, statistiquement, des 5,8 % d'individus susceptibles de développer dans le courant de leur vie un trouble de la personnalité antisociale. C'est un pourcentage qui grimpe à 75 % dans les établissements pénitentiaires. On pourrait en conclure que, après tout, l'Amérique n'a pas eu de chance! On se dit aussi que ce pourrait être pire. Finalement, Donald Trump ne torture pas, n'assassine pas, n'emprisonne pas et, sans doute, ne viole pas, malgré certains désastreux propos tenus à l'égard des femmes. Non! Donald Trump n'est ni Bachar el-Assad ni son partenaire de rhétorique guerrière Kim Jong-un. Mais, répétons-le, il est l'homme le plus puissant du monde et apparemment l'un des moins bien équipés pour cette tâche. Et se déclarer «imprévisible» n'est pas de nature à rassurer l'humanité.

Pendant la campagne des primaires républicaines, en 2016, on l'avait surnommé «la Bête», «the Beast». C'est Timothy Egan, un chroniqueur du *New York Times*, qui avait trouvé la bonne formule, en ajoutant malgré tout que, «la Bête», c'était «Trump et nous!». Parce que, à bien y regarder, il y avait certes les outrances, la vulgarité, les insultes, la démagogie, les incohérences du candidat, mais, pour sa défense, il n'avait rien à faire dans cette histoire sans nous, la *vox populi*. Il n'était même pas question, à l'origine, que Donald Trump devienne candidat à l'investiture de son parti pour la Maison Blanche et encore moins candidat à la présidence des États-Unis. Mais le fait est là: une majorité des électeurs américains lui ont accordé leur voix à l'occasion des primaires. La poule américaine a trouvé un couteau et n'a plus su par quel bout il fallait traiter le problème.

Donald Trump n'est pas un nouveau venu à cette époque. Il avait déjà concouru aux primaires. Il fait jaser. Il fait rire. L'opinion dispose de ses propres outils pour définir son ressenti à l'égard de ceux qui occupent les médias. Et Dieu sait que Trump en la matière a su en tirer profit grâce, notamment, au show de télé-réalité qu'il animait depuis des années, «The Apprentice». Il a fait parler de lui sans crainte du ridicule, et aucun analyste politique, aucun observateur, aucun politologue diplômé d'Harvard n'a jamais envisagé un quelconque avenir politique pour ce genre d'individu. Original, certes, anecdotique certainement, voire guignolesque mais, après tout, l'histoire des campagnes électorales américaines en a vu d'autres. C'est un pays où la transgression n'est pas considérée fatalement comme un genre mineur.

Mais, en 2016, il est encore là. Et cette fois, il occupe de l'espace. Certains seront ravis de voir les élites se cabrer, d'autres vont commencer à s'inquiéter en constatant l'ampleur du phénomène, notamment au sommet de l'appareil du parti républicain. Au point que certains leaders du GOP, the Grand Old Party, vont finir, à leurs risques et périls, par sortir du bois, pour dénoncer le danger qui menace. Le directeur de campagne d'un ancien candidat à la présidence affirme, tout benoîtement, que «Trump, c'est le diable».

Il se trouve que le «diable» sera élu et que ses partisans n'ont pas été trompés sur la marchandise. Trump ne dissimule rien : sa haine pour les immigrés, lui dont la femme glamour arrive en droite ligne d'Europe de l'Est, sa croyance en la supériorité de sa race, son absolu mépris pour les Mexicains qui «ne sont que des violeurs et des criminels». Trump affirme et s'affirme, sans filtre, n'en déplaise aux délicates narines des dirigeants de son parti. Timothy Egan, encore lui, et toujours dans le *New York Times*, avertit ses lecteurs : si les gens savaient ce que veulent véritablement dire les idées exprimées par Donald Trump, si éloignées des valeurs de l'Amérique, ils le laisseraient tomber comme une vieille «godasse». Mais c'est faux! Ils reçoivent le message, et ils en redemandent. Ils adhèrent. D'ailleurs, on n'a guère noté de défection dans ses rangs lorsqu'il a câliné le Ku Klux Klan ou qu'il a accepté le soutien de groupes néonazis. Au fond, on se retrouve devant une très vieille interrogation : qui est coupable? Le candidat ou les électeurs?

Quel est le moteur de cette fusion déraisonnable? Trump ou ses partisans? L'homme aux cheveux orange se fait entendre. Il a desserré la laisse qui retenait la bête au cœur de l'Amérique, et son audience est large : les pro-esclavagistes (il y en a encore), les brutes, les frustrés, les intolérants... À bas les musulmans qui seront de toute manière interdits sur le territoire des États-Unis, à bas les New-Yorkais et leur bizarre façon de vivre, à bas... Les supporters de Trump lui trouvent une qualité majeure : «il dit ce qu'il pense». Comparé à lui, Ronald Reagan ferait figure de gauchiste. Et si l'on cherche un peu dans l'histoire du siècle passé quel est le personnage qui aurait pu inspirer Donald Trump, on tombe très vite sur... Benito Mussolini! D'ailleurs, l'actuel président des États-Unis ne réfute pas la comparaison et confesse une certaine admiration pour l'inventeur du fascisme. Dans un tweet daté du 28 février 2016, il répète une citation célèbre du dictateur italien : «Il vaut mieux vivre un jour comme un lion que cent ans comme un mouton.» Timothy Egan constate que le magazine allemand *Der Spiegel* a décrété que Trump était «l'homme le plus dangereux de la planète». «Les Allemands en connaissent un rayon sur le sujet»,

193

conclut le chroniqueur du *New York Times*[1] : «J'aimerais penser que les anges veillent sur nous. Mais nous avons, nous aussi, notre lot de sombres épisodes, lorsque "la Bête" est lâchée.» Même George Clooney, si bien élevé, si gentleman, si propre sur lui, retire ses gants depuis sa résidence hollywoodienne : «Trump est un fasciste xénophobe.»

Cher Trump! Il est né en juin 1946 à New York. On estime, ou plutôt il estime, sa fortune personnelle à 10 milliards de dollars... Preuve, toujours selon lui, qu'il est l'homme idéal pour rendre sa grandeur à l'Amérique. Au cas où celle-ci l'aurait perdue sous l'ère Obama. Il s'est marié trois fois, aurait régulièrement trompé ses épouses, y compris la dernière, il a des enfants, il porte souvent de drôles de casquettes, et ceux qui l'ont sous-estimé ont, en général, commis une erreur. Il ne s'est jamais présenté au suffrage de ses concitoyens. Il s'est consacré à ses affaires, plus ou moins florissantes selon les époques. Il a connu des hauts et des bas et plusieurs fois a frôlé la faillite. Son ambition est à toute épreuve depuis son enfance, et il peut inviter ses amis dans son luxueux appartement de la Trump Tower, sur la 5ᵉ Avenue de New York, tout de marbre et de verre, pour témoigner de sa réussite.

Papa lui a mis le pied à l'étrier et son atout majeur, d'après ceux qui l'ont connu à ses débuts, c'est son absence de doute quant à ses capacités. Sur le site du conglomérat[2] qu'il a dirigé avant de le céder, provisoirement à ses enfants, on peut lire ceci : «Donald Trump est l'illustration de la réussite à l'américaine. Il ne cesse de redéfinir les normes de l'excellence, aussi bien dans le domaine de l'immobilier que dans celui du sport ou du divertissement. C'est un négociateur sans égal.» On n'est jamais aussi bien

---

1. *New York Times*, 13 octobre 2016.
2. www.trump.com

servi que par soi-même, surtout quand le ridicule ne vous effraie pas.

Lorsqu'il entame son ascension vers la présidence, Trump établit une stratégie, sans d'ailleurs croire lui-même en son succès : de toute façon, vainqueur ou vaincu, sa notoriété, sa «marque» auront fait un énorme bond en avant au terme de la campagne électorale. Il a choisi d'être caricatural, insultant, foncièrement clivant et provocant. Autrement dit très facilement identifiable pour tous les déçus et les insatisfaits du pays. Ses opposants, au sein de son propre parti, n'ont pu relever la concurrence. Il fait un malheur à la télévision, avec la complicité de tous les médias, y compris les plus scrupuleux, car personne, dans cette industrie, ne crache sur les records d'audience. Et quand «la Bête» s'y met, lorsqu'elle insulte les minorités et menace de punir les femmes américaines qui ont eu un jour recours à l'avortement, les sondages s'envolent. Nous sommes bien au XXIᵉ siècle! Les débats rassemblant les candidats républicains lors des primaires vont faire un tabac : 24 millions de spectateurs sur Fox News, 23 millions sur CNN. Les réseaux sociaux prennent feu. Qu'importe la vulgarité portée à incandescence! Qu'importe qu'il ait donné son nom à un steak haché, ou à une bouteille de vodka, qu'il ait été poursuivi pour fraude, qu'il refuse de rendre publique sa déclaration d'impôts... «Hillary Clinton est une menteuse!» La messe est dite. Comme disait l'honorable Sénèque, en des temps anciens : «Les gens prennent plaisir à donner le pouvoir aux indécents.»

La presse américaine, au professionnalisme inégalé malgré quelques sombres périodes, a fini par mettre genou en terre et à faire son *mea culpa*. Le «charlatan», le «populiste», «l'opportuniste» − comme elle l'a qualifié − l'avait battue à plate couture. Elle a pris ses risques. Elle l'a même comparé à Hitler, ce qui semble très nettement exagéré. Internet a donné le coup de pouce définitif en mettant en lumière l'état névrotique de la psyché des Américains. Des centaines de milliers de gens ont donné leur avis : le Congrès des États-Unis finance l'État islamique, Obama éprouve une haine totale pour son pays et travaille à sa chute, Hillary Clinton veut que les enfants portent plainte contre leurs parents s'ils reçoivent une fessée ! On n'est plus dans la démagogie, on est dans le délire !

L'anxiété monte, à l'aube de l'élection présidentielle, surtout chez les Américains qui s'intéressent à la politique étrangère. Lors de deux entretiens, accordés au *Washington Post* et au *New York Times*, le candidat républicain expose ses théories. Les journalistes ressortent de cette entrevue littéralement abasourdis. Donald Trump se révèle totalement ignorant de la complexité du monde. «*Ignorance is bliss*», comme on dit aux États-Unis lorsqu'on préfère ignorer la réalité. Ce que vous ne savez pas ne peut pas vous faire de mal. Interrogé notamment sur la guerre civile qui fait rage en Syrie, Donald Trump déclare qu'il laisserait l'État islamique en finir avec le régime en place. Son Grand Satan, c'est la Chine. Et puis l'Iran. Pour Pékin, on a une riposte : on taxera à 45 % les produits importés. Pour l'Iran, on verra, mais la guerre n'est pas tout à fait une option inenvisageable. Même chose pour la Corée du Nord qui écorche les nerfs de tout le monde. Le candidat n'est pas hostile à un bombardement préventif. Et puis l'Amérique dépense trop de dollars pour assurer la sécurité du Japon. L'OTAN est une grosse fadaise mal gérée. Trump a deux idoles, deux généraux de la Seconde Guerre mondiale : Douglas MacArthur et George Patton. Illustres militaires, médiocres politiques, mais des types «politiquement incorrects». Tellement incorrects d'ailleurs que MacArthur a frôlé une inculpation pour sédition au temps d'Eisenhower.

Personne ne pourra affirmer que Donald Trump doute de lui-même, ou de son jugement. Il se porte en assez haute estime. Par exemple lorsqu'il affirme, sans fausse pudeur, que Poutine le considère «comme un génie». Ce qui constitue tout de même une légère distorsion des propos tenus par le chef de l'État russe lors d'une interview accordée à la chaîne de télévision ABC. Poutine s'était borné à constater que Trump était un personnage «haut en couleur».

On a beaucoup écrit, et on continuera à écrire sur Donald Trump, sur son style, son absence de scrupule, cette sidérante manière d'imposer à toute une nation un impressionnant vide idéologique. Un journaliste a pourtant failli réduire à néant l'inflation égotique du président des États-Unis, un certain Tony Schwartz. C'est lui qui a prêté sa plume à Trump pour la réalisation d'une mirobolante hagiographie à la gloire du magnat de l'immobilier new-yorkais à la fin des années 1980. L'ouvrage sort en librairie sous le titre de *Trump: The Art of the Deal*[1] («Trump : l'art de la négociation»). À l'époque, Tony Schwartz était un brillant chroniqueur, très apprécié des magazines new-yorkais. Excellent reporter, il avait auparavant décrit dans un article les méthodes plus que rugueuses du promoteur et insisté sur l'indécence et le mépris qu'affichaient les milliardaires dans son genre à l'égard du reste de la population. Curieusement, cet article plus qu'à charge n'avait pas déplu à Trump, très favorable à l'idée selon laquelle l'essentiel est de faire parler de soi, en bien ou en mal. C'est un principe de base : il n'y a pas de mauvaise publicité.

Donald Trump signe un contrat avec une grande maison d'édition pour raconter sa vie, son ascension, son œuvre. Évidemment, il n'est pas en mesure de mener lui-même cette tâche, et il propose à Tony Schwartz d'assurer le travail. Le journaliste va offrir au public américain une

---

1. *Trump: The Art of the Deal*, Random House, 1987 ; traduit en France sous le titre *Trump par Trump*, L'Archipel, 2017.

vision glorieuse et sans grande nuance de Trump. Il a besoin d'argent. Sa femme attend un deuxième enfant, et il va falloir trouver un appartement plus spacieux. Ce n'est pas chose aisée à New York lorsqu'on est un simple reporter. Il a donc accepté la proposition, d'autant plus que l'avance de la maison d'édition s'élève à 500 000 dollars, dont la moitié lui revient, et qu'il touchera 50 % des royalties générées par le livre. *The Art of the Deal* se vendra à 1 million d'exemplaires et occupera une bonne place dans la liste des best-sellers du *New York Times* pendant quarante-huit semaines. C'était il y a trente ans. Depuis, Tony Schwartz, un peu honteux d'avoir cédé aux sirènes de l'argent et retourné sa veste, s'est retiré du journalisme. La profession de toute façon le battait froid.

En juillet 2016, à la veille de la convention républicaine de Cleveland, Tony Schwartz n'y tient plus. Il éprouve vraiment des remords et il se sent coupable d'avoir participé à une entreprise de tromperie à l'encontre de ses concitoyens. Il accorde une interview au *New Yorker* et se « confesse ». Il se reproche d'avoir contribué à créer un monstre, un nouveau Frankenstein. Il décortique le Trump qu'il a dû fréquenter pendant dix-huit mois pour écrire cette biographie bidon. Et le « vrai » Trump qu'il décrit dans l'article du *New Yorker* fait réellement peur.

D'après Tony Schwartz, c'est avant toute chose un menteur invétéré. Y compris lorsque la vérité est accessible à tous. Par exemple lorsqu'il affirme être l'auteur de *The Art of the Deal*. Assertion pour le moins bizarre puisque le nom de Tony Schwartz figure en gros sur la jaquette. Comme Donald Trump ne lésine jamais sur l'emphase et l'autopromotion, il déclare *urbi et orbi* : « L'Amérique a besoin de l'homme qui a écrit ce livre ! » Le sang de Tony Schwartz ne fait qu'un tour. Il décroche son téléphone, parvient à joindre Trump et le remercie pour ce compliment, tout en lui précisant qu'il n'a pas la moindre intention de se présenter à la Maison Blanche. Trait d'humour qui semble passer très au-dessus de la tête du candidat républicain.

Les révélations de Tony Schwartz au *New Yorker*[1] sont instructives : «Le livre pour lequel j'ai fait office de nègre me pèse sur la conscience aujourd'hui. J'ai l'impression d'avoir mis du rouge à lèvres à une truie.» Car il a considérablement embelli le parcours professionnel et la réussite de Donald Trump, ce qui a largement contribué à en faire un héros populaire aux yeux de millions de ses concitoyens. Ce constat, *a posteriori*, désespère l'auteur de l'ouvrage et le terrifie. Pas tant d'ailleurs en raison des idées développées par le candidat qu'il soupçonne plutôt de n'être porté par aucune idéologie. Non. C'est la personnalité de Trump qui l'angoisse. C'est un homme, dit-il, pathologiquement impulsif et vaniteux, incapable de se concentrer plus de quelques minutes sur un seul problème. Et il est, toujours selon Schwartz, totalement inculte. «Je crois sincèrement, précise Tony Schwartz, que si cet homme est élu et se retrouve à proximité du bouton nucléaire, il y a de fortes possibilités que l'on approche de la fin de la civilisation.» Schwartz éprouve une véritable répulsion envers celui qu'il a baptisé, et il est le premier, «le sociopathe».

Au-delà de ce jugement pour le moins négatif, associé à un sentiment de culpabilité aiguë pour avoir contribué à la popularité dudit sociopathe, Tony Schwartz rapporte, toujours dans les colonnes du *New Yorker*, les observations nées de dix-huit mois de compagnonnage avec Trump : «Il se situe entre l'ignorance pure et une connaissance superficielle des choses... C'est pour cette raison qu'il aime la télévision et qu'il passe des heures devant son écran, zappette à la main. À la télé, les choses défilent, les séquences sont

---

1. *New Yorker*, 25 juillet 2016.

courtes et rapides. Il n'a jamais lu un livre de toute sa vie d'adulte et on ne peut pas dire que ce navrant constat le dérange... Mentir constitue chez lui une seconde nature, mais il a cette capacité de se convaincre que ce qu'il dit, au moment où il le dit, est vrai, ou presque vrai, ou devrait être vrai... La plupart des gens se sentent concernés par la vérité. Trump y est totalement indifférent et c'est une de ses forces.» Et Tony Schwartz conclut : «Trump, c'est un trou noir vivant!» Or ce témoignage n'a pas ébranlé outre mesure les électeurs américains.

Le parti républicain, le parti de Lincoln, ne contrôlera jamais Donald Trump dans son orgie d'idées fausses, incohérentes ou indécentes. Après tout, Mussolini, en son temps, avait échappé aux sévères doctrines de sa famille d'origine, le parti communiste, et il avait triomphé. Jusqu'à l'apocalypse! La droite américaine, frustrée par huit années de gouvernance sous la férule d'un président noir, a créé son monstre comme dans les mauvais films de science-fiction, et le monstre a refusé de retourner dans sa niche.

Tous les observateurs de la vie politique américaine, y compris ceux qui, dans leurs journaux, classaient Trump dans la rubrique «divertissement», finiront par comprendre que le commandant en chef est un homme perturbé et, pour le coup, vraiment imprévisible. Hillary Clinton avait conclu, à la fin de la campagne présidentielle, que son adversaire n'était pas «normal» et que Trump ne la faisait pas rire. Quelques semaines avant l'élection, le très rigoureux *Washington Post* sort de sa réserve et réitère − c'est une première dans l'histoire du journal − son appel à faire barrage au candidat républicain : «Une présidence Trump constituerait un danger pour la nation et pour le monde entier[1].»

---

1. Éditorial du comité de rédaction du *Washington Post*, 22 juillet 2016.

Il est un mot que l'on utilise très peu dans le débat public aux États-Unis : fascisme. La devise du pays, depuis les Pères fondateurs, c'est *E pluribus unum* : «Nombreux, nous ne formons qu'un.» Et, hormis les menaces contre les libertés fondamentales qui ont pu peser dans les années 1950 pendant la délirante croisade de McCarthy, l'Amérique vit dans le respect intangible de sa Constitution. Même Richard Nixon, le prince des ténèbres, l'a appris à ses dépens.

Avec Trump, le problème est entièrement nouveau, et il a bien fallu regarder les choses en face. Y a-t-il, chez cet homme-là, des tendances, non pas conservatrices, mais bel et bien fascisantes? Même si ce qu'il propose à ses électeurs ne représente pas vraiment un programme, ou une idéologie. Il leur offre une attitude, une image de force brutale, de machisme, d'irrespect des bienfaits de la démocratie qu'il accuse d'avoir engendré une faiblesse nationale. Il joue, sans vergogne, sur le ressentiment et le dédain, auxquels il ajoute la peur, la haine et la colère. Tout le monde y passe : les musulmans, les Hispaniques, les Chinois, les Arabes, l'ensemble des immigrants, les femmes... Et cette approche simpliste s'est révélée payante, au grand étonnement de Trump lui-même. C'est un égomaniaque, à n'en pas douter, mais le spectaculaire phénomène qu'il a créé est plus grand que lui-même. Les deux premières années de son mandat n'ont rassuré personne, et on s'interroge, quotidiennement, sur ses garde-fous moraux, sur ses principes religieux, s'il en a, et sur son sens des responsabilités, comme lorsqu'il ordonne de séparer les immigrés clandestins à la frontière mexicaine de leurs enfants au printemps 2018. L'impression générale est qu'il voit dans le pays ce qu'il voit dans son miroir à son réveil.

Le locataire de la Maison Blanche fait l'objet, depuis le premier jour, d'une contestation d'une ampleur inédite, aux États-Unis et hors des frontières. Nous parlons bien du 45e président américain! Celui qui a prêté serment à la Constitution le 20 janvier 2017, la main sur la Sainte Bible de l'honorable Abraham Lincoln. Le jour où ce dernier avait été élu, il avait prononcé une petite phrase de rien du tout, qui mériterait d'être gravée au frontispice de tous les palais présidentiels du monde : «Il faut mettre au service des autres les anges les plus beaux de sa personne.»

Le fameux jour de l'investiture, qu'on préfère appeler «inauguration» outre-Atlantique, il fait généralement froid. Mais c'est tout de même un jour de fête pour tout le monde, les gagnants et les perdants. Chacun se sent membre à part entière de la grande et belle nation américaine. Ronald Reagan, George Bush, Bill Clinton, Barack Obama... Tous avaient appris les bonnes manières, et la cravate ne leur tombait pas à hauteur du genou. Pour l'inauguration de Clinton, c'est Fleetwood Mac qui assurait l'ambiance à la Maison Blanche. Pour Obama, Bob Dylan avait fait le déplacement et avait murmuré quelques couplets. Et Aretha Franklin avait chanté l'hymne national, *My Country Tis of Thee*. Émotion assurée. Deux millions de personnes, tout sourires, rassemblées dans les rues de Washington. Pas d'incident, à part quelques abus de boissons alcoolisées et de marijuana de mauvaise qualité.

En janvier 2017, lorsque Donald Trump a prêté serment sur les marches du Capitole, changement de décor : l'enthousiasme était remarquablement absent. Mme Trump, si jolie femme, avait oublié que le sourire était de rigueur dans ces circonstances. Et puis ce petit garçon qui marche aux côtés de son papa sur Pennsylvania Avenue... Les filles, le gendre, l'entourage... le vice-président et sa glorieuse épouse! Le colistier, même discret, joue un rôle potentiel majeur en cas de disparition du Président. Il n'est qu'à un battement de cœur du Bureau ovale. Celui qui nous intéresse, Mike Pence, est un mystère politique, un accident. Il a été gouverneur de l'Indiana où il a fait interdire l'interruption volontaire de grossesse. Il y a fait adopter une loi qui permet aux commerçants de refuser la clientèle homosexuelle. Être homo dans l'Indiana, où est né James Dean, c'est le cauchemar.

Gouverner, est-ce fatalement mentir? En tout cas, c'est une pathologie lourde chez Donald Trump, on l'a dit. Lui, ce qu'il préfère, ce sont «les faits alternatifs». Il suffisait d'y penser! Et c'est une notion avec laquelle il a fallu apprendre à vivre depuis janvier 2017. Vous êtes président? La réalité vous déplaît? Présentez-en une autre à vos administrés. Et ça marche! Nous avons atteint le nouveau monde de la «postvérité».

À tel point que la presse américaine, paralysée, doit recenser les mensonges auxquels se sont habitués une majorité de citoyens, engourdis, et fâchés contre les supposées «élites». Le *New York Times* s'est fait une spécialité de ce *fact checking*. Au total, depuis sa prestation de serment, Donald Trump a déjà menti une centaine de fois publiquement. Sur tous les sujets : la délinquance, l'immigration, l'OTAN, Hillary Clinton, les origines de Barack Obama, sa situation fiscale, ses turpitudes sexuelles... Il n'existe pas de précédent dans l'histoire des États-Unis, et Richard Nixon fait figure aujourd'hui de petit joueur. Comme si, pour Trump, la réalité était impertinente.

Ce qui nous ramène aux définitions cliniques, non seulement de la sociopathie, mais aussi de la psychopathie : la vérité est navrante, ennuyeuse et dérangeante. Elle est inconfortable pour un tempérament vindicatif, récriminateur, agressif, menaçant, coléreux, exalté, cyclothymique, insécure, immature et anxieux. Le mensonge, à l'opposé, sert le provocateur, compétitif, inscrit dans la domination et l'action, le prédateur qui recherche avant tout pouvoir, plaisir et absence de doute.

Beaucoup de commentaires ont été faits à propos de Donald Trump. Bien avant son arrivée à la Maison Blanche. Ce qui interpelle dans la masse de ces appréciations, c'est leur aggravation. On pouvait supposer que le Président, si peu préparé à sa fonction, s'améliorerait sensiblement au fil des jours, qu'il appréhenderait la nature et l'importance de celle-ci, et qu'il modifierait en conséquence son comportement. Erreur! Et son image, un élément essentiel de toute gouvernance aujourd'hui, a continué à se dégrader.

Les commentateurs les plus rigoureux, les plus responsables, les plus respectueux de la fonction présidentielle sont aux abois. Robert Littell, ancien journaliste à *Newsweek*, écrivain renommé et respecté (il est notamment l'auteur de *La Compagnie*, un modèle de recherche sur la CIA), n'est ni un gauchiste, ni un radical, ni un excité. C'est un homme pondéré, expérimenté, qui se borne à aimer son pays. Lorsqu'il prend la parole, ce n'est pas pour ne rien dire, et ce qu'il exprime à peine un an après l'arrivée de Donald Trump au pouvoir inquiète ses concitoyens. «La bombe Donald Trump est plus dangereuse que le réchauffement climatique», assène-t-il dans une tribune publiée fin novembre 2017[1]. «Plus Trump est assiégé, poursuit-il, plus il donne l'impression de paniquer. Plus il panique, plus grande est la tentation de se tourner vers la solution classique utilisée par des dirigeants impopulaires : une petite guerre étrangère!» Robert Littell, homme de modération, s'acharne sur Trump, le qualifie d'inepte au point d'en être ridicule, le voit se dégrader à toute vitesse. Il s'interroge sur l'état mental du Président, sans parler de

---

1. Robert Littell, «La bombe Donald Trump est plus dangereuse que le réchauffement climatique», *L'Opinion*, 29 novembre 2017.

son goût pour le mensonge et de sa quête pathétique d'adulation. «Un orage pointe à l'horizon», affirme-t-il! Michelle Obama, l'ancienne première dame, avait pourtant prévenu : «Être président ne *change* pas qui vous êtes, cela *révèle* qui vous êtes!»

Si Robert Littell, en bon Américain, s'inquiète tellement, c'est qu'il n'a décelé chez Donald Trump aucune vision stratégique et que l'ancien entrepreneur reconverti dans la télé-réalité n'est concentré que sur ce qui l'intéresse le plus, à savoir lui-même. Son apparence, ses cheveux teints et ses moues dégoûtées, sans parler de son irritation permanente, cachent en réalité «son immense ignorance, son manque de curiosité, son impatience avec les vérités qui le dérangent ou son impulsivité qui l'amène à promettre à la Corée du Nord le feu et la colère». Robert Littell va encore plus loin en se demandant si, «dans son cerveau d'escroc à la petite semaine», Trump n'est pas tenté de suivre l'exemple de son modèle, Vladimir Poutine, et d'engager une guerre quelque part. C'est vrai, Poutine, pour obscurcir certains problèmes comme l'écroulement du cours du pétrole et la dégradation de l'économie russe, a offert à son opinion une «petite guerre» de cinq jours en Géorgie avec, en prime, l'annexion d'une partie de son territoire et un peu plus tard celle de la Crimée. Alors on est en droit de s'interroger : pour faire oublier ses carences et ses turpitudes, Trump ne serait-il pas prêt, à un moment, à envisager une croisade contre la Corée du Nord, même si en surface la tension semble apaisée, voire, pour faire bonne mesure, contre l'Iran, au risque de semer davantage encore le chaos au Proche-Orient, qui n'en demande pas tant? Trump finira par trouver des prétextes pour sortir du traité signé par son prédécesseur avec Téhéran, accord destiné à interrompre la recherche militaire sur le nucléaire en Iran. Le patron de la CIA, Mike Pompeo, qui accédera ensuite au poste prestigieux de secrétaire d'État, fervent supporter du président en exercice, avait pourtant cherché, en vain, des preuves de la duplicité des Iraniens. On se souvient que George W. Bush, avec la complicité de ses services de renseignements, avait déclaré la guerre à l'Irak, alors que l'on continue des décennies plus tard à rechercher les armes de destruction massive que feu Saddam Hussein était censé avoir accumulées pour nuire à l'Occident. Les relations entretenues, dès le départ, entre Donald Trump et la communauté américaine du renseignement ont toujours été compliquées. Les agences spécialisées au sein de l'Administration ont rencontré quelques difficultés lorsqu'il s'est agi d'expliquer la complexité du monde à leur nouveau patron. Ce dernier, briefé pour la première fois par les responsables de la CIA, semblait obsédé par une seule question : pourquoi l'Amérique dispose-t-elle de l'arme nucléaire si elle ne peut pas l'utiliser ? Même un enfant, à l'exception probable de Kim Jong-un, doit comprendre que personne ne peut gagner une guerre nucléaire.

Histoire sans doute de se «présidentialiser», Donald Trump a accompli son premier acte de chef d'État, en janvier 2017, en rendant justement visite au personnel de la CIA, à Langley, Virginie, le quartier général de l'organisation. En vieux renard, le Président a dû penser que ses remarques acerbes sur l'efficacité des services de renseignements américains tout au long de la campagne n'étaient pas de nature à le rendre estimable aux yeux de gens dont le métier, après tout, est de découvrir le misérable petit tas de secrets que représente un être humain d'âge adulte. Et Dieu sait que Trump porte son lot. Autant amadouer le cercle des espions.

Un discours était prévu, mais Trump adore improviser et sortir du schéma politique qui lui est fixé. Le personnel de la CIA n'en est toujours pas revenu. Tous ont assisté, médusés, à un méli-mélo digne d'un film burlesque. Un peu comme si les Marx Brothers étaient arrivés au pouvoir par inadvertance. La traduction littérale de son discours est délicate, tant les phrases s'enchaînent peu les unes aux autres, tant le Président semble tout mélanger, l'inutile et l'accessoire, tant la référence permanente de son propos est accrochée à sa propre personne. Il évoque un oncle de la famille, professeur au prestigieux Massachusetts Institute of Technology. Un intellectuel! «Comme moi», affirme Donald Trump. Il poursuit : «Vous savez, je me sens jeune... Quand j'étais jeune, ce pays gagnait tout ce qu'il entreprenait. On remportait toutes les guerres... Et quand on fait la guerre, on garde le pétrole... Si on avait fait cela en Irak, l'État islamique n'existerait pas...»

Les quelques centaines d'employés de la CIA réunis ce jour-là restent muets... Le show continue : «Si j'ai choisi de venir vous voir en premier, c'est parce que les médias me font la guerre. Ce sont les êtres les plus malhonnêtes de la terre... Par exemple, le jour de mon investiture, ils ont prétendu qu'il n'y avait pas grand monde venu m'applaudir. C'est faux. Pendant mon discours, j'ai regardé la foule, au moins 1,5 million de personnes, devant moi... Et dans les journaux, et à la télé, il n'y avait plus personne. Ils ont dit qu'en plus il pleuvait. Mais Dieu ce jour-là n'a pas voulu qu'il pleuve et c'est vrai, il est tombé deux gouttes lorsque j'ai démarré mon allocution, mais j'ai dit : "Non, c'est impossible", et le soleil s'est levé... J'ai fait la couverture du *Time* au moins à quinze reprises cette année. Tu ne crois pas que c'est un record imbattable, Mike?», demande-t-il à celui qui deviendra dans quelques jours directeur de la CIA.

L'aspect saugrenu de ces remarques installe un sérieux malaise dans le hall d'entrée de l'Agence où est rassemblé le personnel. Trump poursuit son monologue : «Je reviendrai vous voir mais il faudra un endroit plus spacieux, et peut-être qu'il sera construit par quelqu'un qui s'y connaît.

Quelqu'un qui ne mettra pas de piliers dans le hall ! Mais vous savez : je vous aime, je vous respecte et on va finir par, de nouveau, gagner. »
Un long silence ! Pas d'applaudissements.

Pour bien comprendre l'étendue des dégâts, il faut revenir à cette extraordinaire campagne électorale de 2016 et à la révolution qui s'est ensuivie à la Maison Blanche. D'abord, les choses doivent être claires : Trump, successivement indépendant, démocrate et finalement républicain, n'a absolument aucune chance de l'emporter. Et tout son entourage de campagne est bien d'accord sur ce point. Non seulement il n'a pas la moindre compétence pour prétendre à gouverner le pays, mais ses propos, ses postures, ses mensonges, ses singeries le disqualifient d'entrée. Au fond, Trump n'est pas loin de penser la même chose, mais pour un narcisse adepte du marketing, ce n'est pas ce qui importe. Ce qui compte, c'est la célébrité et la puissance du nom, qui seront évidemment accrues lors d'une campagne pour la présidence des États-Unis. Et ceci dans le monde entier.

Kellyanne Conway est devenue un personnage central dans l'irrésistible ascension de Donald Trump. Elle a fini par « diriger » la campagne de l'improbable candidat du parti républicain. « Diriger » n'est peut-être pas le terme convenable pour l'organisation mise en place par Trump. Ou plutôt l'« inorganisation », tant les recrues du milliardaire se succèdent pour tenter, sans succès, de faire tourner la machine. On ne contrôle pas un narcisse imbu de lui-même, un homme qui n'hésite jamais, soir après soir, à se déclarer « absolument génial » devant les foules rassemblées dans les meetings. Mais Kellyanne Conway n'en a cure. Elle est ambitieuse, intelligente, déterminée, et son véritable objectif est de devenir une star des shows d'actualité télévisée, là où la concurrence entre les chaînes est exacerbée.

En cet après-midi du 8 novembre 2016, le jour de l'élection, elle est assise, enfin au calme, dans son bureau de la Trump Tower, à New York. Les jeux sont faits, enfin! Les Américains votent. Michael Wolff raconte la suite dans son livre[1] : «Conway est d'excellente humeur ce jour-là. Elle va faire l'expérience d'une défaite aux dimensions cataclysmiques. Elle est certaine que Trump va perdre, mais peut-être de six points seulement derrière Clinton. Et ça, c'est une victoire substantielle... Elle a passé une bonne partie de la journée à appeler ses amis des médias et des milieux politiques, pour préciser que c'est bien Priebus, le responsable du Comité national républicain, qui est responsable de tout.»

Conway est plutôt satisfaite de sa performance : au fond, elle a hérité du pire candidat possible et, malgré ses outrances, elle a réussi à le maintenir à flot depuis le mois d'août. Et puis, surtout : elle est désormais connue dans les médias où elle pourra sans problème trouver un poste à partir de demain comme commentatrice politique. La quille! C'est vrai, la semaine dernière, les sondeurs ont envoyé quelques signaux alarmants, indiquant que Trump était peut-être en tête dans quelques États clés. Mais personne n'y croit, ni elle ni son candidat. Au fond, comme d'autres, elle pense que Trump non seulement ne sera pas président, mais aussi qu'il ne devrait pas devenir président. Résultat : personne n'aura à se confronter à un impossible futur.

Quelle campagne! Une véritable tempête politique! Ses outrances, ses mensonges, ses insultes, son agressivité, sa personne et les scandales qui s'y attachaient n'avaient pas réussi à effacer «la Bête» du paysage. C'est vrai, Donald Trump est doué pour promouvoir sa marque, et sans investir son propre argent. La plupart des médias le traitaient

---

1. Ouvrage paru en français sous le titre *Le Feu et la Fureur. Trump à la Maison Blanche*, Robert Laffont, 2018.

comme un bouffon, mais, avec cynisme, reconnaissaient qu'il faisait de l'audience et vendre du papier. Résultat : des milliers d'heures d'antenne gratuites pour le milliardaire. On avait pourtant bien cru que son sort était définitivement scellé à l'été 2016, même s'il avait battu ses seize adversaires républicains au fil des élections primaires, lorsqu'un fameux enregistrement était sorti comme une bombe dans la presse. Où l'on peut entendre Donald Trump s'exprimer sur son approche générale des femmes en compagnie de son copain Billy Bush, un animateur de la chaîne de télévision NBC : «Elles sont comme un aimant. Il faut que je les embrasse. Je ne peux pas attendre. Et quand on est une vedette, elles se laissent faire. Tu peux leur faire n'importe quoi. Tu les attrapes par la chatte... Ce que tu veux.» Ces propos ne sont pas simplement embarrassants. L'indécence est totale. Pourtant, ils ne décourageront pas des dizaines de millions d'Américaines d'aller aux urnes déposer leur bulletin de vote en faveur du goujat obsédé par le sexe. Sa femme, Melania, va simplement devoir digérer, sous l'œil du public, l'insulte qui lui est faite. Un couple bien étrange, d'ailleurs. Ils passent très peu de temps ensemble, et la future première dame préférera séjourner à New York plutôt qu'à Washington, sauf lorsque les circonstances protocolaires l'exigent absolument. En bon connaisseur de son sujet, Michael Wolff souligne que Trump ne s'est guère occupé de sa famille et de ses cinq enfants. Il fait ce qui lui plaît, et, dans ce paysage, il y a les femmes. Trump est un consommateur, il ne le cache pas. Cela fait partie de la panoplie du chef viril, qui se sert. Il détient la licence d'exploitation de certains concours de beauté, selon lui «un très bon business». Et c'est un milieu, de jolies jeunes femmes, qu'il apprécie, d'autant qu'il en est le propriétaire et qu'on n'a pas grand-chose à lui refuser. Il a développé, toujours d'après l'auteur de *Fire and Fury*, une théorie sur le mariage : plus la différence d'âge est importante entre un homme et une femme, plus cette dernière, si elle est la plus jeune dans le couple, acceptera les infidélités de son vieux mari. Aucune statistique ou étude scientifique n'a été réalisée à ce jour sur ce sujet.

D'après Michael Wolff, qui a longuement interrogé certaines accointances de Donald Trump, cette addiction à la transgression s'est traduite à plusieurs reprises de bien curieuse manière, notamment dans le cercle de ses relations. Il se serait délecté d'obtenir les faveurs sexuelles des épouses de ses amis et, pour ce faire, il n'aurait pas hésité à tendre des pièges. En invitant par exemple un mari à évoquer ses éventuelles frasques et à faire la liste de ses envies extramatrimoniales, tout en permettant à l'épouse d'écouter la conversation. Même Bill Clinton, très embarrassé par son intense libido, n'était pas descendu aussi bas.

Et, contre vents et marée, Trump a poursuivi son chemin... en direction de la Maison Blanche. Sans se poser trop de questions sur ses capacités puisque, après tout, il n'était pas supposé gagner le 8 novembre 2016. C'est tellement vrai que, lorsqu'un juriste a dû venir lui expliquer en quoi consistait exactement la Constitution des États-Unis, il a fini par s'éclipser du bureau alors qu'il abordait le quatrième amendement : Trump regardait le plafond, un doigt dans la bouche, parfaitement horripilé par cette perte de temps, et, surtout, incapable de se concentrer.

Trump n'a pas beaucoup d'amis, de «vrais» amis, et, tout au long de la campagne électorale, il recrute et vire ses conseillers. S'il n'a pas de relations proches, c'est que, dans son métier, où l'argent «gris» circule beaucoup, il ne veut pas qu'un tiers sache quelque chose d'embarrassant sur lui, ou sur ses activités de promoteur immobilier. Il aurait pu faire sienne la formule qui stipule que «ce n'est pas parce qu'on est paranoïaque qu'on n'a pas d'ennemis». D'ailleurs, il va jusqu'à refuser de publier sa feuille d'impôts, on l'a évoqué, comme le veut la coutume lorsque l'on se présente au suffrage des électeurs. Cette décision, qui aurait dû être désastreuse, n'a pas eu d'impact, là non plus, sur le résultat du vote. Car, encore une fois, Trump ne croyait pas devenir président. Mais, en homme d'affaires avisé et instinctif, il estimait que «perdre, c'était gagner», puisque, cette fois, la «marque Trump» serait connue du monde entier.

D'où le choc extrême survenu au soir du 8 novembre 2016, pour lui et ses proches, dont Kellyanne Conway : Melania en pleurs, Donald comme anesthésié, «comme s'il venait d'apercevoir un fantôme», dira plus tard son fils Don Jr.

Un instant de panique qui ne s'éternisera pas : Donald Trump s'est rapidement convaincu qu'il méritait évidemment de devenir le 45e président des États-Unis et qu'il était l'homme providentiel pour redresser la nation. Charlatan peut-être, mais pas du genre à douter de lui-même. Et persuadé de bénéficier d'un extraordinaire instinct. Par ailleurs, ne rien savoir sur rien ne signifie pas grand-chose, somme toute, lorsqu'on fait la liste des erreurs commises par des gens brillants et éduqués. Regardez les déboires de Kennedy au Vietnam, lui qui était entouré des «meilleurs et des plus brillants»! Même si on ne prête pas la moindre attention au détail, même si on refuse d'apprendre, on peut s'en sortir quand on a la chance d'avoir une personnalité hors du commun et un caractère bien trempé.

L'Amérique et les conseillers du nouveau président ont bien essayé d'y croire pendant quelques semaines. Après tout, quel autre choix? Mais la réalité s'incruste, particulièrement lorsque l'on est en charge de la première puissance du monde. Comment peut-on, par exemple, s'acoquiner avec des représentants de l'État russe pour tenter de faire du tort à Hillary Clinton et au parti démocrate? Deux ans plus tard, un procureur spécial continue de fouiner dans le passé des collaborateurs de celui qui est devenu le «*commander in chief*». La Maison Blanche est rapidement devenue un vaste capharnaüm où les proches et même les très proches se déchirent. Deux gouvernances se sont mises en place, et elles sont concurrentes. D'un côté, certains sont en charge de la promotion de l'image Trump, de l'autre on compte ceux qui croient encore en une administration et qui tentent d'expédier les affaires courantes de l'Amérique. Donald continue de confondre l'essentiel et l'accessoire, et il a le don d'offrir un «job» à tous ceux qui en font la demande. Sans vérifier leur curriculum vitae.

En prenant ses fonctions, il veut notamment nommer au poste de secrétaire général de la Maison Blanche l'un de ses vieux complices, Tom Barrack. Voilà un homme qui a vraiment réussi dans l'immobilier et qui s'est même offert la résidence de feu Michael Jackson, Neverland Ranch. De quoi impressionner le 45ᵉ président des États-Unis. Et puis il a rendu de fieffés services : il a sorti Trump de la faillite, et plus récemment il en a fait de même pour son gendre, Jared Kushner. Le président songe d'ailleurs à donner à ce dernier un poste officiel dans le gouvernement. Là encore, il faudra qu'un juriste vienne expliquer à Trump les notions élémentaires du népotisme, une pratique illégale dans l'administration des États-Unis depuis qu'un certain John Kennedy avait nommé son frère Bobby au poste de ministre de la Justice. Et ma fille Ivanka ? s'enquiert candidement le Président. Même chose : il n'en est pas question. Qu'à cela ne tienne, sans aucun titre officiel, Jared et Ivanka finiront par régner sur la Maison Blanche. Jared, surnommé le «maître d'hôtel», va consacrer son temps à rendre la vie impossible aux quelques personnes qui continuent de faire leur travail au sein de l'administration. Et il règlera ses comptes à l'occasion. La famille royale semble tout droit sortie d'une pièce de Shakespeare. Sauf que quelques décisions sont prises : confier par exemple le dossier du Proche-Orient au gendre, histoire d'y instaurer enfin la paix !

La relation entre la communauté juive et Donald Trump est complexe, depuis longtemps. Son grand-père était ouvertement antisémite – sa photo était parue en une du *New York Times* en 1927 lors d'un défilé du Ku Klux Klan –, ce qui, dans le domaine de la promotion immobilière, peut représenter un handicap, New York étant la plus grande ville juive du monde. Donald a évité l'obstacle et a plutôt fait la cour aux milliardaires appartenant à la communauté : Carl Icahn, Ronald Perelman, Sheldon Adelson, Steven Roth. Et sa fille, Ivanka, a accepté de se convertir au judaïsme pour épouser Jared. Lequel semble être, aux yeux de son beau-père, le gendre idéal. Sans doute parce que Donald Trump ressemble beaucoup au propre père de Jared. Des hommes qui ont rudoyé leurs enfants. Curieusement, ces derniers ont eu à cœur de les satisfaire. Le frère de Trump, l'infortuné Fred, qui n'a jamais pu répondre aux exigences de son père, a noyé sa dépression dans l'alcool. Et en est mort à l'âge de 43 ans. Donald Trump et son gendre, longtemps snobés par l'élite new-yorkaise, s'en souviennent. Bien que financièrement très privilégiés, ils en ont conservé un certain ressentiment, notamment à l'égard des médias aux yeux desquels ils n'étaient que de vulgaires et arrogants arrivistes.

En attendant, à la Maison Blanche, la complicité des deux hommes n'a pas accompli de miracles. Lorsque Kushner parvient, assez miraculeusement, à obtenir du président mexicain Peña Nieto qu'il accepte de venir à Washington en visite officielle pour restaurer des relations courtoises avec les États-Unis, Trump se déchaîne sur Twitter : «Nous en sommes pour 60 milliards de dollars de déficit commercial chaque année avec le Mexique, qui nous vole nos emplois... Si ce pays ne veut pas financer le mur anti-immigration que je veux ériger, le Président ferait mieux de rester chez lui!» Message reçu : c'est exactement ce qu'a fait Peña Nieto.

Autant pour la méthode! Trump est tout pétri d'impulsions. Certaines remontent à loin et ne sont jamais remises en question. Quitte à ce qu'elles soient contradictoires. Il est «velléitaire». Autrement dit, il n'arrête pas de choisir, un peu comme un enfant. Il ne lit pas. Il ne survole même pas les dossiers. Il n'aime pas la chose imprimée. Il aime la télé. Il n'écoute pas ce qu'on lui dit. Il préfère détenir la parole. Contrairement aux apparences, il doute peut-être!

Son ex-complice, Steve Bannon, qui a tenu le coup quelques semaines à la Maison Blanche, déclare à Michael Wolff comme si c'était une explication : «Il détestait l'école.» C'est pour cette raison, nous dit-on, qu'il aime s'entourer de militaires. Au moins, ceux-là doivent avoir, au minimum, un vrai sens de l'organisation. Ce qui n'est pas prouvé. Reince Priebus, devenu secrétaire général de la Maison Blanche, finira lui aussi par démissionner. Non seulement il n'est pas assez grand et imposant pour plaire à son patron, mais il sert quotidiennement de souffre-douleur au gendre et au conseiller spécial, Steve Bannon.

Car Trump n'est pas le seul «barré» de cette saga. Personne ne peut croire un seul instant qu'il réunisse les compétences nécessaires. Mais voilà, il a gagné! Il va falloir faire avec. C'est un «improbable». Pourtant, certains y ont cru. Pas par adhésion à sa personne, mais plutôt parce que celle-ci est devenue un instrument pour faire avancer certaines idées.

Parmi ces convertis – il le regrettera très vite –, Steve Bannon semble un peu incarner la honte de la démocratie. Il est d'extrême droite, pour faire court. Il se rase de temps en temps. Il est assez négligé, et un régime alimentaire, doublé d'un peu d'exercice, pourrait améliorer son aspect physique. Il a 62 ans lorsqu'il s'engage, à l'été 2016, aux côtés de Trump, pour le meilleur et pour le pire. Il porte toujours deux chemises, l'une sur l'autre, avec par-dessus une veste de treillis militaire. Bannon n'est pas un homme sophistiqué sur le plan vestimentaire. C'est une sorte d'affirmation de lui-même. Dans son système, il y a les «*tough guys*», les durs, et les autres. Bannon a des idées, des idées sur tout. Il n'aime pas la moustache de John Bolton, dont on parle beaucoup comme potentiel conseiller à la sécurité nationale. Manque de chance, Bolton est emporté par les débuts de la vague #MeToo et va donc disparaître provisoirement de la liste des candidats. Ce qui navre Trump. Après tout, le harcèlement sexuel, on ne va pas en faire un drame. D'ailleurs, Bolton fera sa réapparition à la Maison Blanche quelques mois plus tard. Mais Bannon n'apprécie décidément pas la moustache, et son avis, à ce stade, l'emporte. Il exerce une véritable autorité sur le président élu. Il joue aussi une espèce de double jeu : il ne se fait pas d'illusions sur les «talents» de son patron, mais il comprend que Trump a les moyens de faire avancer l'idéologie de la droite américaine s'il est efficacement «cornaqué». Et Steve Bannon s'y emploie avec ardeur. À sa manière, avec le style d'un ancien officier subalterne de l'armée des États-Unis. Il fixe l'agenda dès le départ : «L'ambassade américaine en Israël déménagera de Tel-Aviv à Jérusalem! Immédiatement! Sheldon Adelson, le propriétaire de casinos, est d'accord. Trump le sera donc aussi[1]!» Voilà une diplomatie musclée et indifférente aux réactions internationales. On a pu le vérifier en mai 2018 puisque soixante-deux Palestiniens périront sous les balles israéliennes le jour de l'inauguration de l'ambassade des États-Unis à Jérusalem. Pertes et profits! «Et puis nous laisserons

---

1. Michael Wolff, *Fire and Fury*, *op. cit.*

l'Égypte s'occuper de la bande de Gaza... Et il faudra bien s'entendre avec les Russes, vu le " bordel " ambiant dans la région. Ce sont de sales types, mais le monde est peuplé de sales types[1].» Bannon ne doute de rien, et surtout pas de lui-même. Il connaît le niveau de son emprise sur Trump, l'homme le plus ignorant des mystères et des complexités du monde. Bannon est obsédé par la Chine, qu'il regarde comme l'Allemagne à l'avènement du nazisme. Selon lui, Obama n'a rien compris au problème. Pas plus que les patrons de la CIA et du FBI. Pas plus que les pontes du Pentagone! Quant aux médias, ils ont léché les bottes d'Obama sur ces sujets. «On a eu affaire à des amateurs[2].»

L'homme qui semble dominer l'idéologie du président à peine installé n'est en rien légitime en matière géostratégique. Sa capacité à analyser l'état du monde est proche de zéro. Personne ne le connaît, dans aucun secteur particulier. Son expertise est inexistante. Il n'a rien accompli de remarquable. En clair, son opinion n'a aucune espèce de valeur. C'est pourtant le principal tuteur de Trump dans de nombreux domaines. Pendant plusieurs semaines, il va tenir entre ses mains la laisse idéologique accrochée au collier du nouveau président. Jusqu'à son éviction, comme tant d'autres.

Si la personnalité de Steve Bannon nous semble si intéressante à analyser, c'est que sa posture anticonformiste et ses limites intellectuelles et culturelles ont, pendant un temps, influé sur les orientations du président des États-Unis. Et si ces deux-là se sont séparés, ce n'est pas en raison d'un antagonisme idéologique mais c'est plutôt parce que Donald Trump a beaucoup de mal à accepter un ego équivalent, voire supérieur, au sien. Il appréciait pourtant beaucoup sa conversation, ses bons mots et ses clichés sur à

---

1. Michael Wolff, *Fire and Fury, op. cit.*
2. *Ibid.*

peu près tous les sujets. Et puis, bon courtisan en fin de parcours, Bannon acceptait d'écouter les péroraisons de Trump sans l'interrompre trop fréquemment. Il avait décrypté le fonctionnement du nouveau président : laisse-le parler, ne viens le voir qu'avec une seule idée en tête, et, à chaque interruption, répète la même idée. Il n'est pas certain que cette idée ait de l'avenir, mais c'est le seul moyen d'essayer. Steve Bannon avait trouvé son monstre de foire : il ne changera pas, et c'est bien comme cela, ses fans l'aiment comme il est, la presse, quoi qu'il arrive, ne le supportera jamais, sa rage contre les mêmes médias ne peut que le servir dans l'opinion, et, dans tous les cas, cela ne peut pas faire de mal dans l'avancement des idées de la droite extrême américaine. Et pour Steve Bannon, sexagénaire éternellement déçu et paumé, souvent humilié, les quelques mois passés à la Maison Blanche sont apparus comme une exquise revanche sur le destin.

Dès l'investiture de son président, l'Amérique comprend que quelque chose ne tourne pas rond, même si les électeurs de Trump refusent de reconnaître l'évidence. Et la question du «déséquilibre» de Donald Trump envahit l'opinion. Serait-il possible qu'un homme dérangé, ou déraisonnable, ou incohérent, ou instable, ait atterri dans le Bureau ovale ?

On fouille les archives nationales. C'est vrai, certains présidents ne semblaient pas avoir le niveau requis. Certains ont montré des comportements étranges. D'autres ont sombré dans la divagation et les fantasmes. Mais on n'a pas encore répertorié de cas clinique absolument avéré. La rumeur enfle : Trump est-il en état de gouverner ? À tel point que, pour couper court aux rumeurs sur l'état psychologique du chef de la Maison Blanche, ce dernier accepte en janvier 2018 de se soumettre à des tests cognitifs. Le médecin militaire qui procède aux examens affirme que son «patient» a obtenu le score maximal. Il faut dire que la batterie de tests à laquelle il a été soumis n'engendrerait pas la moindre anxiété chez un enfant de 8 ans. Il s'agissait de dessiner un cadran d'horloge et de distinguer un lion d'un rhinocéros. On demande donc à Donald Trump de faire la différence entre la grande et la petite aiguille et de différencier deux animaux, dont l'un porte une corne redoutable et reconnaissable. Circulez, il n'y a rien à voir. Trump s'en est sorti avec les félicitations de l'examinateur.

Tout cela ne va pas convaincre un certain nombre de psychiatres américains qui, dès le départ, affirment avoir relevé de sérieux problèmes dans la posture du Président. Ils se sont réunis pour, disent-ils, «alerter l'opinion sur l'état de santé mentale et l'instabilité psychologique affichée par le président des États-Unis». Dans une tribune publiée par le *New York Times* en janvier 2017, sous la plume de Bandy X. Lee, psychiatre enseignant à l'université de Yale, on peut lire que le cas clinique de Trump s'est aggravé au fil des mois, qu'il a accru son incapacité à garder le contact avec la réalité, qu'il montre certains signes de «volatilité» et d'«imprévisibilité» dans son comportement et qu'il affiche une attraction vers la violence pour résoudre des problèmes qui sont hors de sa portée. Ces caractéristiques, ajoute la psychiatre, mettent en danger les États-Unis et le reste du monde. Le médecin va jusqu'à décrire ce qu'il convient de faire en général lorsque l'on est confronté à ce genre de pathologie : l'enfermement, l'interdiction d'accès à des armes et des examens poussés d'évaluation du sujet. Et d'exiger des plus hautes autorités du pays de conduire en urgence un bilan de santé mentale. Diagnostic alarmant. Et pas isolé !

Un groupe de vingt-sept psychiatres décide de publier, à l'automne 2017, un ouvrage[1] dont le titre signifie en

---

1. Bandy X. Lee, *The Dangerous Case of Donald Trump*, Thomas Dunne Books, 2017.

français : «Le dangereux cas de Donald Trump». Ce sont tous des spécialistes des problèmes liés à la santé mentale. Ils se sont réunis quelques mois plus tôt au sein de l'université de Yale pour tenter de répondre à deux questions essentielles. La première : «Qu'est-ce qui ne tourne pas rond avec lui?» La seconde est beaucoup plus délicate. Elle concerne le code déontologique des médecins qui se sont rassemblés. Sommairement, il s'agit de déterminer si la responsabilité professionnelle du corps médical est engagée dès lors qu'il a obligation d'alerter l'opinion sur un problème relevant de la santé psychiatrique d'un individu présentant un danger potentiel pour la société. Autrement dit, rester silencieux entraîne-t-il un risque pour les experts regroupés à Yale? Peuvent-ils demeurer muets s'ils concluent qu'une pathologie lourde met en danger les citoyens américains au cas où leur président ne serait pas jugé en capacité d'exercer son mandat? En tant que professionnels, les femmes et les hommes réunis en cette instance sont partagés : doivent-ils respecter ce qu'il est convenu d'appeler la jurisprudence Goldwater leur interdisant d'afficher ouvertement un diagnostic concernant un personnage public sans que celui-ci ait été examiné cliniquement dans un cabinet médical? La section 7.3 du code déontologique de l'association psychiatrique américaine stipule en effet qu'il n'est pas permis à un psychiatre «d'offrir publiquement une opinion professionnelle à moins qu'il y soit autorisé par une autorité appropriée». Pauvre Barry Goldwater, adversaire de Johnson en 1964, qui, non seulement avait été battu à plate couture par le successeur démocrate de Kennedy, mais qui, au passage, s'était vu affublé d'une étiquette, imméritée, de dangereux farfelu, capable d'engager un holocauste nucléaire mondial, vu sa fragilité d'esprit. Le mauvais procès qui lui avait été intenté avait ruiné son avenir.

Cette jurisprudence, bien intéressante, n'interdit pas toutefois expressément à des professionnels de santé de s'exprimer si le risque est considéré comme majeur au vu de l'intérêt général. Rester silencieux, garder par-devers soi son intime conviction d'un danger, n'est-ce pas un crime ? Un vrai casse-tête moral, et philosophique, pour les experts consultés. Conclusion, courageuse, de ce groupe : «Nous respectons les règles, mais nous les trouvons subordonnées aux principes qui guident notre conduite professionnelle. Notre responsabilité ultime, c'est d'abord celle qui s'impose à l'égard de la vie humaine.» Et de conclure : «Nous avons donc le devoir d'alerter nos concitoyens.»

Un des porte-parole les plus éminents de cette confrérie américaine s'appelle Robert Jay Lifton, d'excellente réputation. Il a écrit sur Hiroshima, la guerre du Vietnam et les médecins nazis. Il répond aux questions de Bill Moyers[1], l'un des journalistes les plus respectés des États-Unis, qui l'interroge sur la décision de ses confrères psychiatres, susceptible de ruiner leur réputation : «Il est de notre devoir d'alerter l'opinion publique, tranche-t-il. Nous avons le devoir de prévenir autrui lorsque nous traitons un individu qui peut se révéler dangereux, pour lui ou pour les autres... Ce président EST dangereux. Et il faut le dire ! Son incapacité à appréhender la réalité et son inhabilité à faire face à une crise en font un homme inapte à exercer ses fonctions. Nous demandons, en conséquence, à nos représentants élus de le priver de son mandat.» Grave suggestion : nos élus doivent-ils être jaugés par des psychiatres avant de pouvoir se présenter devant les électeurs ? Alors que l'on a pu répertorier trente-sept présidents américains, jusqu'à l'élection de Gerald Ford, dont la moitié étaient affligés de différents troubles mentaux, allant de la dépression à l'anxiété chronique, en passant par des troubles bipolaires.

---

1. Bill Moyers, «The Dangerous Case of Donald Trump: Robert Jay Lifton and Bill Moyers on "A Duty to Warn"», https//billmoyers.com, 14 septembre 2017.

Il faut bien admettre que les présidents « normaux » ne sont pas monnaie courante. Et pas seulement en Amérique. Des hommes, plus ou moins déréglés, peuvent remplir consciencieusement leurs fonctions. Et d'autres, qui ne défraient pas la chronique, peuvent être jugés inaptes. Le professeur Lifton est un homme subtil, et expérimenté. Il alerte sur une « normalité maligne » chez Trump. Et il s'appuie sur les travaux qu'il a menés sur la psychologie des médecins nazis, sans faire de comparaison bien sûr, mais en se fondant sur des principes de recherche qui incluent les tortures infligées pendant l'invasion de l'Irak par des agents de la CIA et le comportement des soldats américains au Vietnam. À l'époque, dit-il, si un soldat nous consultait parce qu'il manifestait une anxiété intense et qu'il se posait des questions morales sur ses actes, on l'aidait à retrouver ses forces pour qu'il retourne à la guerre et commettre, peut-être, d'autres atrocités. Conclusion : leur profession n'était pas du bon côté de la barrière. Et ils ont combattu, en tant que psychiatres, cette perversion de leur métier. Même chose à Auschwitz : les médecins étaient supposés sélectionner des juifs à l'entrée des chambres à gaz. C'est ce que l'on attendait d'eux, après tout. Ils ont obéi aux ordres, ce que le professeur Lifton dénomme la « normalité maligne ».

Mais revenons à Donald Trump confronté au diagnostic des psychiatres réunis à Yale. Certains ont déterminé qu'il n'y avait pas chez ce personnage une seule « anormalité », mais bien une somme de désordres, qui, additionnés les uns aux autres, rendent l'individu « toxique ». Il caractérise ce qu'il est convenu d'appeler le « solipsisme », théorie selon laquelle il n'y aurait pour le sujet concerné d'autre réalité que lui-même. Ce qui nous rapproche des psychopathes qui n'imaginent la réalité qu'à travers leur prisme personnel.

Les psychiatres américains, démocrates ou républicains, semblent confondus d'avoir sous les yeux, et pour quatre ans minimum, un tel rat de laboratoire. Sur le chapitre du mensonge, ils sont comblés et décortiquent les raisons qui amènent un septuagénaire à entretenir, quasi quotidiennement, cette relation contradictoire avec la vérité. Trump revient souvent à la charge pour prétendre que son prédécesseur, Obama, n'est pas américain, et qu'il n'avait donc aucune légitimité à devenir président. Pourtant, rien sur terre ne peut lui démontrer qu'Obama n'est pas né à Hawaï. Sauf que sa priorité personnelle, c'est de croire qu'Obama est né ailleurs. Sans aucune preuve à l'appui. Et il se révèle incapable de changer d'opinion! Il a besoin de certitudes, même si elles sont à l'évidence erronées. Donc il ment, par rigidité ou parce que cela l'arrange. Un peu comme un écrivain construisant son roman. Après tout, c'est l'auteur qui fabrique la réalité. Il croit en ses mots, en ses phrases.

La conversation entre Bill Moyers, le journaliste, et Robert Jay Lifton, le psychiatre, rapportée par le site d'information Mother Jones, prend une tournure tout à fait inquiétante : «D'autres choses bizarres à signaler sur la personnalité du Président? Par exemple son admiration exprimée à l'égard des dictateurs les plus brutaux, comme Bachar el-Assad, ou feu Saddam Hussein... Un de vos confrères va jusqu'à suggérer que Trump caresse l'idée de la tyrannie absolue, que cette notion lui procure autant de plaisir qu'une pollution nocturne...» Réponse quelque peu embarrassée du professeur Lifton : «Eh bien, même si Trump n'est pas dirigé par une idéologie, il est la proie d'idées fixes, comme celle de "rendre sa grandeur à l'Amérique".» Le professeur Lifton poursuit : «Il a plutôt tendance à se raconter sa vie. Il se sent unique et puissant et il y croit. En tout cas il envie les autres chefs d'État qui n'ont pas à s'embarrasser d'un processus législatif ou qui ne sont contraints par aucune loi.» Et c'est vrai, Trump adore gouverner par «décret présidentiel», même s'il a découvert en arrivant à la Maison Blanche que les États-Unis sont une nation régie par le droit et que les pouvoirs législatifs et judiciaires peuvent entraver sa volonté. On l'a constaté déjà à plusieurs reprises. Qu'un petit juge fédéral de Seattle ou d'Hawaï puisse tordre le bras du président du pays le plus puissant du monde lui fait se tourner les sangs. Et le fait tweeter frénétiquement!

L'analyse des psychiatres réunis à Yale en mars 2017 répertorie tous les éléments constituant la personnalité de Donald Trump. Par exemple son attitude vis-à-vis des femmes. Un homme puissant peut se sentir habilité à faire ce qu'il veut, dans bien des domaines. Et se transformer en caricature de macho.

The Dangerous Case of Donald Trump, le livre qui compile les observations des vingt-sept psychiatres chargés d'établir un diagnostic, on l'a dit, explore des zones très intimes de la vie du président américain. Par exemple, la relation qu'il entretient avec ses enfants, dont sa préférée, Ivanka. À son propos, il dit ceci : «Tout le monde pense que la plus grande beauté sur cette terre, c'est moi qui l'ai créée. C'est ma fille, Ivanka. Elle mesure 1,80 mètre. Elle a un corps magnifique.» Il ajoute : «Si Ivanka n'était pas ma fille, peut-être que je sortirais avec elle. Si je n'étais pas heureux dans mon mariage, et si je n'étais pas son père...» À l'époque de ces déclarations, Ivanka est âgée de 22 ans. Les psychiatres ne se hasardent pas à émettre des théories sur la tentation de l'inceste, mais plutôt sur l'incroyable absence de décence découlant des propos tenus par le père. Une attitude sans doute liée à la connivence existant entre les deux, tout à fait étrangère à l'idée que l'on peut se faire du lien entre un père et son enfant. Ivanka Trump a assisté ce dernier dans ses affaires, dans la gestion de sa vie et de ses différentes épouses. Elle est sa digne héritière en termes de business. Elle a adoré imposer sa marque sur l'ordre des choses, à New York lorsque la famille régnait sur l'immobilier, et aujourd'hui à Washington, où l'enjeu est plus excitant encore. Elle est l'une des rares à ne pas craindre l'humeur d'enfant gâté du Président et, même en sa présence, elle n'hésite pas à afficher une certaine ironie à son égard. C'est elle qui raconte volontiers, et dans le détail, les problèmes capillaires de son père. Si ses cheveux ont fini par trouver cette improbable couleur jaune orangé, désormais célèbre dans le monde entier, c'est qu'il n'a pas la patience d'attendre un quart d'heure que la teinture utilisée fasse son effet. Le produit s'appelle «Just for Men» et, apparemment, il n'est pas à recommander. Ivanka a compris les préceptes de la famille Trump : il n'y a pas de limites. Et on dit que, dès son arrivée à la Maison Blanche, où elle fait figure de première dame, vu les absences prolongées de sa belle-mère, elle se serait entendue avec son mari Jared Kushner pour briguer la succession de son père à la présidence du pays si les circonstances le permettaient. Histoire de devenir la première femme à s'asseoir dans le Bureau ovale. Histoire de déprimer un peu plus Hillary Clinton !

Le caractère déstabilisant et anxiogène entourant l'accession au pouvoir de Donald Trump semble avoir véritablement traumatisé le cercle de nos psychiatres réunis à Yale, jusqu'à les entraîner parfois hors sujet. Le professeur Lifton, toujours interrogé par Bill Moyers, évoque en effet les travaux de l'un des fondateurs de l'étude psychologique humaine, Erich Fromm, un survivant des camps d'extermination nazis, qui, sa vie durant, et on le comprend aisément, a été obsédé par ce qu'il a baptisé «le narcissisme pervers». Pour lui, c'est le marqueur de la plus sévère des pathologies, responsable de la déshumanisation la plus viciée. Conclusion du psychiatre : «En observant Donald Trump, on peut percevoir un individu opposé à l'élévation de la vie dans tous les domaines. Cela correspond à la définition du pervers narcissique selon Fromm.»

Décidément, les professionnels de la santé mentale ne se montrent guère rassurants. Ils font la liste de tout ce qui peut tourner mal dans le Bureau ovale, notamment en cas de crise. Trump a beau, en théorie, être entouré de conseillers compétents, y compris dans le domaine militaire, il dispose de pouvoirs considérables qui peuvent être mis en œuvre en l'espace de cinq minutes lorsqu'il s'agit de la sécurité nationale. Et le Président l'a dit, comme un collégien belliqueux : il a un très gros bouton nucléaire.

Autre élément inquiétant : il s'avère difficile, voire impossible, de travailler à ses côtés. Les défections, désertions et autres licenciements sont légion à la Maison Blanche. Le *commander in chief* peut se retrouver isolé et paranoïaque, incapable de faire confiance à ses subordonnés. En somme, les experts n'y vont pas par quatre chemins : Trump est dangereux. Ils vont jusqu'à rappeler que le 25ᵉ amendement de la Constitution permet de remplacer le président des États-Unis s'il est constaté qu'il est dans l'impossibilité «d'assurer les devoirs de sa charge».

Voilà un débat qui n'est parvenu ni à s'éteindre ni à mener à une quelconque décision. Les «*shrinks*», les psychanalystes, continuent de s'interpeller dans les colonnes du *New York Times*. Certes, Donald a l'air un peu «dingue», mais tous les malades mentaux n'ont pas mauvais caractère. Et ce n'est pas au corps médical de déterminer l'avenir politique du pays : ce privilège revient au Congrès des États-Unis et aux cours de justice. La polémique enfle encore : «Pas besoin de tourner davantage autour du pot et de recourir à de savantes expertises médicales, écrit

Michael J. Tansey, psychiatre à Chicago. On me parle de son " narcissisme, de sa folie des grandeurs". Mais cela va bien au-delà. J'en sais davantage sur Donald Trump en l'écoutant parler et en le regardant réagir que sur la plupart des patients que je suis depuis des années[1].» Sous-entendu : il serait urgent d'agir, d'autant que les médecins consultés estiment tous que le Donald Trump d'aujourd'hui serait beaucoup plus perturbé qu'il y a un an ou deux. Un des effets du pouvoir !

Le parti républicain ne risque pas de lever le petit doigt pour interférer dans la conduite de l'administration Trump. D'abord, ses électeurs, qui continuent de croire en leur bonne étoile, ne le lui pardonneraient pas. Et puis, début 2018, Trump a fini par obtenir son premier succès lorsque le Congrès a voté sa réforme fiscale. Favorable aux entrepreneurs et aux citoyens les plus aisés. Alors on ne va pas aller lui chercher querelle sous prétexte que ses propos ne sont pas dignes de la fonction qu'il occupe.

Dans une tribune au vitriol publiée par le *Washington Post*, en janvier 2018, Joe Scarborough, ancien représentant républicain de Floride, aujourd'hui présentateur sur la chaîne de télévision NBC, et accessoirement un ancien ami de Trump, implore les responsables de son parti d'agir, et vite. L'Amérique survivra-t-elle à Donald Trump? s'interroge-t-il. Et de faire la liste des anciens soutiens du Président qui, après quelques semaines ou quelques mois de cohabitation avec lui, ont publiquement fait connaître leur opinion, sèche et définitive. Pour le secrétaire au Trésor, Steven Mnuchin, «Trump est un idiot». Pour Cohn, un de ses conseillers pendant la campagne électorale, «c'est un crétin». Pour H. R. McMaster, conseiller à la sécurité nationale, «il est bidon». Quant à Rex Tillerson,

---

1. Lettre de Michael J. Tansey au *New York Times*, 31 août 2017.

ex-secrétaire d'État, remercié sans ménagement pour son opposition à la politique anti-iranienne menée par Washington, il ne prend pas de gants non plus : «Le commandant en chef est un con.» À part cela, le message, dans les couloirs de la Maison Blanche, est le suivant : Trump va bien, il s'améliore, il apprend le métier, il fait avancer les idées conservatrices et il remet de l'ordre dans les affaires du pays. Plus l'aventure dure, plus le nombre d'opportunistes s'accroît autour du Président et plus il peut croire en son autorité. Suffisamment peut-être pour, un jour, attaquer l'Iran. Même chose à propos de la Corée du Nord, dont le leader a été surnommé par Trump, sur son compte Twitter, «*little rocket man*». Il est sans doute plaisant de penser que le chef de la Maison Blanche a du goût pour la facétie, mais personne n'est absolument certain que Kim Jong-un soit dans le même état d'esprit. Heureusement, ces deux-là semblent partager quelques traits de caractère. On a pu s'en rendre compte lors de leur rencontre à Singapour.

Trump n'était pas prêt à devenir président des États-Unis et il ne le sera jamais. Il croyait si peu en son destin que lui, milliardaire, n'a pas voulu injecter d'argent dans sa propre campagne électorale. Lorsque Steve Bannon, en charge des opérations à l'été 2016, informe M. Gendre qu'il va falloir débourser 50 millions de dollars pour tenir le coup jusqu'au jour du vote, Kushner lui répond que jamais son beau-père ne sortira de sa poche une somme pareille! «25 millions?», insiste Bannon. Finalement, Trump acceptera de signer un chèque de 10 millions de dollars, à la condition expresse que l'argent lui soit rendu le plus vite possible. Autrement dit, dès que de généreux contributeurs accepteront de payer la note à sa place.

De nombreux témoignages, émanant notamment de la Maison Blanche, indiquent que Donald Trump n'est pas un gros travailleur et qu'il se sent un peu à l'étroit dans le palais présidentiel. Après tout, il n'a pas dû être très impressionné en arrivant au 1 600, Pennsylvania Avenue. Le bâtiment est relativement austère, vu de l'intérieur, et les locaux auraient besoin d'un bon coup de peinture. C'est l'un des rares endroits au monde où l'essentiel de la mécanique gouvernementale est rassemblée sur un seul site, avec les avantages et les inconvénients que cela suppose. La «majesté du lieu» tient à son histoire, et, pour y être sensible, il faut s'intéresser à sa signification. Pour Trump, habitué à vivre dans son triplex new-yorkais, rien d'extraordinaire. Il est habitué depuis toujours aux limousines, aux chauffeurs, aux gardes du corps et au jet privé qui attend bien sagement sur une piste le bon vouloir de son propriétaire. Et puis, il a des goûts particuliers sur les vrais signes extérieurs de richesse : une femme mannequin aux impeccables mensurations, du marbre un peu partout pour se rassurer, et des postes de télévision dans chaque pièce. D'ailleurs, il en a fait installer plusieurs dans sa chambre à coucher, où il passe des heures. Un doigt sur le smartphone pour tweeter, sur tout et sur n'importe quoi, un autre sur la télécommande. On notera, au passage, que le Président dort seul. Melania, quand elle y est, y dispose de sa propre chambre. Une première à la Maison Blanche depuis les Kennedy. Michael Wolff, qui, décidément, aura beaucoup fait pour dresser un étrange portrait du 45e président des États-Unis, précise que Trump a peur d'être empoisonné, d'où son amour des hamburgers de chez McDonald's : personne ne peut prévoir que vous allez manger celui-là plutôt qu'un autre, et on ne risque pas d'y introduire une substance nocive. Il aime dîner tôt, dans son lit, vers 18 h 30, sauf événement absolument inévitable. Et il téléphone beaucoup, à ses amis, pour se plaindre du traitement qui lui est réservé par la presse, chaque jour que Dieu fait. Pourquoi s'attaque-t-on à lui, sur tous les sujets, et notamment à propos de cette affaire russe qui lui colle à la peau depuis le premier jour ?

Il devrait pourtant connaître la réponse : le très respecté Robert Mueller, le procureur spécial nommé en mai 2017 pour enquêter sur les interférences de Moscou pendant la campagne présidentielle, a de bonnes raisons de penser que Trump n'est pas innocent. Sans revenir sur la propension du Président à ignorer la réalité lorsqu'elle le dérange, il sait que le mensonge dans le déroulement d'une enquête fédérale, c'est l'arme fatale. Mentir n'est pas un délit, c'est un crime. Richard Nixon, une des idoles de Trump, en a fait l'expérience, au bon vieux temps du Watergate. Le président d'aujourd'hui a beau dénoncer une chasse aux sorcières, ses principaux collaborateurs, un par un, sont appelés à témoigner sous serment. Certains ont fini par parler à Robert Mueller, en échange, sans doute, d'un degré d'immunité. De toute façon, il est difficile pour beaucoup de ne pas avouer ce que le FBI et la CIA ont amplement documenté : trois proches de Trump, dont son gendre, ont bien rencontré, au 25ᵉ étage de la Trump Tower, un émissaire d'un gouvernement étranger, en l'occurrence une avocate russe, Natalia Veselnitskaya. C'était le 9 juin 2016. Steve Bannon lui-même a affirmé publiquement, après avoir été congédié par le Président, que cette promiscuité avec la Russie était « antipatriotique ». Et d'ajouter le coup de pied de l'âne : le procureur spécial, discrètement, est en train d'enquêter sur certains dossiers concernant la famille, c'est en tout cas la confidence qu'il a faite à des reporters en janvier 2018. En précisant : « Les juges vont casser Don Jr. Trump comme un œuf. » Depuis, les fuites vont bon train, les rumeurs et les fantasmes aussi : les services secrets russes auraient fait chanter Donald Trump par le biais d'une vidéo enregistrée lors d'une visite à Moscou où il aurait été filmé en train de batifoler en compagnie de prostituées. Les services russes sont-ils capables d'opérations aussi basses? La question reste posée, mais la réponse semble assez évidente. En tout cas, Donald Trump, lorsqu'il rencontre le directeur du FBI, au début de son mandat, s'enquiert régulièrement de ce sujet, alors que son interlocuteur, James Comey, comme il l'écrira dans ses mémoires[1], n'a jamais songé à aborder le sujet. «Viré» par Donald Trump de manière très inélégante, il se vengera en précisant qu'il n'avait jamais rencontré un criminel, même un membre de la Mafia, évoquant, face à lui, des charges très graves dont il n'était pas officiellement accusé. À croire que Donald Trump était obsédé par les allégations concernant certaines turpitudes sexuelles très dégradantes, ayant eu lieu à l'hôtel Hilton de Moscou, dans la suite même où avaient dormi quelques mois plus tôt Barack Obama et sa femme Michelle. James Comey ajoutera que la seule ligne de défense invoquée par le chef de la Maison Blanche, 45e de la lignée, portait sur le fait qu'il avait la hantise des germes et des virus, et que, en ces circonstances, il n'aurait jamais accepté de participer à une orgie dans son propre lit. James Comey conclura l'épisode en se demandant s'il aurait jamais imaginé avoir ce genre de conversation avec un président des États-Unis.

Face à des difficultés de ce genre, dont on peut dire qu'elles ne sont pas mineures, Donald Trump a parfois de bien curieuses réactions, quasi suicidaires. Quelques jours seulement avant son investiture, il répond aux questions des journalistes et entame sa litanie : «Je serai le plus grand pourvoyeur d'emplois jamais créés sur cette terre... Plus fort que Jésus!... Je ne vois pas pourquoi nos vétérans affligés d'un petit cancer devraient consulter un médecin avant d'atteindre le stade terminal... Oui, c'est vrai, il y a quelques années, j'étais à Moscou pour le concours de Miss

---

1. James Comey, *A Highler Loyalty*, MacMillan Publishers, 2018.

Univers. Je dis à tout le monde d'être prudent. Là-bas, il y a des caméras partout... À propos, je suis plutôt germaphobe... Et puis, en ce qui concerne les Russes, je ne fais pas d'affaires dans ce pays. Pas d'emprunts non plus ! Je veille à ne pas m'exposer à un conflit d'intérêts, même lorsqu'on me propose des contrats juteux. Tenez, la semaine dernière, Dubaï m'a offert une transaction d'un montant de 2 milliards de dollars. Je n'ai pas accepté.» Là-dessus, un correspondant de CNN veut poser une question. Il est couvert d'injures. La bonhomie de Donald Trump a disparu en un éclair. Il hait CNN et ses journalistes.

Robert Mueller poursuit son travail : il a déjà inculpé l'ex-directeur de campagne de Donald Trump, Paul Manafort, et Michael T. Flynn, l'ancien et éphémère conseiller à la sécurité nationale, a décidé de coopérer avec la justice. Les inculpations décidées par le procureur ne sont pas des rappels à l'ordre. Il a choisi un chef d'accusation qui pèse lourd : conspiration contre les États-Unis. Ce que chacun des mis en cause conteste.

Pendant ce temps, à Washington, Donald Trump mange ses cheeseburgers en regardant ses télévisions. Le parti républicain tente de faire barrage aux enquêtes en cours. Le Président ne présente jamais d'excuses, même lorsque ses dérapages révulsent une bonne partie de la planète. Il a réussi à déclencher une véritable guerre commerciale avec le reste du monde en préconisant une hausse extravagante des taxes sur les produits importés, sans tenir compte de l'histoire récente qui a hélas tragiquement démontré que le protectionnisme exacerbé constituait la meilleure ordonnance pour un conflit généralisé. Le populisme se porte comme un charme. Ces dernières années, merci Obama, nous nous étions habitués à un charisme tout pétri d'élégance, de talent et de style. Obama, avec son côté Fred Astaire joyeux et juvénile, avait de la classe. C'était, somme toute, un aparté dans l'histoire politique américaine, même si de magnifiques intellectuels, et des personnages élégants, ont dormi à la Maison Blanche. C'est vrai, on avait déjà entendu aussi d'autres sons de cloche, basés sur l'émotion, la brutalité, l'appel à la haine. Et cette clameur-là est devenue la base de la campagne 2016, que les démocrates n'ont pas su déceler en temps et en heure. Une campagne entre le télé-évangélisme et les brèves de comptoir. Le recours à l'émotion et à YouTube a fait des miracles. Le candidat républicain, il faut lui rendre cet hommage, avait compris que la médiation de la presse avait perdu son crédit et que ce désert intellectuel était, finalement, inspirant pour des millions d'Américains.

Manifestement, Donald Trump a pris du plaisir à s'installer dans le Bureau ovale. Il ne s'est pas montré «fainéant» dans l'utilisation du stylo présidentiel. En trois coups de plume, devant les caméras, il a rayé les mesures législatives prises par son prédécesseur, concernant notamment l'Obamacare, un système d'assurance santé plus équitable. Il a mis à mort le financement du planning familial, il a pulvérisé l'aide aux réfugiés des pays en guerre, aboli la protection de l'environnement. Tout novice qu'il soit en sa position, il sait pertinemment que sa signature, toute fraîche, ne va pas suffire à abroger telle ou telle loi et qu'il faudra obtenir l'aval du Congrès. Sans parler du système judiciaire. Mais il pourra dire, au moins, à ses électeurs dévoués qu'il a rempli ses promesses et que, si sa signature ne change rien, c'est bien que la classe politique est nulle.

Peut-être aurait-il fallu prévenir, d'emblée, Donald Trump qu'il était devenu président des États-Unis! Lui expliquer, par exemple, qu'on ne peut pas faire l'apologie de la torture, même si le procédé s'est déjà révélé, hélas, efficace. Lui dire que sa toute nouvelle ministre de l'Éducation est un vrai danger public lorsqu'elle affirme qu'il serait très opportun d'autoriser les professeurs à porter une arme à l'école. Devant la levée de boucliers qui s'est ensuivie, la ministre a précisé que le port d'arme était très utile au Wyoming, au cas où un grizzli un peu déchaîné manifesterait l'envie soudaine de boulotter un gamin dans une salle de cours préparatoire! Pour l'heure, l'Amérique a survécu.

Trump déteste toujours l'Iran, qu'il surveille du coin de l'œil, même si la paupière se fait lourde. Personne ne sait s'il a bien appréhendé les conséquences d'une éventuelle agression contre la Corée du Nord. Il a fini par accepter « le principe » d'une rencontre avec le charmant et souriant rondouillard doté d'une dangereuse inclination pour les essais nucléaires tous azimuts. Voilà un ennemi à sa mesure : Kim Jong-un est mal vu du monde entier. S'entendre un tant soit peu avec cet adversaire-là permettrait sans doute à Donald Trump de se présenter, enfin, comme le sauveur de l'humanité. Demeure cette inquiétante question, qui revient dans ses conversations avec les responsables du Pentagone : « À quoi ça sert, une bombe atomique... ? »

11

Basket, hamburgers et bombe atomique

«Je m'étonne que chez les Grecs ce
soient les sages qui conseillent et les fous
qui décident...»

ANACHARSIS, VIᵉ siècle avant J.-C.

Question lancinante, et répétitive : Rire ou pleurer?
Hausser les épaules ou s'angoisser? Regarder placidement
un dérisoire spectacle ou croire au père Fouettard? Le psychopathe qui cette fois nous intéresse dépasse de très loin
son environnement local. Et il faut bien admettre qu'il sait
faire preuve d'une grande rationalité. Ce qui représente le
plus grave cas de figure : il sait analyser exactement un
rapport de force. Jusqu'à ce que sa radicalité se traduise
un jour par une apocalypse, pour lui, son peuple, et une
partie de l'humanité. Le personnage dirige une population
de plus de 20 millions d'habitants. C'est somme toute un
petit héritage à l'échelle du globe. De père en fils! Il ne
peut être destitué. Autrement dit, il n'existe pas de solution de rechange. C'est une impasse. Il manifeste une
bizarre sensibilité, assortie d'une évidente morbidité. Son
pays a déjà connu la destruction et des centaines de milliers
de morts. C'est un État séparé du reste du monde.

Depuis soixante-dix ans, ses concitoyens n'ont pas été connectés à l'histoire, aux réformes, aux modifications politiques. Nous parlons d'un lieu devenu autiste, sourd à autrui, n'ayant connu qu'une seule règle : celle de la dynastie Kim. Avec un héritage effrayant : les Nord-Coréens ont à certaines périodes mangé de l'herbe pour survivre, et celles et ceux qui ont réussi à s'enfuir ont, sans hésiter, comparé les camps de prisonniers qui comptent des dizaines de milliers de détenus au système concentrationnaire nazi.

Un peu d'histoire s'avère nécessaire pour tenter de mieux comprendre l'ambiance qui prévaut à Pyongyang depuis maintenant sept décennies. La péninsule coréenne est devenue colonie japonaise en 1910, occupation assortie d'une incroyable brutalité. Communistes et nationalistes tentent de résister face à l'armée nippone, sans grand succès. La répression est féroce, et les Coréens n'ont toujours pas oublié. En 1943, la conférence du Caire, qui envisage les conséquences territoriales d'une victoire alliée contre l'Allemagne et le Japon, reconnaît le droit à l'indépendance du pays. Les Soviétiques au nord de la péninsule et les Américains au sud reçoivent pour mission d'en finir avec l'occupant japonais. Ce qui surviendra en 1945. La même année, en février, à Yalta, les futurs vainqueurs de la Seconde Guerre mondiale se partagent des zones d'influence et fixent le destin de la Corée. Trois ans plus tard, deux républiques séparées sont proclamées. On ne pouvait imaginer meilleure recette pour une tragédie : deux voisins férocement opposés sur le plan idéologique, avec deux mentors tout aussi ennemis. La tutelle des deux superpuissances, et de la Grande-Bretagne, devait se prolonger pendant cinq ans.

Au nord du 38e parallèle, c'est Kim Il-sung, ancien chef de guérilla communiste, qui est au pouvoir. Il a formé un

Comité national populaire dès la fin de la guerre et refuse toute idée d'élection générale pour la suite. L'URSS, en ce début de guerre froide, le soutient totalement. Et les Chinois, après l'accession au pouvoir de Mao en Chine, en feront autant. L'ONU, confrontée au problème, accepte la partition de fait et le processus électoral qui se tient au sud du 38ᵉ parallèle. Kim Il-sung décide de réunifier le pays à sa manière, et ses troupes envahissent le sud le 25 juin 1950. Cette épouvantable guerre, qui ruinera les deux pays, durera trois années, pour s'interrompre le 27 juillet 1953, sans traité de paix à la clef ! Seize membres des Nations unies envoyèrent sur place un contingent pour soutenir la Corée du Sud, sous les ordres du fameux général américain Douglas MacArthur. Une guerre pour rien, si l'on peut dire : pas de gains territoriaux, ni d'un côté ni de l'autre, un armistice fragile, jusqu'à ce jour, et un million de morts.

Kim Jong-un est le dernier héritier en date de cette tragédie. C'est le petit-fils de Kim Il-sung, et le fils de Kim Jong-il. Trois hommes «éduqués», selon les critères généralement admis, qui ont reproduit les mêmes symptômes de perversité : narcissisme, mépris des normes et de la vie d'autrui, culte de la personnalité poussé à l'extrême, cruauté, recours systématique à la violence contre la population, agressivité spectaculaire, sadisme à l'occasion, folie des grandeurs... Avec aujourd'hui un corollaire concernant le monde entier : la menace de recourir à l'holocauste nucléaire pour assurer la prolongation du régime.

Car, si les Nord-Coréens meurent de faim, leur cher pays a pu financer un très coûteux programme de recherche pour se doter de la bombe H, et des missiles balistiques capables de la transporter. On remarquera d'ailleurs que les sujets de Kim Jong-un sont très fiers de cette extravagante acquisition. Après soixante-dix ans d'enfermement, sans communication réelle avec le reste de la planète, il est probable que les opinions ne se construisent pas chez le citoyen nord-coréen comme ailleurs.

La dynastie des Kim, sur ce plan, a gagné son pari : elle dispose assez largement du soutien de ses esclaves. Ce qui n'est pas un mince exploit.

«La pomme ne tombe jamais très loin de l'arbre.» Les Kim, aux origines évidemment différentes, se ressemblent. Le culte de la personnalité érigé par le grand-père a été intégralement transmis à sa lignée et fructifie d'année en année.

Le pionnier a régné pendant quarante-six ans. Il décrète que sa maman sera désormais «la mère de la Corée» et que sa première épouse deviendra «la mère de la révolution». Son frère devra se contenter d'être officiellement baptisé «le combattant révolutionnaire». Son idéologie, basée sur le «juche», une philosophie nord-coréenne assez difficile à définir, l'amène à adopter une posture radicale, celle du «grand chef solitaire». Son glorieux destin ne s'interrompt pas comme celui des humbles mortels.

Quatre ans après son décès, en 1994, son fils et successeur fait modifier la Constitution. Feu Kim Il-sung est nommé, sans sourire, «président éternel de la République», histoire d'honorer sa mémoire pour toujours. Il était connu comme «le Dirigeant suprême». Son fils aîné, qui prend les rênes à son tour, devient «le Cher Dirigeant». C'est donc un univers mental assez désarçonnant pour les Occidentaux. La confusion entraînée par un tel déséquilibre a quelque chose de vertigineux, surtout lorsque cette déviance familiale perdure pendant des décennies.

On comprend qu'il soit délicat pour le dernier de la lignée de se remettre en cause, et davantage de douter de la glorieuse représentation qu'il incarne. De toute façon, la notion d'autoritarisme ne signifie probablement plus rien depuis longtemps pour un esprit nord-coréen.

Oublions les malheurs extrêmes de la population, affamée, asservie, assommée, sous-éduquée, non informée, qui s'est plus ou moins adaptée à cet esclavage, et qui n'a même pas l'espoir de s'enfuir de ce gigantesque hôpital psychiatrique. Si les conditions de vie sont terrifiantes pour le «citoyen» ordinaire, les choses se présentent mieux pour les proches du pouvoir. Et évidemment pour le clan des Kim, la première famille royale communiste de l'histoire. Bien que les relations soient souvent difficiles avec le maître du moment. On n'est pas avare de châtiments même envers les membres de la famille. Dans ce domaine, l'actuel président ne lésine guère sur les plaisirs délicats de la vengeance. On meurt beaucoup, autour de lui.

Son père a eu quatre concubines et au moins cinq enfants. Et, parmi ces derniers, un enfant illégitime, notre cher Kim Jong-un. Sa mère est née à Osaka, au Japon, où elle a vécu jusqu'à l'âge de 10 ans. Elle est arrivée en Corée du Nord en 1960. Elle devient danseuse. Et la maîtresse de Kim Jong-il. Officiellement, elle donne naissance à un fils en 1982. Différents connaisseurs de la Corée du Nord estiment que Kim Jong-un a plutôt vu le jour en 1984. Une chose est certaine : le successeur des Kim n'a jamais rencontré son grand-père. Sûrement pas davantage sa grandmère. Quant à sa mère, Ko Yong-hui, elle est morte d'un cancer du sein, à Paris, à l'institut Gustave-Roussy de Villejuif, en août 2004.

Concernant les relations affectives entre le «Cher Dirigeant» — qui meurt en 2011 — et son fils illégitime, le mystère demeure. Kim Jong-il lui-même est un insondable mystère. On sait qu'il était victime d'aviaphobie et qu'il ne voyageait qu'à bord d'un train spécialement aménagé pour lui. Une pratique que privilégiera également l'actuel président nord-coréen. Sa personnalité a fait l'objet d'études comportementales menées par des psychiatres anglo-saxons et sud-coréens. Les conclusions sont pour le moins alarmantes : les caractéristiques des désordres de la personnalité enregistrés, sous le terme clinique de « *big six* », semblent indiquer que Kim Jong-il partageait les mêmes dysfonctionnements qu'Adolf Hitler, Joseph Staline et Saddam Hussein. Ces fameux « *big six* » incluent le sadisme, la paranoïa, le comportement antisocial, le narcissisme, le trouble de la personnalité schizoïde et le trouble de la personnalité schizothymique. De quoi être pris au sérieux lorsque l'on est son fils et qu'on parvient au pouvoir suprême à l'âge de 32 ans. De quoi afficher un gros ego au monde entier. De quoi se présenter à son peuple comme incontestable et grandiloquent lorsqu'il le faut, en offrant même des images de synthèse de destruction nucléaire d'une grande métropole américaine. Au fond, de quoi être pris au sérieux, très au sérieux, partout.

À l'aube des années 1940, grand-père était déjà bien parti. Il n'avait que 36 ans lorsque Staline l'avait repéré pour exécuter les basses œuvres. Il arborait paraît-il une expression bizarre ! Là encore, pas de quoi effrayer le « Petit Père des peuples ». Kim Il-sung a perdu la guerre déclenchée en 1950, mais cette défaite devient sa force. Sa paranoïa, aujourd'hui avérée, génère une mobilisation permanente. Le régime vit sur la peur et sur la propagande. On enseigne la haine de l'autre dès l'enfance. Les ennemis, en l'occurrence les Sud-Coréens et avant tout les Américains, sont des « loups ». Dès les années 1950, Kim Il-sung va demander à ses alliés soviétiques de lui fournir des armes nucléaires. Comme celles dont disposent, après tout, les Coréens du Sud grâce aux États-Unis. C'est un *niet* catégorique. À partir de cet instant, le leader nord-coréen est obsédé par la possession de la bombe atomique, et cette fixation mortifère nous a accompagnés jusqu'à aujourd'hui.

Même les tyrans finissent par rencontrer leur Créateur, et c'est une pensée qui obsède Kim Il-sung. Il lui faut choisir son successeur. Il est malade. Malade, on le soigne à Moscou, sans grand espoir de rémission. Il ne croit qu'en la famille. Il a trois fils. L'aîné est rejeté : il a une réputation de «fêtard».

Ce garçon ne peut, à l'évidence, remplacer celui qui a instauré un absolu culte de la personnalité à son bénéfice : 30 000 statues le représentant, lui, «père de la Corée», ont été érigées dans le pays. Dans les écoles, les enfants doivent s'incliner devant son image avant d'aller en cours. Ce n'est plus un être humain, enfin, c'est un Dieu ! Et finalement, c'est Kim Jung-il qui reprendra le flambeau. À 32 ans, celui-ci se retrouve en charge de la survie d'un régime qui croule sous le poids d'une économie totalement défaillante. Kim Jung-il a de la ressource, il crée ce que l'on a appelé la «Division 39». C'est une officine destinée à trouver de l'argent, d'où qu'il vienne, pour éviter l'effondrement. Cette organisation contrôle tout. Y compris des trafics qui peuvent rapporter des sommes considérables. On se met ainsi à cultiver le pavot un peu partout en Corée du Nord. Et on aurait utilisé la valise diplomatique pour faire fructifier l'investissement. Au moins, le pouvoir s'enrichit ! Et son entourage en profite, ce qui constitue toujours une sorte d'assurance vie dans les régimes dictatoriaux.

À 82 ans, le dictateur finit par lâcher la rampe, dans des conditions qui n'ont pas convaincu tout le monde. En tout cas, les funérailles réservées à Kim Il-sung, le père de la dynastie, seront grandioses, frénétiques, et effrayantes pour les observateurs étrangers qui vont assister à un gigantesque psychodrame : des millions de Coréens en pleurs. Pas de quoi rassurer sur l'état psychique de la nation qui déverse son chagrin sur le corps d'un dictateur !

Son bourreau en chef! Le 19 juillet 1994, le cortège mortuaire défile sur 40 kilomètres, pendant dix heures, devant une foule immense. Comment «Dieu» peut-il bien décider de mourir et laisser ses enfants orphelins? Le peuple est abattu, et on assiste à de véritables scènes d'hystérie collective. Ce ne sont pas les dirigeants qui sont fous, c'est l'ensemble de la Corée du Nord qui frise la démence. Le corps du défunt est embaumé. On pleure des jours durant. Cette débauche protocolaire ruine le budget de l'État. Que va-t-il advenir de la nation?

Kim Jung-il reste un personnage encore peu connu de ses concitoyens, mais le culte de la personnalité mis en œuvre va remédier très rapidement à cette carence. Et le peuple ravi va apprendre de source officielle que leur nouveau leader avait surpris sa nourrice puisqu'il pouvait marcher trois semaines après sa naissance, ce qui n'est pas à la portée du premier venu. Dès l'âge de 8 semaines, il savait parler. Pendant sa scolarité, il écrivait beaucoup. La propagande officielle lui attribue la paternité de près de 1 500 ouvrages. Il a toujours surpassé, évidemment, les autres enfants, les dominant par son intelligence et son sens de la stratégie. Pas un seul domaine où il ne parvienne à se distinguer. Pour sa première apparition sur un terrain de golf, devenu adulte, il aurait réussi un énorme score, écrasant tous les records mondiaux. Passons sous silence les opéras dont il est l'auteur, des œuvres réputées magnifiques. Précisons en revanche que, d'après le journal *Minju JoSon*, il serait l'inventeur du hamburger. Bref, un bienfaiteur de l'humanité.

Il a été élevé dans la rigoureuse tradition communiste mais il aime son confort. Et il est adepte de la bonne chère, des vins fins et des spiritueux, avec dans ce domaine une préférence marquée pour le cognac Hennessy X.O. La rumeur affirme qu'il disposait d'une cave de

10 000 bouteilles, des crus français pour l'essentiel. Un diplomate russe ayant voyagé avec Kim Jung-il dans son train personnel prétend que le leader nord-coréen se faisait livrer chaque jour par hélicoptère des homards frais qu'il dégustait avec des baguettes en argent. Son cuisinier, Kenji Fujimoto, a raconté après le décès de son extravagant patron comment il achetait les fruits en Malaisie, les papayes en Thaïlande, la viande de porc au Danemark, le caviar en Iran et les oursins au Japon. Et si tout cela n'est pas définitivement prouvé, les divagations du père de la nation plaident pour une certaine véracité.

C'était un grand amateur de cinéma, et sa collection de cassettes vidéo dépassait les 20 000 titres. Ses films préférés ? Tous les *James Bond*, les *Rambo*, et un véritable culte voué à John Wayne et Elizabeth Taylor. Les Coréens ont toujours été fans de cinéma. On soupçonne Kim Jung-il d'avoir fait enlever en 1978 le réalisateur sud-coréen Shin Sang-ok et son ancienne épouse, l'actrice Choi Eun-hee, pour développer l'industrie cinématographique à Pyongyang. Le dictateur souhaitait notamment réaliser une grande saga en l'honneur du socialisme. Un chef-d'œuvre de création qui ne verra pas le jour. Sept ans après leur installation forcée en Corée du Nord, le réalisateur et l'actrice réussissent à échapper à la surveillance des services de sécurité lors d'une tournée en Europe et se voient accorder l'asile politique en Autriche.

Lorsque Kim Jong-il arrive au pouvoir, le principal souci de la population, c'est la nourriture. Les enfants meurent de faim. Pas les dignitaires, on l'a vu, ni les militaires. Les habitants ont beau faire preuve de la plus grande passivité, il va bien falloir trouver un début de solution pour éviter que la Corée du Nord ne se transforme en Biafra.

À l'été 1995, l'aide internationale arrive au secours de la faillite orchestrée par les dirigeants locaux. Les organisations non gouvernementales sont, et c'est une première, autorisées à venir au secours de la population. Un geste d'ouverture vers l'international, certes connoté d'un grand cynisme. La Corée du Nord devient en quelques mois le pays le plus assisté du monde. Il y avait urgence. Un énorme budget a été consacré à cette opération humanitaire. Et ce sacrifice international a sauvé le régime, en même temps que la vie de centaines de milliers de femmes, d'hommes et d'enfants. La manne des ONG va durer près de trois ans, avant que les scandales ne finissent par éclater. On estime que 3 millions de personnes sont mortes dans le besoin, et que l'État a détourné des fonds considérables affectés à l'aide alimentaire. Les ONG se retirent alors de la Corée du Nord. 10 % de la population a été anéantie par les privations endurées. Le régime, lui, se porte beaucoup mieux.

En mai 2003, des témoignages accablants provenant de transfuges nord-coréens parviennent devant une commission d'enquête du Sénat des États-Unis. On évoque les trafics de drogue, sujet sensible pour les Américains, et aussi la fabrication de fausse monnaie. Un business très organisé ! Comme la production d'opium a des limites, Pyongyang s'est spécialisé dans l'exportation de drogues de synthèse. En 2005, les avoirs nord-coréens sont gelés par le gouvernement américain. Cette fois, c'est un coup dur, car la contrebande suppose tout de même l'accès au système bancaire international. De quoi décontenancer, voire menacer, le pouvoir en place en Corée du Nord. Moins d'un an plus tard, on enregistre les traces d'un essai nucléaire, partiellement réussi, dans les montagnes, au nord de Pyongyang. C'est le choc ! La bombe, cela change tout dans le statut d'un pays, même scélérat. Surtout s'il est scélérat ! Le pouvoir a désormais, ou il les aura bientôt, les moyens de ne céder à aucune pression étrangère. La ligne rouge s'est déplacée.

Les dictateurs sont comme tout le monde, soumis au stress, et Kim Jung-il est victime en 2008 d'une attaque cérébrale. Le cœur, le foie et les reins ne sont pas en très bon état, et il doit se pencher sur la question de sa succession. Il a trois filles et trois fils, nés de lits différents. Il doit porter son choix sur une forte personnalité, un caractère, capable de mener la barque nord-coréenne sans trembler. Sur ce plan, l'aîné de ses fils ne convient guère. Trop fantaisiste ! Trop libéral ! Trop porté sur la bonne vie ! Et peut-être même réformateur, ce qui serait le comble. Il s'agit de Jong-nam, né en 1971.

En vérité, le patriarche a un faible pour son troisième rejeton, tout gras et tout joufflu, avec une bonne bouille ronde, et une implantation capillaire peu courante. Certes, c'est un enfant illégitime, l'enfant mis au monde par sa quatrième maîtresse. Mais nous ne sommes pas à Buckingham Palace, et les bonnes mœurs et l'étiquette ne sont pas à prendre en considération. Petit problème : notre grassouillet bambin n'existe pas vraiment officiellement. Il n'a pas d'amis. Il mène une existence très solitaire pour un enfant. Par discrétion, on l'a inscrit dans un établissement scolaire réputé, et coûteux, en Suisse, sous un nom d'emprunt. De toute façon, nos amis helvètes sont adeptes de l'extrême discrétion à l'égard de leurs clients. Nous sommes en 1995. Le collège de Berne a de bons côtés. On y pratique notamment le sport, et le jeune Coréen y développe une véritable passion pour le basket. Il apprend le français et l'allemand. Il est sans doute un peu introverti, mais ses camarades de classe diront qu'il a l'air tout à fait normal. Il a 14 ans, et il semble heureux de vivre. Il ressemble à son grand-père, le fondateur de la dynastie des Kim. Il s'intéresse à la chose militaire. Certes, il est doté d'un ego jugé surdimensionné, mais ce sont des choses qui arrivent dans les familles régnantes de ce monde.

Kim Jung-il sent le futur lui échapper, et il fait rapatrier celui qu'il souhaite voir lui succéder. L'ascension de Kim Jong-un va être foudroyante au sein du régime. Sa première apparition officielle a lieu le 10 octobre 2010, à l'occasion du 65ᵉ anniversaire du Parti des travailleurs. Quelques jours auparavant, il a été promu général quatre étoiles et vice-président du Comité de la défense nationale. Il n'est pas si lointain, le temps où il collectionnait les paires de baskets Nike, les mêmes que celles de Michael Jordan. Le temps où il regardait avec ferveur les films de Jean-Claude Van Damme ou de Jackie Chan... Le temps où il s'était rendu au Japon sous une fausse identité pour visiter, en compagnie de sa mère, Tokyo Disneyland ! Une passion qu'il conservera toujours : Mickey, Winnie, Donald... Finie, l'insouciance ! En mai 2009 déjà, son père a informé le pays que son plus jeune fils lui succéderait et que chacun lui devrait désormais fidélité.

Le jeune homme s'habitue à l'exercice du pouvoir et montre des dispositions, parfois radicales, lorsqu'il s'agit d'éliminer les résistances. On lui prête la tentative d'assassinat contre son frère aîné Kim Jong-nam, à Macao, en 2009. Il semble aussi être l'instigateur d'un certain nombre d'attentats et d'agressions dirigés contre les voisins du Sud. Il s'agit avant tout d'asseoir sa légitimité et son autorité au sein de l'armée. Il pratique des purges assassines dans les services de renseignements. Bref, il apprend son métier et, finalement, le père meurt le 17 décembre 2011.

Là encore, les funérailles vont dépasser l'entendement. Le pays pleure à gros sanglots. Les femmes s'arrachent les cheveux. Ce n'est plus du chagrin, c'est un désespoir sans fond, une sorte d'apocalypse qui va durer des jours et des jours.

Le dauphin désigné accompagne le catafalque. Il est tête nue, dans un froid glacial. Son oncle le suit quelques pas en arrière, considéré comme le régent du régime, le temps que la transmission se fasse dans les meilleures conditions. Kim Jong-un va se montrer, dans un premier temps, en compagnie de son épouse. Il souffle un certain vent de fraîcheur sur le pays. Le nouveau père de la nation, avec son air de gros bébé, se montre à un spectacle consacré aux personnages dessinés par son cher Walt Disney. Il s'amuse, il sourit, il rit, mais il va finir par se déchaîner, et se montrer tel qu'il est.

Moins de deux ans après son accession au pouvoir, il ordonne l'arrestation de son oncle, son mentor. Ne pas être le seul aux manettes a le don de mettre en rage Kim Jong-un. Car il s'agit d'un être irascible. Le procès intenté à son oncle dépasse ceux de Moscou, de si sinistre mémoire. L'accusé apparaît le visage marqué de coups. On lui reproche d'être corrompu et de s'adonner au libertinage. Il est condamné à mort et exécuté. Le message est clair pour l'entourage, car chez les Kim, on ne tuait pas, jusque-là, les membres de la famille publiquement. Aujourd'hui, tout ce qui peut faire de l'ombre, dans n'importe quel domaine, est éliminé, systématiquement. Cette nouvelle terreur inquiète les alliés chinois, qui portent pourtant un œil bienveillant sur les spécimens les plus féroces. Ils ne vont pas apprécier, entre autres, que le frère aîné de Kim Jong-un − que ce dernier continue de regarder comme une menace − soit assassiné aux yeux de tous dans l'enceinte de l'aéroport de Kuala Lumpur, le 13 février 2017. Empoisonné *via* un agent neurotoxique administré par deux tueuses diligentées par Pyongyang, le demi-frère du dictateur a connu une mort très douloureuse. La substance utilisée, le VX, est une version du gaz sarin, plus mortelle encore, inodore, incolore et incroyablement toxique. La plupart des membres du commando chargé de l'organisation de l'assassinat ont pu quitter le territoire de la Malaisie, mais les deux femmes qui ont aspergé de liquide mortel leur victime ont été repérées par des caméras de vidéosurveillance, arrêtées et jugées quelques mois plus tard. Elles ont affirmé qu'elles pensaient participer à une émission de caméra cachée et que le produit projeté sur Kim Jong-nam n'était que de «l'huile pour bébé». Les deux plaident non coupables. Elles sont encore aujourd'hui en prison, et pour longtemps. Avec ce crime, le monde s'interroge un peu plus sur le sadisme du maître de la Corée. Le message semblerait assez évident : il arriverait à frapper ses ennemis où il veut, et ostensiblement. Il ne fait donc pas bon contrarier Kim Jong-un − si tant est que ce soit bien lui l'ordonnateur de ce crime. Il ne s'agirait pas simplement d'un acte de vengeance à l'égard de son demi-frère mais aussi un avertissement au reste du monde.

Pendant ce temps-là, évidemment, notre petit prince n'a guère le temps de s'occuper de ses concitoyens qui continuent à mourir de faim avec, il est vrai, une infinie discipline. 73 % de la population n'a pas accès à l'électricité. Il y a bien quatre chaînes de télévision en Corée du Nord, mais elles sont toutes propriétés de l'État et se consacrent presque exclusivement à manifester leur adoration spontanée pour le dictateur en place. Entre deux, les chaînes diffusent des vieux films soviétiques et des défilés militaires. Internet est étroitement surveillé et réservé à quelques milliers de personnes proches du pouvoir. Les liaisons téléphoniques avec l'étranger n'ont pas été prévues dans les plans d'équipement. On a estimé à 3,50 euros le salaire journalier d'un travailleur qui rêverait probablement de l'avènement des 35 heures, lui qui doit s'acquitter de 48 heures hebdomadaires de dur labeur. Les garçons savent que leur service militaire obligatoire durera dix ans. Les filles sont privilégiées : elles ne passeront que sept années sous les drapeaux! Quant aux camps de prisonniers, ils sont bondés. D'après l'ONU, près de 120 000 Nord-Coréens sont derrière les barreaux. Pas mal pour un pays de 25 millions d'habitants. Précision importante : le régime ne punit pas seulement un individu dissident, mais condamne toute sa famille, enfants, parents, grands-parents. De quoi décourager la contestation ! Et de manière fort efficace !

Mais qui est donc ce jeune homme boursouflé, souriant et éructant, derrière ses lunettes de collégien ? Et comment lui, son père et son grand-père tiennent-ils la dragée haute au monde entier depuis soixante-dix ans ?

Car il ne suffit pas d'être caractériel, capricieux et brutal pour survivre à ses propres provocations. L'opinion internationale, légèrement angoissée depuis que Kim Jong-un dispose d'une bombe H, s'intéresse désormais de très près à ce sémillant trentenaire. Et constate qu'il est lunatique et parfaitement imprévisible. Un cauchemar diplomatique. Et soyez assuré que ce n'est pas un imbécile. Difficulté supplémentaire, lorsque l'on veut mieux cerner le personnage, son pays est une tombe. Rien ne filtre, à l'exception de ce qu'autorise la censure nord-coréenne.

Heureusement, les services de renseignements de Séoul font leur travail et collectent certaines informations sensibles. Pour la Corée du Sud, il est vital de pouvoir mesurer un tant soit peu les intentions et l'état d'esprit de leur voisin. La culture du secret est tellement établie à Pyongyang que même la date de naissance, on l'a évoqué, de Kim Jong-un reste floue. Au fil des décennies, la Corée du Nord semble être devenue une sorte de gigantesque hôpital psychiatrique où les normes ont été trop violemment bousculées pour guider les esprits. Comme grand-père, comme papa, Kim Jong-un s'est trouvé de très jolis surnoms, propres à faire l'émerveillement du peuple. «Maréchal de la République», à 30 ans, c'est bien, mais «Grand Soleil du XXIe siècle», cela sonne encore mieux.

On s'est longuement interrogé sur sa délirante lubie pour Mickey, mais, pour une fois, on peut déceler une certaine logique. Cet homme est un enfant, et il présente le narcissisme d'un enfant dans quelques domaines. Il prétend avoir appris à conduire dès l'âge de 3 ans. Il affirme qu'il sait piloter n'importe quel avion. Il est convaincu de compter un nombre incroyable d'admiratrices, séduites par sa mise altière et conquérante. D'ailleurs, la plupart des femmes s'écroulent en sanglots émus lorsqu'elles le croisent. Sa coupe de cheveux y serait pour beaucoup.

On a déjà signalé une autre de ses passions : le basket. Une passion sincère, spontanée, qui ne s'est jamais démentie. À cinq reprises déjà, il a invité en Corée du Nord Dennis Rodman, une star des années 1990 lorsqu'il jouait dans l'équipe des Chicago Bulls. Car le nirvana du basket, pour Kim Jong-un, c'est la NBA, le championnat américain. Encore un paradoxe, entre sa haine farouche des États-Unis et son amour de Mickey. Dennis Rodman a trouvé, lui, que «Kim était un gars incroyable, désireux de construire une meilleure entente mondiale à travers le sport et les échanges culturels». Le sportif n'est jamais apparu comme un cerveau vif-argent et n'est plus très populaire, chez lui, à Chicago, mais, bien intentionné, lors de sa dernière visite chez son copain Kim, il lui a offert l'autobiographie de Donald Trump, *The Art of the Deal*. Là non plus, on ne sait pas si c'était vraiment une bonne idée.

Accordons un bon point à notre tyran. Il lui arrive de regarder la chose culturelle sous l'angle diplomatique. Les musiciens nord-coréens, comme leurs voisins du Sud d'ailleurs, sont réputés pour leur talent d'interprètes, et on a pu le remarquer il y a quelques années lorsque leur orchestre national est venu donner un formidable concert salle Pleyel, à Paris, où ils ont enthousiasmé le public. Ce soir-là, c'était en 2012, ils jouaient en compagnie de l'Orchestre philharmonique de Radio France, dirigé par son chef de l'époque, le très réputé Maestro Chung, citoyen sud-coréen. Celles et ceux qui, à Radio France, étaient en charge de la tournée ont pu constater de près à quoi ressemble une organisation paranoïaque, difficile à satisfaire, d'une extrême méfiance et curieusement douée d'un infini sens du commerce. D'un grand sens de la fête également : tous ces jeunes gens enivrés par leurs pérégrinations parisiennes ont profité du séjour. Sans faire défection ! On l'a dit, la famille restée au pays est comptable du retour des siens, sous peine d'une très longue séquestration en camp de concentration.

Comme ses ancêtres, Kim Jong-un aime profiter de la vie. De son séjour en Suisse, lorsqu'il était collégien, il a conservé une gourmandise pour l'emmental, au point de charger l'un de ses proches de contacter l'École nationale de l'industrie laitière, à Besançon, pour former sur place des fromagers nord-coréens. L'initiative est restée sans suite. Il satisfait d'autres envies : pour le champagne, il préfère le Cristal. Comme son géniteur, il ne peut pas résister aux hamburgers de chez McDonald's, qu'il fait venir de Chine. Autant de données qui pourraient expliquer l'embonpoint du chef suprême.

Lequel est vite de mauvaise humeur et supporte très mal les contrariétés. Comme le souligne le site de France Info-France Télévisions le 16 septembre 2017, le jour où il décide de succomber à un de ses nombreux caprices, en l'occurrence la construction d'une station de ski sur le mont Masik, dans le sud-est du pays, sa tante Kim Kyong-hui lui fait observer que ce sont là des dépenses bien inutiles alors que l'économie nord-coréenne est exsangue. Depuis, plus aucune nouvelle de la tante. Elle a disparu. Selon un ancien haut fonctionnaire du régime, qui a réussi à fuir son pays et qui s'est confié à la chaîne américaine CNN, elle aurait été empoisonnée en avril 2014. C'est un autre trait de caractère qui n'incite pas à faire partie du cercle rapproché de Kim Jong-un : ses mouvements d'humeur semblent déclencher chez lui des appétits sanguinaires irrépressibles. Des dizaines de cadres du régime ont disparu, probablement exécutés, pour les motifs les plus futiles. Pour avoir par exemple regardé des productions télévisées étrangères. Ou pour avoir manifesté trop peu d'attention aux propos forcément passionnants du chef. On ne «prête qu'aux riches», et il est difficile de vérifier et de faire la part des choses entre rumeur et réalité, mais la récurrence des fuites en provenance de Pyongyang et des disparitions constatées dans l'environnement proche du dictateur incitent à penser qu'il ne s'agit pas seulement là d'une stratégie de manipulation destinée à faire marcher droit la caste dirigeante.

Certaines «anecdotes» font véritablement frémir. En 2015, Hyon Yong-chol, nommé ministre de la Défense à peine un an plus tôt, aurait été exécuté pour insubordination. Il se serait autorisé, en réalité, une petite sieste pendant un défilé auquel assistait son chef suprême. Les services secrets sud-coréens, le NIS, affirment que le ministre était tombé en disgrâce depuis quelque temps déjà. Il lui arrivait, avec les précautions d'usage, de discuter certains ordres jugés par lui trop délirants. Les mêmes services secrets vont jusqu'à évoquer l'état d'esprit d'un ministre tenté par la trahison. On ne peut guère s'étonner, dans pareil climat, qu'une personnalité de haut rang soit condamnée à mort. Mais c'est le mode utilisé pour exécuter la sentence qui a retenu l'attention. Le ministre de la Défense aurait été tué au canon antiaérien dans une installation militaire située au nord de la capitale ! Selon certains médias sud-coréens, la méthode a été utilisée à plusieurs reprises, histoire de marquer les esprits. Un journal, le *Telegraph*, a publié des photos satellites du champ de tir où l'on aperçoit nettement une batterie antiaérienne dont les canons sont pointés... à l'horizontale. Même si personne ne s'est présenté à ce jour pour témoigner de la méthode employée afin de punir un homme tombé en disgrâce, la nature tout à fait irascible et sadique de Kim Jong-un est indéniable. Et si un être humain peut en arriver à de telles extrémités, il y a de quoi inquiéter les gouvernants du monde entier. Car personne n'imagine quelle est la limite de ses pulsions meurtrières. Il ordonne la mort à sa guise, au sein de sa propre famille ; ne l'a-t-on pas même soupçonné d'avoir fait assassiner son ancienne petite amie ?

On ne sait pas vraiment si Kim Jong-un et Hyon Song-wol se sont aimés d'amour tendre. Mais, la chose est avérée, ils sont sortis ensemble. Ils se sont rencontrés au début des années 2000. Ils étaient jeunes. Lui était le fils de son père, elle était chanteuse. Une amourette, même si l'idylle avait agacé le père du jeune homme, qui lui avait ordonné de mettre un terme à cette relation, à ses yeux embarrassante.

Comme pour les affaires précédentes, nul n'est venu corroborer les événements relatés par la presse internationale à la fin de l'été 2013 : le dictateur aurait fait fusiller son ex ! L'information, une fois de plus, provient des médias sud-coréens, et Pyongyang n'aura de cesse de dénoncer les mensonges destinés à discréditer Kim Jong-un.

D'après *Chosun Ilbo*, un journal de Séoul, le dictateur n'a pas fait dans la dentelle. Il aurait fait fusiller une dizaine d'artistes, dont son ancienne petite amie et le mari de celle-ci, pour avoir prétendument tourné une sextape, en contravention avec les lois antipornographiques en vigueur dans le pays. Rumeur? Vérité? La sentence aurait été exécutée le 20 août 2013. Hyon Song-wol et son mari, qui faisait partie l'année précédente de la délégation accueillie à Paris par Radio France, étaient pourtant des chanteurs réputés en Corée du Nord. Peut-on le croire? Les familles des condamnés à mort auraient été «priées» d'assister à l'accomplissement de la sentence. Spectacle terminé, direction les camps de concentration! Or la chanteuse aurait fait sa réapparition un an plus tard à la télévision. Mais là non plus, aucune preuve tangible de ce retour de chez les morts.

Les Nord-Coréens ont de quoi alimenter leurs cauchemars, réels ou supposés! Comme cette «légende», tenace, qui veut que Kim Jong-un ait fait exécuter son ministre de l'Environnement parce qu'il était particulièrement déçu du temps qu'il faisait le jour anniversaire de son mariage. Le service météorologique s'était trompé dans ses prévisions et, ce jour-là, il pleuvait. La mise à mort aurait eu lieu dans la banlieue de la capitale. Le condamné serait décédé d'hypothermie après avoir été introduit vivant dans la chambre froide d'une morgue. Les hauts dignitaires du gouvernement auraient été invités à assister à l'événement!

Tout ceci est archifaux, mais Kim Jong-un a démontré un tel dérèglement mental au fil des années que le monde se demande... On ne sait jamais!

S'il n'a guère manifesté de pitié pour son demi-frère Kim Jong-nam, Kim Jong-un semble porter un certain attachement à sa sœur, Kim Yo-jong. Elle était encore célibataire en 2016, à l'âge de 29 ans, et, pour son frère, c'était là une situation embarrassante. Il fallait lui trouver un mari. On dit qu'il aurait organisé un concours national pour dénicher l'homme idéal. Une trentaine de candidats auraient été sélectionnés, répondant à plusieurs critères :

notamment être diplômé de l'université, mesurer au moins 1,77 mètre, être beau et avoir accompli ses obligations militaires. Apparemment, le problème est que l'heureux élu devra composer avec le caractère de sa future épouse. Or Kim Yo-jong est réputée être parfaitement désagréable, prétentieuse et imbue de son rang. Le genre à détecter très rapidement quelques défauts rédhibitoires chez un époux. Le genre à le présenter à un peloton d'exécution ou à l'envoyer pourrir dans un camp de concentration. En tout cas, s'il a eu lieu, le fameux concours n'a pas permis de découvrir l'oiseau rare.

Quant au dictateur, il semble s'être organisé une vie conjugale relativement tranquille. Sa femme, la camarade Ri Sol-ju, est peu connue du peuple nord-coréen qui se déclare satisfait malgré tout de voir, pour la première fois en vingt ans, une première dame. Le père de l'actuel dirigeant n'était jamais apparu au public au bras d'une épouse. Comme pour d'autres sujets, le secret entoure le couple. On pense qu'ils se sont mariés en 2009, 2010, ou 2011. *Gala* ou *Paris Match* rencontreraient beaucoup de difficultés pour faire leur travail en Corée du Nord. Ri Sol-ju était chanteuse au sein de l'Unhasu Orchestra, la formation qui s'était produite en France en 2012. À l'époque, elle a 28 ans. C'est une jeune femme très chic, à en juger par les clichés publiés par les médias de Pyongyang. Une arme de communication ! Et une arme de reproduction. Le régime a besoin d'héritiers, sous peine de péricliter pour toujours. Mission accomplie puisqu'elle a déjà offert trois enfants à son grand homme.

On en est là. Depuis janvier 2017, Kim Jong-un s'est aussi trouvé un nouveau partenaire de jeu sur la scène internationale. Un homme qui ne brille pas toujours non plus par sa rationalité, son équilibre et son sens de la mesure. Un homme qui, comme lui, se prévaut souvent de son «imprévisibilité». Jusqu'à ce que lui et Donald Trump en soient arrivés, début 2018, à se menacer mutuellement de destruction massive, autrement dit d'appuyer sur ce fameux bouton nucléaire qui donne des sueurs froides aux habitants de la planète Terre. Une hantise que l'on croyait définitivement caduque depuis les années 1960, au terme de la «crise des missiles de Cuba» qui avait vu deux superpuissances ranger leurs armes, convaincues que la destruction de l'une entraînerait fatalement celle de l'autre. Après tout, c'est bien la règle de base de la dissuasion nécessaire : posséder la bombe pour ne jamais avoir à s'en servir.

L'hostilité réciproque affichée par le chef de la Maison Blanche et le leader nord-coréen remet bien des hypothèses géostratégiques en question. Surtout lorsque le président américain, par un tweet, fait savoir qu'il dispose d'un «plus gros bouton nucléaire» que son adversaire. Ces deux-là sont définitivement facteurs d'anxiété. Pendant des mois, ils vont s'appliquer à faire monter la pression, sans réellement pouvoir apprécier avec certitude le degré d'irresponsabilité de l'un comme de l'autre. Il est fort heureux que ce fameux «bouton nucléaire» n'existe pas vraiment, même si cela ne fait pas disparaître la possibilité d'une terrible erreur d'appréciation. Les codes nucléaires, pour ce qui concerne les États-Unis, sont transportés dans une mallette par un aide de camp qui suit le Président dans tous ses déplacements. Bien entendu, l'identité du porteur doit rester secrète. Sauf que, lors d'un dîner pour milliardaires organisé par Donald Trump dans son palace de Mar-a-Lago, en Floride, un riche retraité a fait connaissance de «Rick», le porteur en question, et qu'il a posté sur Facebook la photo de son nouveau copain. Grosse bavure, car, évidemment, on ne déclenche pas le feu nucléaire sans prendre un certain nombre de précautions. La procédure, et c'est tant mieux, est même très compliquée, ce qui a pour principal avantage de freiner d'éventuelles ardeurs, de consacrer du temps à la réflexion, et de permettre à des conseillers supposés pondérés d'installer un peu de raison dans l'esprit du chef de la Maison Blanche s'il lui venait l'idée saugrenue de régler ses comptes avec un adversaire à coups de bombe atomique. Afin que le décideur suprême, en l'occurrence Donald Trump, puisse disposer des éléments essentiels pour déclencher un mécanisme nucléaire, un mémorandum de soixante-quinze pages est censé détailler les options possibles et, pour une lecture plus rapide, ce fameux «*black book*» a été rédigé en deux versions : longue avec les soixante-quinze pages à ingurgiter avant de déclencher l'apocalypse, courte sous forme de BD, à destination des présidents qui n'aiment pas la lecture. Certains ont affiché une véritable désinvolture en la matière. Bill Clinton, comme tous les commandants en chef, ne devait jamais se séparer du «biscuit», cette petite carte plastifiée sur laquelle est inscrit un code permettant au Pentagone de vérifier l'identité du donneur d'ordre. Le Président est censé conserver le «biscuit» sur lui en toutes circonstances. Or il est arrivé à Bill Clinton d'égarer ce fameux code quatre mois d'affilée, sans prévenir quiconque. Un incident qui semble s'être reproduit au moment de l'affaire Monica Lewinsky.

Côté nord-coréen, on ne dispose guère de détails sur la mise en œuvre d'une frappe nucléaire. Mais les experts savent qu'on ne met pas à feu un missile balistique en une minute. Il faut alimenter l'engin en carburant, une procédure délicate qui peut prendre plusieurs heures, même si Kim Jong-un a incontestablement boosté les compétences technologiques de son pays.

Une chose est certaine : à Pyongyang, c'est Kim Jong-un qui commande. Et à Washington, c'est Donald Trump. La décision de lancer une frappe nucléaire revient uniquement au Président. Au vu de ses déclarations fracassantes à la tribune des Nations unies, à l'automne 2017, lorsqu'il avait déclaré qu'il était prêt à «détruire totalement» la Corée du Nord en cas d'agression, des esprits se sont émus aux États-Unis. Et certains parlementaires démocrates ont souhaité que les pouvoirs du chef de la Maison Blanche soient remis en question. Un débat s'est instauré au Sénat, pour la première fois depuis quarante ans, sur ce sujet. Les démocrates ont introduit une proposition de loi destinée à interdire au Président de lancer une frappe nucléaire sans une déclaration de guerre du Congrès. Proposition immédiatement rejetée par la majorité républicaine.

De provocation en provocation, de menace en menace, d'incident en incident, d'agression verbale en agression verbale, les deux frères ennemis ont réussi pendant plusieurs mois à faire sérieusement monter les tensions et les angoisses. Et pas seulement à Washington ou à Pyongyang! Kim Jong-un et Donald Trump ne présentent pas vraiment l'image de leaders pondérés, bienveillants, raisonnables... Encore que la suite des événements dans les premiers mois de 2018 a plutôt montré que le petit joufflu nord-coréen avait trouvé son meilleur partenaire dans ce terrifiant billard nucléaire à trois bandes. Et qu'il l'avait sans doute surpassé en termes de stratégie. On l'oublie trop souvent : un tyran peut ajouter à ses dérèglements psychiques une rationalité à toute épreuve. Lorsque la fumée est retombée, après plusieurs mois de crise aiguë, sur le champ de bataille de la propagande entre les États-Unis et la Corée du Nord, Donald Trump qui promettait «le feu et la fureur» a benoîtement accepté de rencontrer son adversaire. Une incroyable victoire pour Kim Jong-un. Une telle rencontre au sommet validait totalement son audacieuse «diplomatie».

On peut rêver : ces deux-là ont-ils lu les principes énoncés par Niccolò Macchiavelli, plus connu sous le nom de Machiavel : «Il faut, idéalement, être à la fois aimé et craint, mais comme les deux vont rarement de pair, il est plus sûr, pour qui veut gouverner, d'être craint plutôt qu'aimé.» Auquel cas on peut estimer que Kim Jong-un a parfaitement réussi. Pour Trump, la question ne se pose même pas. On l'a vu, il n'aurait pas lu un livre depuis qu'il a quitté l'école.

Il existerait donc une forme de rationalité vindicative chez le poupin aux cheveux gominés qui décide de tirer un missile balistique le 4 juillet, jour de la fête nationale américaine, histoire de faire comprendre à la Maison Blanche qu'il convient de prendre très au sérieux sa dangerosité. Le message n'a, semble-t-il, pas été reçu comme il conviendrait, puisque, quelques heures plus tard, Trump s'est contenté d'un tweet très décalé par rapport aux enjeux : «Ce type n'a-t-il donc rien d'autre à faire dans la vie? Difficile de croire que la Corée du Sud et le Japon vont supporter ça longtemps. Que fait la Chine?» Une manifestation supplémentaire du manque d'analyse stratégique du président américain. Séoul, qui a déjà connu la destruction au début des années 1950, est bien placé pour savoir que l'adversaire du Nord est capable de tout. Et surtout que son seul objectif est d'assurer la survie de son régime. Le Japon, pour sa part, a de très profondes raisons de se soucier des ravages que peut engendrer l'arme nucléaire. Hiroshima et Nagasaki sont passés par là, et l'empreinte est restée dans les mémoires. Quant à la Chine, le seul réel soutien de Kim Jong-un, elle a décidé, il y a longtemps, de «faire avec». Elle ne peut pas envisager d'abandonner la Corée du Nord, sous peine de voir le pays absorbé par le Sud. Auquel cas, les États-Unis disposeraient d'une plate-forme d'influence directement à ses frontières. Inenvisageable pour Pékin.

Le danger de cette «diplomatie» de la terreur menée par Pyongyang, c'est que, pour se révéler efficace, elle doit pratiquer l'escalade, jusqu'au point de rupture : soit l'adversaire choisit, faute de mieux, d'accepter une forme de négociation, soit il faut continuer à empiler les provocations. Jusqu'ou ? Ces dernières années, le bluff a fonctionné : chaque tir de missile, chaque déclaration belliqueuse est suivi d'une condamnation internationale, d'une réunion du Conseil de sécurité des Nations unies et de nouvelles sanctions supposées refréner les ardeurs du leader nord-coréen. Vu l'état désastreux du pays, vu l'absence d'opposition et vu l'apathie mentale de ses concitoyens, il lui reste une marge infinie pour mettre en œuvre sa doctrine. En tout cas, tant que la Chine fournira l'essentiel, notamment le pétrole nécessaire pour survivre.

Certains diplomates occidentaux tirent leur chapeau, en privé, à Kim Jong-un. Après tout, il mène la dragée haute au monde. Il n'y a pas eu chez lui de soulèvements comme dans les pays de l'Est ou certains États arabes. Il a convaincu les observateurs qu'il y avait davantage à perdre en choisissant le conflit plutôt qu'en préférant le pénible *statu quo* qui prévaut aujourd'hui. Kim Jong-un est passé maître dans la pratique du jeu du chat et de la souris. Il l'a encore démontré en février 2018 à l'occasion des jeux Olympiques d'hiver en tendant une main tiède à la Corée du Sud. Il a récidivé, avec la même réussite, quatre mois plus tard en serrant la main du président des États-Unis devant les caméras. Son ambition ne réside évidemment pas dans la réunification de la péninsule, qui se ferait à ses dépens. Son objectif est de durer et durer encore. Il est jeune, il jouit de la vie et des bons tours qu'il joue aux grandes puissances. Ses sujets lui manifestent une grande estime à défaut d'une affection sincère. Lorsque l'histoire tirera un trait, un jour, sur les années Kim pères et fils, nous constaterons les irrémédiables dégâts subis par une population entière.

Qu'attend-t-on ?

.

12

Le Kremlin fait des émules

Interrompre là la liste de nos psychopathes, sociopathes et autres tyrans ne serait pas faire justice à tous ceux qui gouvernent sans prêter la moindre attention à la décence, à la morale et à l'esprit des lois. Certains sont moins caricaturaux que d'autres et montrent un léger vernis de civilisation, histoire de ne pas figurer ouvertement au palmarès international de la honte. Et parce qu'ils n'ont guère envie de trouver un jour leur nom sur une liste de criminels de guerre. Et ma foi, pour le reste, ils assument sans grand repentir leurs méthodes autocratiques. Encore une fois, Machiavel est passé par là.

Les derniers de ce sidérant palmarès ne font pas partie des moindres, mais le diagnostic « clinique » est plus délicat à établir. Ils règnent sur deux superpuissances, sur deux respectables avatars de la construction européenne, sur la porte de l'Orient et sur un paradis touristique. Leur conduite déroute et inquiète l'honnête citoyen. Vivre sous le joug d'autocrates guidés par une idéologie ou une vision totalitaire de l'État nous est étranger. Ce qui laisse à chacun le soin d'imaginer le sort de centaines de millions de gens qui n'ont pas eu le loisir, jusqu'à aujourd'hui, de choisir quelle était la meilleure façon d'organiser son destin.

Vladimir Poutine est détesté de la plupart des Occidentaux. Il est admiré par la majorité de ses concitoyens. Un constat qui complique l'étude de son profil, son action, son ambition et ses dérives. Il a remporté, sans surprise, et avec une grande aisance, un nouveau mandat de président de la fédération de Russie, le 18 mars 2018. Il incarne, pour les démocraties occidentales, tout ce qu'il y a de choquant et d'arbitraire, trente ans après la chute du mur de Berlin. Il est froid, glacial même, et inquiétant lorsqu'il fixe son regard dans une caméra. Rien ne semble vraiment l'ébranler, et le culte de la personnalité qu'il a instauré, entre Rambo et l'apparatchik du bon vieux temps de Staline, ne déclenche pas une onde d'empathie. Il ne prise guère l'opposition, quelle que soit sa forme. Il parle peu, et haut! Il prend ce qu'il convoite, on l'a vu en Crimée. On l'accuse d'avoir interféré avec le processus électoral aux États-Unis, et de se mêler de la politique intérieure d'autres nations par le biais de la cybernétique. Sur la photo, il semble incarner le danger, l'incertitude du lendemain, le risque de voir déraper encore une fois l'idée même de la démocratie, et pas seulement chez lui. Il est regardé comme un ennemi par l'Occident, un ennemi puissant, déterminé et sans état d'âme. Et il semble jouir de ce statut car, au fond, cela prouve, à ses yeux, qu'il est respecté puisque craint.

Poutine est la somme d'un gros tas de paradoxes, humains, historiques, culturels. Il est le produit d'une implacable dictature soviétique, suivie d'une explosion de l'empire et d'une profonde humiliation. On ne peut pas définir sa pensée, ni son comportement, sans intégrer l'ensemble de ces facteurs. Il se veut «moderne» mais il est l'héritier du tsarisme et de ses dérives brutales. Il se voit sophistiqué : après tout, il parle allemand (et balbutie un peu d'anglais), et il a suivi d'honnêtes études. Il savoure l'idée d'être l'un des hommes les plus puissants et influents du monde mais il aime montrer à ses concitoyens la virilité primaire du chasseur de tigre ou du cosaque qui nage dans l'eau glacée. L'ex-espion du KGB semble certain que la manipulation voire le chantage font partie des clefs de la domination. Et si cela ne suffit pas, la brutalité et la violence parviennent généralement à obtenir un résultat satisfaisant. Dans tous les domaines : politiques, diplomatiques, géostratégiques. Poutine se représente Poutine comme un homme fort, essentiellement. Il estime aussi qu'il incarne cette fameuse «âme russe», si pittoresque, si compliquée à saisir, si incompréhensible d'ailleurs pour le reste du monde. L'URSS a été disloquée. L'empire a été trahi. Il doit être restauré. C'est quasiment une affaire de survie. Et il faut bien reconnaître que, sur ce chapitre, les Russes sont d'accord avec leur chef, depuis une vingtaine d'années, même si la majorité d'entre eux subissent l'autoritarisme du régime.

Celui qui a fait acte de candidature au sein du KGB à l'âge de 16 ans, et qui a fini par y faire carrière, présente deux aspects d'une personnalité à la Janus : c'est un serviteur zélé d'un service de sécurité d'une brutalité souvent primitive, mais, au sein de cette entreprise moralement moyenâgeuse, il sait plaire. Il possède l'art de séduire, principalement ses supérieurs, et on le verra, y veillera tout au long de sa carrière. Même si son action au KGB ne se compare vraiment pas aux exploits d'un James Bond, il comprend parfaitement le monde qui l'entoure, et son sens de l'anticipation en fait un exceptionnel ambitieux.

« Si on a peur de vous, c'est qu'on vous respecte » ! C'est un principe qui, au fil des années de pouvoir, va guider Poutine. Car il n'a pas toujours été belligérant à l'égard de l'Occident. Il lui a même tendu la main au début des années 2000. Autant par nécessité que par opportunisme sans doute, mais il a flirté avec cette idée qu'il était temps de construire un partenariat, notamment avec les États-Unis. La fédération de Russie sortait à peine du cauchemar Eltsine. Le moins que l'on puisse dire, c'est que le successeur de Gorbatchev n'était pas en pleine forme. Le cerveau, et la physiologie en général, fait mauvais commerce avec l'abus de vodka. En 1992, Bill Clinton s'était rendu à Moscou pour rencontrer le président russe, sans être totalement certain que ce dernier était toujours vivant. Peu de moments de lucidité pendant la rencontre des leaders des deux superpuissances. La Russie ressemble alors à un hôpital psychiatrique. Les oligarques se gorgent de richesses. On limoge à droite à gauche. La crise économique ulcère le corps social. Les retraités crèvent de faim. Eltsine continue de sourire face aux caméras. Au fond, le sentiment d'humiliation de ce vaste pays date de cette époque. Boris Eltsine est corrompu jusqu'à l'os. On ne peut lui faire confiance, ni à l'intérieur ni à l'extérieur. Vers la fin de son mandat, entre deux accès d'alcoolisme du tsar déchu, Poutine sera le témoin privilégié de la dégénérescence de la nation. Très privilégié même, puisque, en 1998, il est nommé à la tête du FSB, digne successeur du KGB. Lorsqu'il devient président de la fédération de Russie, il aura l'occasion de rencontrer à son tour Bill Clinton. Entre ces deux mâles dominants, l'atmosphère va rester glaciale. Poutine estime que son pays a été humilié par les États-Unis et que c'est une offense qui demandera réparation dans le futur. L'Amérique a été l'ennemi, et l'ennemi, dans son esprit, ne désarme jamais. Sauf lorsqu'il est vaincu. Il se montrera plus adroit avec George W. Bush. Au début des années 2000, ils partagent le même intérêt : la lutte à mort contre le terrorisme dans la foulée de l'attentat qui détruit les tours du World Trade Center en septembre 2001. C'est l'invasion de l'Irak par les troupes américaines qui va refroidir les velléités de rapprochement du Kremlin envers les États-Unis. Poutine n'a pas envie de finir comme Saddam Hussein, pendu de manière expéditive, sans jugement.

Lors de la dernière campagne électorale qui l'a propulsé pour la quatrième fois à la tête de la Russie, le 18 mars 2018, Poutine n'a guère fait campagne. Il s'est contenté de répéter qu'il était «un président fort pour un pays fort». Et, un mois plus tôt, il avait présenté au Parlement les nouvelles armes dont seraient dotées les forces armées du pays.

Winston Churchill a souvent eu raison avant tout le monde. Même lorsqu'il déployait des clichés qui auraient dû habiter constamment l'esprit des gouvernants de la planète. Comme ce lieu commun, trop souvent ignoré : «La Russie est un rébus enveloppé de mystère au sein d'une énigme.» Et si un individu illustre parfaitement la formule, c'est bien Vladimir Poutine.

Il est né le 7 octobre 1952 à Leningrad, redevenu depuis Saint-Pétersbourg. Il est issu d'un milieu modeste, une famille ouvrière, dont il est le troisième enfant. Ses deux frères aînés, Viktor et Oleg, nés dans les années 1930, sont morts en bas âge. Le père, Vladimir Spiridonovitch, a été enrôlé dans l'armée Rouge dès le début de l'invasion allemande, en 1941, et il a été affecté à la défense de Leningrad, assiégé par les nazis. Il a été gravement blessé dans les combats. C'est là qu'il a rencontré celle qui allait devenir sa femme, Maria Ivanovna Poutina, qui réussira à survivre aux huit cent vingt-sept jours de siège qui ont affamé la ville. Une seule note émouvante dans la biographie de Poutine : le grand-père, Spiridon, fut le premier de la lignée à naître après l'abolition du servage dans l'empire tsariste. Vladimir a avoué un jour que ce grand-père était son héros et qu'il aurait été le cuisinier de Lénine, puis de Staline. Information impossible à vérifier.

Le jeune Poutine a été baptisé en secret dans une église chrétienne orthodoxe. Ses anciens professeurs, devenus discrets au fil des années, ne vantent tout de même pas les mérites exceptionnels d'un élève exceptionnel. En revanche, ils se souviennent de son goût pour l'exercice physique. Vladimir se distingue dans les sports de combat, le sambo, la lutte russe, et le judo. Depuis, il a diversifié ses activités sportives, en y ajoutant l'équitation, la natation, le ski et le tennis. Un esprit sain dans un corps sain.

Il suit des études de droit à l'université de Leningrad et obtient en 1975 son diplôme avec une thèse consacrée à la politique étrangère américaine. Il faut noter que son tuteur académique de l'époque s'appelle Anatoli Sobtchak, qui deviendra maire de Saint-Pétersbourg et qui jouera un rôle important dans la carrière de son protégé.

La suite est plus floue. On l'a dit, son obsession, c'est de faire partie du KGB, où il va servir plusieurs années dans le contre-espionnage local, dans sa propre ville de résidence. C'est un rôle essentiellement politique, consistant à pourchasser ce que l'on appelait à l'époque les «éléments antisoviétiques», autrement dit les quelques opposants osant braver le régime communiste. Rien de très spectaculaire. Il obtient tout de même le grade de commandant et se retrouve à l'Institut Andropov de Moscou, la véritable fabrique d'espions du KGB. Son nom de code : Platov! On le prépare à une nouvelle étape de sa carrière : un poste en Allemagne de l'Est où, au côté des services de renseignements de la RDA, il va tenter de recruter des agents, aussi bien occidentaux que dans les rangs est-allemands. Il est basé à Dresde, officiellement en tant qu'employé consulaire. Comme tout ce qui concerne Poutine avant son arrivée au pouvoir, en 2000, les archives restent particulièrement opaques quant à ses missions, son niveau dans la hiérarchie du KGB, sur ses réussites ou ses échecs. L'homme semble incolore et rien ne le distingue de ses collègues. Et ce parfum de mystère, qui environne encore à ce jour sa personne, alimente son aura auprès des électeurs. Qui est Vladimir Vladimirovitch Poutine? Par exemple, quel a été son véritable rôle lorsqu'il était stationné à Dresde, quelque temps avant la chute du mur de Berlin? On l'a souvent dépeint comme un bureaucrate sans intérêt, sans affectation spéciale, l'un des milliers de petits rouages du KGB. Il réside là, avec sa femme, comme l'exigent les règles du KGB pour leurs agents basés à l'étranger. On préfère un «espion» qui rentre à la maison le soir plutôt qu'un célibataire susceptible d'être «énervé» par les charmes d'une séductrice de la CIA. Il profitera du séjour pour donner un deuxième enfant à sa femme, Lioudmila Alexandrovna Chkrebneva, hôtesse de l'air, épousée en 1983. Le couple se séparera en 2013. Quelle est donc son activité à Dresde, de 1985 à 1989? Recruter, sans grand succès, des hommes d'affaires occidentaux, comme on le répète ici et là? Peut-être! Mais, en 2017, le président russe a évoqué cette époque lors d'un entretien à la télévision d'État, affirmant qu'il était en charge des «illégaux» du KGB agissant dans les pays de l'Ouest. Ce qui n'a plus rien à voir avec une mission de bureaucrate. Les «illégaux», ce sont les stars de l'espionnage, celles et ceux qui ont réalisé les plus jolis coups, et les plus dévastateurs pour les services occidentaux, dans le monde du renseignement. Les héros du KGB! Le magazine *L'Obs*, dans son édition du 8 mars 2018, publie les détails d'une interview réalisée quelques années plus tôt, livrant les confidences d'un des rares amis de Poutine, le réalisateur Igor Shadkhan. Celui-ci raconte qu'il a fait la connaissance du futur président russe au début des années 1990 à Saint-Pétersbourg, alors qu'il n'était encore qu'adjoint au maire de la ville. Poutine craignait que son passé d'espion ne nuise à sa future carrière. Il est vrai qu'à l'époque le KGB était l'organisation la plus honnie de tout le pays. Poutine n'hésite pas : autant confesser lui-même publiquement son ancienne affiliation, à condition de la présenter comme un investissement patriotique, et surtout agrémentée d'un parfum aventureux. Le réalisateur accepte et diffuse un documentaire consacré à Poutine en 1992. C'est un total succès, qui va définitivement modifier, favorablement, l'image de l'ancien employé du KGB. Ce qui est troublant dans l'histoire, c'est que les deux hommes, Shadkhan et Poutine, vont voyager ensemble dans plusieurs grandes villes d'Allemagne de l'Ouest et que l'ancien espion, qui n'est pas supposé être sorti de Dresde, lui fait visiter tous ces endroits à la manière de quelqu'un qui les connaît comme sa poche. Il est donc plus que probable que Poutine ne soit pas resté dans son triste bureau du consulat soviétique de Dresde pendant toutes ces années mais qu'il ait bien été un agent traitant des stars du KGB installées à l'Ouest.

Quelles qu'aient été les véritables activités de l'espion Poutine, quel que soit le niveau réel où il a opéré en ces années 1980, sa formation mentale, politique, à défaut d'être idéologique, respire le KGB, ses méthodes, sa paranoïa, son mépris pour la démocratie occidentale et sa corruption des esprits. Même si, en termes de corruption, Poutine, selon ses contradicteurs, va devenir un expert. Ce sera même le principal instrument à sa disposition pour entamer la conquête du pouvoir dans une Russie ébranlée par les transformations radicales engendrées par la chute du mur de Berlin. Il faut garder en mémoire que la fracassante dissolution de l'empire a eu lieu sous ses yeux. Il était en poste à Dresde lorsque des milliers d'Allemands de l'Est ont brisé tous les tabous, vaincu toutes les peurs, rendu leur fierté au peuple allemand. Le lieutenant-colonel du KGB a vu apparaître chez lui un sentiment d'insécurité inenvisageable pour un citoyen russe né en 1952, abrité de toute angoisse existentielle. Douter du système n'était pas enseigné à l'Institut Andropov où il a étudié pour escalader un par un les échelons de sa carrière.

Près de trente ans après la réunification allemande, le secret continue donc d'entourer le passé de Poutine. Des rumeurs courent... notamment sur son talent pour faire pression sur les individus qu'il a pour mission de recruter. On évoque le cas de ce professeur de médecine, spécialisé dans l'utilisation de certains poisons, censés ne laisser aucune trace. Depuis des décennies, cette «spécialité» semble fasciner le KGB et ses ancêtres. Et, des années plus tard, on continue de soupçonner, probablement à juste titre, les services russes de privilégier ce lugubre moyen pour éliminer les ennemis de la Russie, et tout particulièrement celles et ceux jugés traîtres à la mère patrie. Pour parvenir à ses fins et obtenir la formule desdits poisons, Poutine aurait fait chanter notre professeur de médecine qui aurait été confronté à des images pornographiques où, bien malgré lui, ce dernier tenait le rôle d'acteur. Là encore, il s'agit d'une spécialité du KGB. Et Poutine semble avoir utilisé la même méthode pour mettre hors jeu le procureur général qui poursuivait de sa vindicte Boris Eltsine, l'accusant, lui et les siens, de corruption à grande échelle. Et il est possible, comme on l'a vu, que Donald Trump, lors d'un séjour à Moscou, ait fait les frais de cette pratique.

Le monde s'écroule en 1989 et l'avenir, pour la première fois, s'annonce incertain. Le KGB ne peut plus opérer en toute tranquillité sur le territoire de l'ex-RDA; Poutine retourne alors à Leningrad à la direction locale de son service. Officiellement, il devient conseiller aux affaires internationales à l'université dirigée par celui qui va beaucoup compter dans l'ascension du futur président : Anatoli Sobtchak, son ancien professeur à la faculté de droit.

Poutine représente un curieux mélange entre agilité intellectuelle et lecture efficace du comportement primaire des hommes. Car on peut défiler devant les caméras de télévision en empruntant à John Wayne sa démarche, comme si on avait passé son enfance dans un ranch du Wyoming, et manifester un étonnant sang-froid dans la stratégie très risquée qui va le mener au pouvoir quelques années plus tard.

En 1991, Sobtchak, qui incarne l'avenir aux yeux de l'Occident, est élu, et démocratiquement, à la tête du soviet de Leningrad. Autrement dit, il est le maire de la ville, qui va reprendre son nom d'origine, Saint-Pétersbourg. Poutine est son conseiller, et lors du coup d'État avorté dirigé contre Gorbatchev, il fait office d'intermédiaire pour neutraliser ses collègues du KGB, tentés par l'aventure. Il n'a pas encore démissionné de son ancien service ; son attitude est risquée, le futur n'est toujours pas écrit dans ce pays en pleine dislocation ; mais son pari va se révéler gagnant : Poutine est devenu incontournable et, pendant plusieurs années, il s'affirme, dans l'ombre de son mentor Sobtchak. C'est aussi l'époque où il devient expert en matière de réseaux. À très grande échelle. Toutes les règles ont volé en éclats en Russie, et ceux que l'on désignera sous le vocable d'« oligarques » vont racheter à vil prix les trésors du pays. Avec l'aide du conseiller Poutine, qui a compris que l'argent était le vrai levier de son destin politique. Anatoli Sobtchak et lui sont même présentés par leurs opposants comme des chefs mafieux.

Sobtchak va être battu aux élections législatives de 1996. Il est temps, pour son « conseiller », d'aller chercher fortune sous d'autres cieux : direction Moscou. Là encore, l'ascension est fulgurante au sein de l'administration présidentielle et, deux ans plus tard, il revient à ses anciennes amours comme directeur du FSB, le service fédéral de sécurité qui a succédé au KGB, rappelons-le. Boris Eltsine tombe sous le charme. Jusqu'à le nommer président du gouvernement. Il faut préciser que Boris n'est plus que l'ombre de lui-même, entre deux verres de vodka, que ses apparitions sont clownesques et qu'on imagine que le spectacle public de cette déchéance n'est pas du goût de l'austère Poutine. L'image de sa Sainte Russie n'en sort pas grandie, en effet. Mais Eltsine est la porte d'entrée vers le pouvoir. D'autant qu'il est visé par une enquête diligentée par Yuri Skuratov, procureur général de la fédération de Russie, évoqué plus haut. Avec un dossier lourd : le chef du Kremlin et les siens sont accusés d'avoir amassé une fortune en Suisse, alors que le pays se débat dans une crise économique et sociale sans précédent. Très opportunément pour Boris Eltsine, la télévision diffuse, un soir de mars 1999, une vidéo fort explicite montrant un homme ressemblant au procureur général en pleine activité sexuelle en compagnie de deux jeunes femmes. Skuratov nie être le héros de ce film pornographique, mais Poutine en personne vient, devant les caméras, affirmer qu'il n'y a pas erreur sur la personne : les experts de son service sont formels! La Russie explose de rire, Boris Eltsine respire, et plus jamais les juges n'iront chercher querelle à Vladimir Poutine.

En cette fin d'année 1999, les événements se précipitent, un peu comme si Poutine lui-même avait soigné la mise en scène. Les indépendantistes tchétchènes reprennent les armes. «Il faudra les buter jusque dans les chiottes» : voilà le constat, d'une grande sobriété, fait par Poutine devant les journalistes. En septembre, des attentats attribués aux Tchétchènes font plusieurs centaines de morts, notamment à Moscou. Cette fois, l'opinion exige qu'on en finisse, et le si discret, si incolore Poutine devient l'homme de la situation qui, pour le moins avec fermeté, ordonne à l'armée Rouge de «restaurer l'ordre constitutionnel fédéral». Un euphémisme qui va faire des dizaines de milliers de morts en Tchétchénie où les soldats russes ne vont pas s'encombrer des réglementations de la convention de Genève ni des principes de la Déclaration des droits de l'homme. Une guerre sale, brutale, farouche, qui verra finalement la quasi-destruction de Grozny, la capitale. Les Russes ont apprécié le dénouement.

Décidément, la Russie n'est pas un pays comme les autres. Et ses habitants écarquillent les yeux devant leur poste de télévision lorsque, le 31 décembre 1999, leur apparaît Boris Eltsine, ou plutôt son ombre, venue annoncer qu'il passait la main définitivement et que, à partir du lendemain, 1ᵉʳ janvier, ils auraient affaire à un nouveau tsar : Vladimir Poutine. Celui-ci va assumer l'intérim jusqu'à l'organisation de la prochaine élection présidentielle trois mois plus tard.

Pour l'heure les sondages ne lui accordent que 3 % d'opinions favorables s'il lui prenait l'envie de se présenter devant les électeurs. Pourtant, dès le premier tour de scrutin, le 26 mars 2000, il est élu président de Russie avec 52,52 % des voix. Certes, il y a eu des fraudes massives et des experts indépendants avancent qu'on n'a pas hésité à faire voter 1,3 million de défunts, mais désormais Poutine couchera au Kremlin, et pour de longues années à venir. La télévision d'État a fait son travail, et l'opposition a été muselée. Ce n'est qu'un début, et la popularité du nouvel homme fort ne va cesser de croître.

Adieu perestroïka ! Adieu glasnost ! Poutine a une idée précise quant à la meilleure façon de gouverner son immense pays. Il a théorisé la chose : «la verticale du pouvoir». Ce qui peut se traduire par «néotsarisme». L'analyse du Président est assez simple : les Russes sont fatigués de l'instabilité politique, écœurés par la transition capitaliste qui s'est opérée ces dernières années, anxieux face à la baisse constante de leur niveau de vie et, pour la plupart, nostalgiques de l'Empire soviétique. Ils ont le sentiment d'être humiliés devant le monde entier. Si Eltsine avait d'excellentes raisons de se méfier de la police et des services de renseignements, ce n'est pas le cas de son successeur, qui va renforcer les outils répressifs. Pour le bien du peuple, clame-t-il. Et c'est vrai, le début du règne se caractérise par un retour à une prospérité relative. Le gaz et le pétrole assurent une rente colossale à la Russie qui fournit au reste de l'Europe près de la moitié de son approvisionnement énergétique. L'ex-empire a encore de beaux restes, comme son incroyable réseau de pipelines qui abreuve le Vieux Continent. Il affiche par ailleurs sa détermination à lutter contre la corruption et ses représentants, ces fameux oligarques qui ont capté de façon indécente les principales richesses du pays. Il instaure une «dictature de la loi» et, effectivement, réactualise un code fiscal qui permettait aux entreprises de passer sans vergogne à travers les mailles du filet. Mais Poutine est un homme double, essentiellement, et, s'il fustige les voleurs et les accapareurs, il n'oublie pas ses anciens amis de Saint-Pétersbourg, qui l'accompagnent d'ailleurs au pouvoir. En échange, ils ont accepté, contraints ou forcés, de mettre leur fortune mal acquise au service du nouveau système régnant. Et puis, il y a les vrais amis, ceux qui baignent dans l'impunité, les intouchables, tel semble-t-il Pavel Fedoulev, le roi de la métallurgie. Une mainmise réussie grâce à la gracieuse coopération des fameux OMON, les forces spéciales du ministère de l'Intérieur.

Les «ennemis», en revanche, sont traités sans pitié. Le plus connu, même hors des frontières, s'appelle Mikhaïl

Khodorkovski. Il dirige le groupe le plus puissant du pays, le pétrolier Ioukos. Un État dans l'État. Eh bien, il se voit condamné à huit ans de prison pour escroquerie et évasion fiscale. Direction la Sibérie. Il est vrai que Khodorkovski a sans doute exagéré, même si l'on considère la rapacité et le cynisme de tous ceux qui ont saigné la Russie sous l'ère Eltsine : il a fait l'acquisition du groupe Ioukos pour la modique somme de 309 millions de dollars. Soit le hold-up du siècle, comme l'ont relevé tous les experts du monde, au milieu des années 1990. D'autant plus que, sept ans plus tard, il envisage de vendre la société à ExxonMobil et Chevron Texaco pour la bagatelle de... 40 milliards de dollars. Poutine n'est pas un homme d'excès. D'accord pour une prime aux malins qui ont profité des privatisations, mais pas à ce tarif-là ! Et puis, avec un pareil trésor de guerre, Khodorkovski devenait, évidemment, un redoutable adversaire dans la lutte pour le pouvoir. La Sibérie est, depuis bien longtemps, de nature à inspirer une crainte respectueuse chez tous ceux qui, dans le fond de leurs pensées, envisagent de nuire au régime. On a donc assisté au début des années 2000 à un spectaculaire exil des oligarques. Nombre d'entre eux ont préféré se soustraire à la justice de Poutine en se réfugiant à l'étranger.

Le moins que l'on puisse dire, c'est que la détermination affichée par le jeune président n'a pas mis un terme à la corruption. La Russie a considérablement amélioré son score dans le classement des pays les plus corrompus en passant de la 79ᵉ place en 2001 au 140ᵉ rang quelques années plus tard. L'État de droit n'a pas vraiment fructifié, malgré les réformes de la réglementation financière. Poutine n'en a cure ! Il a pris soin de ne pas revoir du sol au plafond le formalisme parlementaire, donc en théorie démocratique, du régime. Il a surtout veillé à éteindre la liberté de la presse à laquelle les Russes n'ont pas encore eu le temps de s'habituer. Il introduit, sans prendre la peine de camoufler ses intentions, une censure très efficace et très brutale. Ne lui parlez surtout pas de pluralisme. Les journalistes sont des empêcheurs de tourner en rond, et, lorsqu'ils rencontrent un assassin dans les rues de Moscou ou d'ailleurs, ils n'ont qu'à s'en prendre à eux-mêmes. Le gouvernement n'a rien à voir dans tout cela.

Qu'à cela ne tienne, les premières années de Poutine s'annoncent plutôt prometteuses pour le citoyen ordinaire, au moins sur le plan économique : un taux de croissance à 10 % en 2000, de 8,1 % en 2007! Qui dit mieux? La chute du cours des matières premières énergétiques va mettre à mal cette euphorie et contraindre Poutine à envisager sous un nouvel angle sa mainmise sur l'opinion. Si l'intendance ne suit pas, le nationalisme, l'exaltation du patriotisme devraient parvenir à consolider sa position de père de la nation.

Être cynique, lorsqu'on réside au Kremlin, n'est pas une nouveauté. Tous l'ont été : Staline, Khrouchtchev, Brejnev, Andropov, Gorbatchev, Eltsine, Poutine, pour ne citer que ceux-là. Aucun d'entre ces nouveaux tsars n'a été assuré du lendemain. D'où la poigne de fer qu'imposent les dirigeants, toutes époques confondues, avec évidemment la parenthèse de la Perestroïka.

Poutine incarne une sorte de quintessence russe. Une caractéristique difficile à comprendre pour la plupart des dirigeants occidentaux. Il est le produit de la culture soviétique et de l'histoire de cet immense pays. Le peuple russe a démontré au monde entier son extraordinaire résilience lorsque la patrie est attaquée, dénigrée, méprisée, humiliée. Staline, le «Petit Père des peuples», sans doute le plus grand criminel de tous les temps, a su, en juin 1941, lorsque le pays a été envahi par les armées nazies, compter sur l'inconditionnel patriotisme de ses concitoyens. À l'arrivée, 20 millions de morts et une fierté indomptable, et inoubliable. Encore aujourd'hui à travers l'immensité russe. Alors, si le maître du Kremlin entend continuer à incarner la fierté populaire, il faut se faire plébisciter par son action hors des frontières. Incarner la restauration de la force et du respect. Sa politique étrangère, doive-t-elle profondément choquer les démocraties, va faire merveille auprès de ses compatriotes.

Autant Eltsine pratiquait une sorte d'équilibrisme diplomatique entre l'Est et l'Ouest, autant Poutine va vite découvrir les limites de l'exercice. Dans un premier temps, il semble accepter les règles qui lui sont proposées. Mais il n'est pas vraiment payé de retour et donne l'impression, au fil du temps, d'abandonner cette ambition de paritarisme entre les puissances. Le monde change. La Chine s'est éveillée, les États-Unis, dominateurs, accumulent les erreurs et égratignent sans grande délicatesse la fierté de Moscou. L'Europe ne tient pas son rôle. L'intervention de l'OTAN dans l'ex-Yougoslavie est ressentie comme une agression. Pour continuer d'exister, il faut revoir l'ensemble du positionnement, autrement dit revenir en force sur la scène internationale, sans se préoccuper outre mesure du point de vue occidental ni des réactions étrangères. Il faut renouer des alliances dans des régions du monde où l'influence de Moscou a quasiment disparu, recréer la confiance dans un allié fort et sûr de lui. Quels que soient les besoins du peuple, l'armée est privilégiée, même si son budget atteint à peine le dixième de celui du Pentagone. Les usines d'armement ont été relancées et les exportations russes se portent bien, notamment dans le domaine des missiles antiaériens.

Depuis plusieurs années, le ton monte entre le Kremlin et les puissances occidentales. L'installation de bases balistiques de l'OTAN en Pologne et en République tchèque a convaincu Poutine que seule la démonstration de force est entendue par l'étranger. Ce sera d'ailleurs son seul et unique slogan de campagne en mars 2018 lorsqu'il sera triomphalement réélu, pour la quatrième fois, à la présidence de la République.

Poutine, à l'évidence, n'est pas le seul Russe au monde à éprouver des complexes. Des complexes qui remontent à loin dans l'histoire. Il dénonce régulièrement la politique «d'endiguement» dont a été victime son pays depuis des siècles. Il aime à parler de «civilisation russe». Il est, et cela ne surprendra personne, éminemment slavophile. Un détail qui avait échappé à Boris Eltsine. Dès son arrivée au pouvoir, le nouveau président décide de rétablir l'hymne de l'Union soviétique qui avait disparu dans la tourmente de l'ère Gorbatchev. Un événement qui avait d'ailleurs profondément choqué l'opinion. Poutine va simplement en actualiser les paroles. Il sent, en bon communicant, qu'une certaine nostalgie habite le cœur de la nation. Non qu'on regrette le KGB ou le goulag, mais la désintégration de l'empire a constitué un traumatisme qu'on ne peut évacuer à la va-vite. En 2005, il affirme que le démantèlement de l'URSS a été «la plus grande catastrophe géopolitique du XXe siècle». Et il insiste quelques mois plus tard : «Celui qui ne regrette pas la dissolution de l'Union soviétique n'a pas de cœur; celui qui veut ressusciter l'Union soviétique n'a pas de cerveau.»

En résumé : les Russes ont élu pour la quatrième fois le même président. Ou plus exactement un chef de guerre dédié à refaire de son pays un redoutable adversaire. La force! Les Américains, au cours des dernières années, ont compris le message. Les responsables du Pentagone constatent que Poutine ne comprend que la puissance militaire. Un ancien patron de la CIA s'est montré plus imagé dans sa description : «Il va falloir le faire saigner du nez, comme dans la cour de mon école communale, quand j'étais gamin, dans le New Jersey.» Sans doute, mais, pour l'heure, c'est lui qui fait saigner du nez ses adversaires.

Comme en Crimée, où l'annexion a été menée tambour battant, au total mépris de toutes les règles juridiques du monde. Des sanctions ? Pas de problème. Les Russes sont déjà habitués à vivre à la dure, et réinscrire la Crimée sur la carte de la fédération de Russie a été reçu comme un cadeau du bon Dieu. Lors des dernières élections, Poutine n'a-t-il pas été plébiscité par la péninsule pourtant annexée quatre ans plus tôt ? Et ce dévouement a été récompensé par le gouvernement russe par cinq jours fériés. Sur le port de Sébastopol, on peut admirer une fresque géante de Poutine, lunettes de soleil sur le nez, à la barre d'un navire avec, en arrière-fond, un avion de chasse crachant une fumée tricolore. Même si les habitants – ils sont 2 millions – ne semblent pas tous convaincus de la bonne fortune qui leur a été allouée en retrouvant un passeport russe et si quelques sceptiques continuent de s'interroger sur les résultats du référendum dont le résultat les a réunis à la mère patrie – participation 86 %, et 96,77 % de votes favorables –, le constat est là.

Le patriotisme a bon dos, lorsque l'armée Rouge intervient, sur provocation, en Géorgie ou en Ukraine. Les doigts restent crispés sur la détente des fusils. Le monde attend, sans grande illusion. La Russie montre ses muscles. Elle le fait avec éclat, et sauvagerie, en Syrie au nom d'une sacro-sainte alliance avec un pays frère. Au-delà des morts, des hôpitaux bombardés, des femmes et des enfants massacrés, il s'agit pour Poutine de gagner sa place à la table des grands. C'est un mâle dominant, et à sang froid.

Pour l'instant, son investissement est militaire et il n'a pas encore obtenu de retour sur le plan diplomatique. Mais sa lecture du monde l'autorise à penser que c'est affaire de patience. D'ailleurs, les Occidentaux, tout aussi engagés en

Syrie, en sont également au point mort. La confrontation diplomatique, et les bénéfices d'influence à en attendre, viendront plus tard. Poutine s'intéresse aux acteurs régionaux : la Russie est fidèle à ses alliés, elle ne les laisse jamais tomber, contrairement aux Européens ou aux Américains. C'est un message qui est parfaitement reçu, en Iran par exemple. Mais aussi en Turquie, malgré les incidents graves qui ont tendu parfois les relations diplomatiques entre Moscou et Ankara. Poutine prend grand soin par ailleurs de ne pas se positionner dans la lutte d'influence qui oppose chiites et sunnites, même s'il coopère avec Téhéran sur le territoire syrien. Ses relations avec l'Arabie Saoudite ne sont pas mauvaises, et il a réussi à s'entendre avec les pays de l'OPEP pour tenter de faire remonter le cours du baril de pétrole. Et on n'a pas remarqué que les citoyens russes musulmans, majoritairement d'obédience sunnite, ont protesté contre la politique du Kremlin au Proche-Orient.

Résultat, n'en déplaise à la morale la plus rudimentaire : sauver Bachar el-Assad a été une bonne opération pour Poutine. Les faits sont têtus, comme le rappelait Lénine, qui, au passage, ne figure pas dans le Panthéon personnel du maître du Kremlin : la Russie est désormais incontournable dans le règlement du conflit syrien. Poutine est, pour l'instant, maître du jeu.

Et son sacre a été grandiose le 18 mars 2018 lorsqu'il a été réélu à la présidence de la fédération de Russie avec plus de 76 % des voix, son meilleur score depuis dix-huit ans. Dix points de plus depuis le dernier scrutin! La participation − d'aucuns diraient qu'elle est d'un niveau supérieur à celui des autres démocraties − a été de 70 %. Et c'est là la vraie victoire de Poutine, aux yeux du peuple, et aux yeux du reste du monde. Certes, la presse est muselée, l'opposition est harcelée, mais les fans du nouveau tsar, lorsqu'on leur parle démocratie, n'ont pas le sentiment qu'on leur confisque un bien qu'ils n'ont qu'à peine expérimenté depuis trois décennies. Ils sont mécontents et amers du regard que leur lancent les sociétés les plus avancées, et leur nouvel empereur, enfin craint, enfin respecté, enfin pris en compte, leur donne l'impression, ou bien l'illusion, d'avoir remis les pendules à l'heure.

Poutine est intéressant physiquement. Un visage qui s'arrondit au fil des années, comme s'il s'était offert une cure de Botox et qu'il chassait ses rides pour mieux ressembler à l'homme parfait dont rêvent les femmes de son pays. Les yeux sont de glace et le sourire plutôt rare. Aucune bonhomie ou affabilité chez cet homme-là. En tout cas en apparence. Il soigne sa dégaine, torse nu, à cheval... C'est un tigre, et les mises en scène sont particulièrement recherchées. La tenue de combat lui va comme un gant et le culte de la personnalité tout autant. Il se sait indispensable. Il a grandi dans l'exercice du pouvoir jusqu'à en être intoxiqué, estiment ceux qui osent s'opposer à son clan. Mais, pour les Russes, en tout cas pour une majorité d'entre eux, Vladimir est l'un des leurs, un type « normal » puisqu'il affiche une grande ambition pour son pays, et pour lui. Et tant pis pour celles et ceux qui se disent consternés et inquiets par les quatre guerres qu'il a déjà déclenchées depuis qu'il est au Kremlin. Tant pis pour la liberté de la presse, place à l'autoritarisme, place à la brutalité.

Au total, le mystère demeure pourtant lorsqu'on scrute le regard de Poutine : méprise-t-il ce peuple qui accède à ses désirs ? Méprise-t-il ses goûts ? Méprise-t-il les désirs d'avenir de dizaines et de dizaines de millions de Russes qui souhaitent sans doute avoir un meilleur niveau de vie ? Le jugement final est loin d'être acquis. Les responsables politiques qui ont eu affaire à lui sont divisés sur le sujet. Pour Angela Merkel, le diagnostic est sans appel : Poutine est un menteur ! a-t-elle dit à ses partenaires européens après l'annexion de la Crimée et la révélation de la présence des troupes russes en Ukraine. Pour Barack Obama, qui l'a rencontré en tête à tête, le président russe reste une totale énigme : il n'a pas grand-chose à lui dire, parce qu'il ne le comprend pas. À l'inverse de Poutine qui, lui, semble lire avec aisance la personne du chef de la Maison Blanche. Étrange animal pour qui on vote, qu'on l'aime ou pas. D'ailleurs, le seul candidat libéral démocrate qui s'est opposé à lui en mars 2018 a totalisé 1,5 % des voix. En l'occurrence, il s'agissait de la fille de feu son ami, le maire de Saint-Pétersbourg, Ksenia Sobtchak. Enfant gâtée, l'ancienne reine de la télé-réalité est aussi la filleule de Poutine. La proximité est telle entre les deux que de nombreux observateurs se sont demandé, à l'occasion de cette élection, si Poutine n'était pas assez démoniaque pour avoir poussé l'opposante à se porter candidate. Après tout, comme le répète souvent le maître du Kremlin, «en Russie, le mouvement vient d'en haut».

Au total, Poutine règne depuis plus longtemps que ne l'a fait Brejnev sur 150 millions de personnes. Et ce n'est pas fini. Le dernier mandat doit durer six années, grâce à → 2014 une opportune modification de la Constitution, et personne ne croit vraiment les promesses de Poutine lorsqu'il affirme ne pas savoir de quoi son avenir personnel est fait. Il s'engage simplement à ne pas gouverner jusqu'à l'âge avancé de 100 ans. Ce qui ne rassure pas ses opposants ! Ni les dirigeants occidentaux.

Churchill avait donc raison : un rébus, un mystère, une énigme. Les rumeurs courent. Les faits restent inconnus. Sur la fortune de Poutine par exemple ! Pas sur son train de vie : l'empereur a les moyens de l'État pour assurer son rang. Son vieil ennemi, Boris Nemtsov, qui a été assassiné en plein Moscou en 2015, assurait que le chef du Kremlin disposait d'un train de vie comparable à celui d'un prince arabe... ou d'un oligarque. L'ancien vice-Premier ministre de Boris Eltsine avait précisé, peut-être imprudemment, que Poutine affichait des signes extérieurs de richesse extravagants, comme les vingt résidences mises à sa disposition, dont une villa palace au bord de la mer Noire digne des films les plus déjantés d'Hollywood. Sans compter les quatre yachts de rigueur et les... quarante-trois avions prêts, en permanence, à transporter où bon lui semble le Président ! Sur ce dernier chiffre, il est permis de tiquer légèrement, mais Nemtsov éprouvait une rancune réellement tenace à l'égard de Poutine. Le magazine américain *Forbes*[1], dont c'est la spécialité, a prétendu de son côté que le président russe était l'homme le plus riche du monde. Ce que ce dernier dément, de son sourire glacial et de son regard impavide. Il déclare au fisc des revenus modestes, vu son rang : à peine 9 millions de roubles pour l'année 2016, soit 130 000 euros. Moins que le président de la République française. Côté patrimoine, même standing : un lopin de terre, un modeste appartement, trois véhicules à moteur et, curieusement, un pied-à-terre à Tel-Aviv, un héritage reçu de son ancienne professeure d'allemand. Voilà pour la version publique. Le département américain du Trésor fait circuler depuis longtemps des informations d'une autre nature : Poutine serait associé dans le capital d'une société pétrolière immatriculée en Suisse, Gunvor, présidée par l'un de ses vieux amis, Guennadi Timtchenko. Celui-ci dément formellement. En tout cas, Poutine est suffisamment subtil pour ne pas tomber dans les travers tellement visibles qui ont valu tant de déboires au clan Eltsine et à un grand nombre d'oligarques se comportant en parvenus. Alors, un pur esprit ? Totalement désintéressé ? Difficile de se résoudre à cette version tant l'argent continue

---

1. *Forbes*, 15 décembre 2016.

de couler à flots dans son entourage, tant les effets de la lutte contre la corruption se sont révélés décevants, tant, après deux décennies de pouvoir en Russie, on est prié de prendre soin de son avenir hors des murs du Kremlin.

Autre mystère : la vie privée du Président. Il n'en a pas toujours été ainsi. Marié en 1983, Poutine s'est longtemps montré au bras de son épouse, Lioudmila. Le couple a divorcé en 2013, on l'a dit. Mais, dès 2008, une rumeur insistante anime les conversations des Moscovites bien informés : Poutine a une maîtresse. Et pas n'importe qui : Alina Kabaeva, une gymnaste médaillée d'or aux jeux Olympiques d'Athènes. Depuis, elle s'est reconvertie dans la politique en devenant députée à la Douma. Inscrite au parti au pouvoir. Elle aurait donné un enfant à son tsar, peut-être deux. Secret défense. Comme tout autocrate qui se respecte, Poutine a le sens de la famille. Pas le genre à déshériter ses enfants sous prétexte d'une séparation avec maman. L'aînée de ses deux filles officielles, Ekaterina, avait convolé en justes noces avec un charmant jeune homme, le fils d'un oligarque. La cérémonie à peine terminée, la fortune du jeune marié avait effectué un bond considérable, jusqu'à augmenter de 2 milliards de dollars. On ne sait quelle idée saugrenue lui a pris de demander et d'obtenir le divorce dans des délais relativement brefs. Aux dernières nouvelles, les affaires sont moins florissantes. Ekaterina, elle, a été promue à la direction d'un centre de recherche technologique dont le budget dépasse les 2 milliards de dollars. Un budget abondé bien sûr par l'État !

Une des forces principales de Poutine, c'est son indifférence apparente au jugement d'autrui. Or il est le champion de la dénégation. Lorsque, en mars 2018, Theresa May le soupçonne, fort légitimement, d'avoir ordonné l'assassinat d'un ancien espion du KGB exilé sur le sol britannique, il ne bronche pas. Le scandale fait le tour du monde.

Les empreintes des services russes semblent apparaître sur l'ensemble du dossier. Washington, Paris et Berlin condamnent et demandent des explications. Que nenni! *Niet!* Il n'y a rien à voir! «Vous me pensez assez stupide pour organiser une affaire pareille à deux jours des élections? Vous m'imaginez assez bête pour mettre en danger la Coupe du monde de football qu'accueille la Russie dans quelques mois? C'est du grand n'importe quoi!» Tout cela exprimé avec une parfaite décontraction!

Angela Merkel a peut-être raison : cet homme-là est capable de mentir comme un arracheur de dents. Peut-être même se considère-t-il comme innocent? En tout cas, il affiche de l'aplomb et du talent. Toujours à la frontière! Il ne correspond pas à la définition du dictateur primitif. Ni à celle du tyran dérangé mentalement. Pas plus qu'à celle du despote. Autocrate? Plus que probable. Lui préfère évoquer la «force», ce que nous traduirons autrement : il dirige d'une main de fer un État «autoritaire». Dans pratiquement tous les domaines. Des journalistes sont morts, d'autres ont été emprisonnés, presque tous ont appris la leçon, et la «liberté de la presse» en Russie est une plaisanterie lugubre. La société civile regarde ailleurs, à l'exception de quelques femmes et hommes courageux qui dénoncent, sans illusion, les dérives du pouvoir. En 2011 et 2012, la même société civile avait osé s'exprimer, dans les médias précisément. Le Kremlin en a tiré les leçons qui s'imposaient : trop dangereuse, cette logorrhée démocratique, plein écran, à la télévision. Après une prise en main capitalistique de la presse, Poutine a opté tout simplement pour la répression, sans complexe. Des lois très restrictives ont été votées. Conséquence : pas besoin d'un juge pour fermer un site Internet au nom de la «protection de l'enfance». Pas besoin non plus de trouver une définition précise à «extrémisme». L'intimidation est un art majeur. Parfois cela ne suffit pourtant pas à faire taire les irréductibles. On a dénombré plusieurs «accidents», en clair des assassinats dont les auteurs et les commanditaires restent introuvables par les services de police. On pleure ainsi la disparition d'Anna Politkovskaïa, de Paul Klebnikov, Stanislav Markelov, Natalia Estemirova... Et puis Vladimir Poutine est un homme très susceptible, proche de la paranoïa. Il a tendance à considérer la pratique du journalisme comme un affront personnel, menée dans le but de vouloir renverser le système, instaurer le chaos, et livrer la Sainte Russie aux «bandits» américains. Une analyse assez déraisonnable!

De toute façon, les élites intellectuelles sont considérées comme ennemies. Les artistes n'adhèrent pas tous au culte du grand homme. Comme Kirill Serebrennikov, le génial metteur en scène de l'hommage rendu à Rudolf Noureev en décembre 2017 au théâtre Bolchoï, à Moscou. Noureev a laissé des souvenirs derrière lui. Et pas seulement pour son immense talent de danseur. On n'a pas oublié sa défection et son passage à l'Ouest en 1961. Et une trentaine d'années plus tard sa mort à Paris.

L'œuvre orchestrée par Kirill Serebrennikov est applaudie par le Tout-Moscou, même par certains proches de Poutine, même par son porte-parole Dmitri Peskov. L'ambiance de la première est tout de même gravement plombée par un détail : Serebrennikov a été arrêté et présenté au tribunal; son travail est «trop gay» pour le pouvoir, autrement dit trop scandaleux. Résultat : le metteur en scène est placé en résidence surveillée. Les visites lui sont interdites. Son passeport lui a été retiré. Il n'a pas accès au téléphone, ni bien sûr à Internet. Évidemment, la justice ne lui reproche pas ouvertement de contaminer la belle jeunesse moscovite. L'homosexualité n'est pas un délit en Russie. Le prosélytisme oui. Et Poutine a fait promulguer une loi dans ce sens : la propagande homosexuelle auprès des mineurs est prohibée. Et la Douma n'est pas près d'adopter une loi en faveur du mariage pour tous. Comme la plupart de ses collègues autocrates, Poutine, le viril Poutine, semble éprouver une forte antipathie pour le monde gay. Harceler Kirill Serebrennikov pour raison d'homophobie pourrait se révéler très négatif, notamment aux yeux de l'étranger. On a donc choisi de l'accuser de détournement de fonds, en l'occurrence de subventions publiques. Ce dont il se défend avec la dernière ardeur. En vain.

C'est un crève-cœur pour la vie artistique de la Russie. Son plus talentueux représentant ne peut plus s'exprimer, lui qui a véritablement révolutionné le théâtre dans son pays, lui dont tous les spectacles affichent complet. Le «système Poutine» règle ses comptes sans complexe, et chaque menace, intimidation, harcèlement contre un opposant se lit à livre ouvert : toute provocation ou critique à l'égard du gouvernement se traduira par une riposte contre une personnalité connue pour son activisme anti-Poutine, notamment dans la communauté artistique.

Pour faire bonne mesure et en finir avec la libéralisation entr'aperçue quelques années plus tôt, un ministre de la Culture très spécial est nommé : il s'appelle Vladimir Medinski. Sa particularité ? Être un sous-produit des services secrets et de l'Église ! Il est écrivain à ses heures, tendance complotiste, et l'Occident représente pour lui le «mal». Staline avait choisi la même méthode dans les années 1930. Les milieux culturels ont donc semble-t-il des soucis à se faire. Et Dmitri Medvedev, l'éternel homme de paille de Poutine, également. Car c'est lui, pendant sa présidence «intérimaire», en 2011, qui avait propulsé Serebrennikov sur le devant de la scène. L'actuel Premier ministre, qui a appris à la perfection depuis tant d'années l'art de ne pas contrarier Poutine, doit se poser un certain nombre de questions sur l'avenir. La disgrâce est dangereuse, dans l'ombre du Kremlin.

Les avis sont partagés. Le président russe est-il un fin stratège ou un excellent tacticien? La seconde proposition semble s'imposer. Pas forcément bon joueur d'échecs, mais très certainement excellent joueur de poker, Poutine sait lire le monde. D'où son rapprochement avec l'Église, d'où cette «verticalité» qu'il revendique dans la gestion de l'Administration, d'où l'incertitude qu'il fait régner chez ses collaborateurs. La main gauche ignore ce que fait la main droite. Diviser pour régner. Il en est passé maître. Il sait d'instinct comment répondre aux envies d'un peuple réputé pour sa capacité à accepter les épreuves. Il a renforcé les budgets militaires et il en appelle à la jeunesse de son pays pour défendre la patrie.

Il flatte par exemple la légende des cosaques, l'incarnation absolue de la Grande Russie, de son héroïsme. Ce sont des guerriers, comme Poutine. On recrute dans les écoles militaires, on endoctrine les adolescents, on leur fait comprendre que les valeurs prétendument démocratiques de l'Occident ne conviennent pas forcément au passé de la mère patrie. Question de mentalité! On compte aujourd'hui en Russie plus de cent cinquante écoles de cadets où sont développés les principes chers à la communauté cosaque, telle qu'imaginée par les enfants : patriotisme, tradition, orthodoxie. Ivan le Terrible avait compris au XVIe siècle que les milices cosaques coûtaient moins cher que les armées régulières et que leur versatilité se révélait très efficace en période agitée. Hélas, Lénine et Staline étaient passés par là, et les cosaques du Don avaient fait les frais des purges sanglantes de la révolution. Ils renaissent aujourd'hui et, puisque Poutine ne fait jamais les choses à moitié, leur communauté a été reconnue par décret comme «contribuant à la construction de l'histoire contemporaine du pays». Les popes sont contents, les nationalistes encore plus, et les habitants du Donbass, à l'est de l'Ukraine, tendent le dos. Au cas où l'histoire se répéterait un jour! Le folklore est devenu milice. Au total, la Russie a levé une véritable «Armée des jeunes» pour préparer les recrues dont on aura besoin. Les casernes doivent faire face à un problème démographique, puisque l'âge moyen de la mortalité dans la population mâle s'est abaissé depuis deux décennies. Et cette population jeune, qu'attend-elle? Rêve-t-elle? Elle écoute du rap et se shoote au hip-hop, elle est cultivée, souvent remarquablement éduquée, elle a fait la connaissance du monde grâce à Internet, mais elle semble se plier aux règles conformistes de la société qui lui est offerte. Le changement, s'il doit intervenir, viendra de cette génération née avec Poutine déjà installé au Kremlin. Elle n'a pas connu le régime soviétique, et tout dépend d'elle.

On oublie parfois que la Russie est la deuxième puissance militaire du monde, même si, on l'a dit, son budget de la défense est très largement distancé par les États-Unis et que la Chine est en train d'investir massivement dans ses armées. On a vu le résultat de cette puissance, en Syrie notamment. Poutine n'a pourtant envoyé au secours de Bachar el-Assad qu'un contingent limité, 5 000 hommes, mais son aviation a fait la différence. Une excellente promotion pour le matériel de guerre russe qu'on s'arrache à travers le monde. Or, la Russie n'exporte pas seulement des missiles ou de l'armement lourd, elle s'est également spécialisée dans le commerce des mercenaires, un marché florissant. Le chien de guerre russe est très coté à l'export, et c'est tout bénéfice pour le Kremlin. Car le mercenaire qui tombe en Syrie ou en Ukraine n'entraîne pas la convocation du Conseil de sécurité des Nations unies. Pas de protestation, pas de récrimination dans les familles, pas de funérailles, pas de pension d'invalidité. On estime que ces combattants sont au nombre de plusieurs milliers, employés par des sociétés militaires privées. On leur a prêté un rôle décisif lors de la reconquête par l'armée syrienne de Palmyre ou de Deir ez-Zor. Les salaires sont relativement élevés, par rapport aux standards russes : 3 500 euros par mois. Les pertes sont nombreuses, mais on reste discret sur le bilan. Et, évidemment, ces soldats de fortune n'entrent pas dans la comptabilité des morts de l'armée russe. Vladimir Poutine ne décourage pas ce genre d'entreprise. Son opinion publique, qui se souvient de l'Afghanistan, n'est en effet pas friande de voir s'accumuler les pertes en territoire étranger.

Aujourd'hui, Vladimir Poutine est fort et fragile. On l'accuse d'avoir favorisé la victoire de Trump en 2016 et d'avoir piraté les bases de données du parti d'Hillary Clinton. Le FBI en semble convaincu et l'enquête ne s'interrompra pas. On le soupçonne d'avoir contribué au succès du Brexit. Emmanuel Macron a vertement tancé les médias d'État russes pour l'avoir calomnié pendant la campagne présidentielle de mai 2017. Et puis il y a eu cette vilaine affaire de l'empoisonnement d'un ex-espion russe en Grande-Bretagne.

La guerre froide continue, un peu comme si Poutine s'inscrivait dans la lignée des Staline et des Brejnev. Le système qu'il a mis en place semble malgré tout fragile. *Quid* de l'après-Poutine ? D'ailleurs, y aura-t-il un après-Poutine ? Après tout, un tour de passe-passe constitutionnel n'est jamais à écarter. Car, à bien y regarder, le pouvoir qu'a concentré Vladimir Poutine n'est guère transmissible. C'est le vrai problème de la Russie.

Notre problème, à nous, Européens, Occidentaux, c'est que Poutine s'est trouvé des émules à ses frontières. On l'a souligné pour les États d'Asie centrale, mais l'autoritarisme se développe aussi à l'ouest, en Pologne et en Hongrie, deux pays appartenant à l'Union européenne, censés s'aligner pleinement sur les valeurs démocratiques dont ils ont reconnu la prééminence lors de leur adhésion.

Le cas de Viktor Orbán, le dirigeant hongrois, s'inspire de l'oligarchie moscovite, et cette caractéristique ne semble pas le rendre impopulaire chez lui. Au contraire. Après huit années passées à la tête de son pays, il a été reconduit pour un troisième mandat. Il ferraille avec Bruxelles, avec l'Amérique, avec l'ONU, et cette attitude vindicative, et injustifiée, rencontre un écho favorable dans l'opinion hongroise. Le ciment principal de cette entente entre le peuple et son président, c'est l'immigration, autrement dit l'exacerbation du nationalisme. On parle alors de «démocrature», un cocktail de dictature et de démocratie apparente. La sémantique rend bien des services à ceux qui savent en faire bon usage. Qu'importe le niveau inégalé de la corruption dans les milieux dirigeants, qu'importe que les amis d'Orbán pillent l'économie, qu'importe l'affaissement intellectuel et culturel d'un pays qui a connu la gloire avec ses écrivains et ses compositeurs. Bienvenue au pays du populisme.

Orbán est un provincial, et fier de l'être. Son «truc», c'est le football. Il ne rate pas un match et aime poser en survêtement devant les caméras. Il a compris très tôt les vertus de la cupidité, dans un pays longtemps soumis au régime sec. Il affiche un bon sens paysan. Il rend des services, beaucoup de services. Essentiellement à ses amis. On a longtemps assimilé cette politique au féodalisme. Il soigne les retraités à l'occasion de Noël. Il distribue les emplois locaux. Il refuse de participer à tout débat politique à la télévision. Ceux qui le fréquentent, et qui bénéficient de sa bienveillance intéressée, louent son exceptionnel cynisme. On ne peut pas dire que la Hongrie est devenue une dictature, elle vient juste d'en emprunter le chemin.

Le Kremlin fait des émules

Comme sa voisine la Pologne, où, là aussi, le populisme et son frère aîné le nationalisme font bon ménage. La quête identitaire, la peur de l'autre constituent des moteurs très puissants dans l'histoire des nations. Cela posé, on remarquera, sans perfidie, que la Pologne et la Hongrie accueillent à bras ouverts les fonds structurels généreusement distribués par l'Union européenne. Et on parle là de dizaines de milliards d'euros. On remarquera également que les partis extrémistes de droite sont fort bien vus, à Budapest ou à Varsovie. Notamment le Front national de Marine Le Pen.

Autre cas étrange, donc, et chargé de sens. Lui s'appelle Andrzej Duda. Il est président de la république de Pologne. Elle se nomme Beata Szydło. Elle occupe le poste de Premier ministre. Ces deux-là sont au pouvoir au terme d'une élection qui a été remportée par le parti conservateur et souverainiste «Droit et justice».

Apparemment, le vrai patron de ce pays de 38 millions d'habitants c'est Jarosław Kaczyński, président du parti et député à la Diète, le Parlement. Il n'occupe aucune fonction gouvernementale, mais c'est bien lui qui marque le tempo de la vie politique. Et cet homme-là a la tête pleine d'idées. Des idées qui insultent l'histoire, la justice et la démocratie. Son point de vue est assez facile à résumer : la Pologne n'est pour rien dans le massacre des juifs lors de la Seconde Guerre mondiale ; l'Église catholique est le phare qui doit guider les consciences, les juges n'ont pas à agacer le pouvoir en se prévalant de leur indépendance, et, bien sûr, les journalistes sont des parasites qu'il faut remettre au pas.

L'opinion mondiale, qui ne s'est guère intéressée aux soubresauts de la politique polonaise depuis la chute du mur de Berlin, en était restée à une impression générale plutôt positive : la petite Pologne, avec son courage habituel et sa crânerie légendaire, s'était opposée avec beaucoup d'audace à l'ogre soviétique dès les années 1970, et le syndicat Solidarność, avec à sa tête le charismatique et moustachu Lech Wałesa, avait enthousiasmé les optimistes et les libertaires. Changement de décor quelques années plus tard. Et pas pour le meilleur ! Le populisme et le révisionnisme ont fait des ravages. Et les Polonais qui ne sont pas encore hypnotisés par la propagande nationaliste parlent ouvertement de dictature.

Prenons le cas du système judiciaire réformé en juillet 2016 : finie, l'indépendance des juges, supposés être hostiles au train de réformes envisagé par le gouvernement. Finie, la séparation des pouvoirs théorisée par notre cher Montesquieu. La Commission européenne s'est élevée à plusieurs reprises, «avec fermeté», contre cette mesure qui contredit absolument les valeurs de la charte européenne, mais le président polonais a adressé un gigantesque bras d'honneur en retour à ses collègues chefs d'État. Et continue d'empocher les subsides de l'Union qui ont tant fait pour la remise à niveau de l'économie nationale. Précisons que, lorsqu'un juge se fait tirer l'oreille pour obéir aux injonctions du gouvernement, il est ouvertement menacé. Sa famille également.

Autre secteur de la société ostracisée par le régime : les médias et avant tout les médias publics. Là encore, une loi scélérate a été votée dans l'urgence modifiant les règles de nomination des dirigeants de la télévision et la composition des conseils de surveillance. Résultat : une télé de propagande. C'est le ministre du Budget qui choisit les directeurs de chaîne, et on licencie à tour de bras dans les rédactions. Le projet des autorités est clairement affiché et totalement assumé : la télévision publique est là pour diffuser des programmes faisant la promotion avant toute chose des valeurs religieuses et familiales.

Mais l'aspect le plus choquant de cette révolution idéologique concerne l'histoire, le point le plus tragique de l'histoire. Il se trouve que la Pologne a accueilli sur son territoire, bien contre son gré, les terribles effets de l'holocauste. Nul ne peut contester que le camp d'extermination d'Auschwitz se trouve en territoire polonais. Et il n'est pas le seul endroit de mort quasi industrielle ayant fonctionné dans le pays pendant la guerre. Aucun historien ne peut non plus effacer une longue tradition antisémite abondamment documentée, affligeant une partie importante de la société polonaise au fil des siècles. Or cette mémoire a été jugée trop dérangeante pour le pouvoir qui a décidé, début 2018, de se débarrasser de son passé, encore une fois par le biais législatif. Un tour de prestidigitation inouï, indécent et scandaleux. La Pologne, en luttant contre l'oppression soviétique, avait littéralement ressuscité en faisant face à son histoire et en se réconciliant avec Allemands, juifs et Ukrainiens. La loi proposée par le ministre de la Culture et adoptée par le Parlement souille son image. Le PEN club polonais, qui rassemble les élites culturelles encore en état de protester, s'étrangle de honte. Dans une tribune publiée le 15 février 2018, les signataires dénoncent les manifestations à caractère antisémite qui apparaissent dans l'ensemble du pays. Ils dénoncent les provocations et les discours de haine et pointent du doigt l'attitude inqualifiable du directeur de la deuxième chaîne de télévision publique qui s'est permis, à l'antenne, «de se moquer du génocide». Mais, au final, quiconque s'enhardira à évoquer une éventuelle responsabilité de la Pologne dans les crimes commis par les nazis s'exposera à une peine de trois ans de prison. Cette falsification de l'histoire revient à prétendre que la loi peut imposer la vérité. Un contresens intellectuel et moral incompatible, encore une fois, avec les valeurs et les principes acceptés lors de leur adhésion par les pays membres de l'Europe.

Simple dérive autoritaire ou suicide de la pensée? Les Polonais n'ont pas l'intention d'en décider car ce qu'il est convenu d'appeler «le peuple» épouse la tonalité générale de la politique gouvernementale. Monsieur le président de la République polonaise est-il un aspirant autocrate, est-il fasciste comme d'aucuns le dénoncent? Ou se contente-t-il d'écouter les Polonais et de les satisfaire? «Le peuple» n'a-t-il pas toujours raison? L'histoire répond non. Les autocrates savent que le «populisme» avance de jour en jour. Surtout s'il s'appuie sur l'exaltation de la fibre nationaliste et que cette quête identitaire se nourrit d'un peu de xénophobie.

13

La règle du jeu

«L'État, c'est moi!»

Louis XIV

Hélas, ce livre n'a pas de fin. La morale et la diplomatie sont inopérantes. Ce n'est pas une nouveauté dans l'histoire du monde. Les fous occasionnent parfois des événements cataclysmiques. Mais le monde évolue, et progresse, pour le pire et le meilleur. L'information circule plus vite, beaucoup plus vite, et ceux qui détiennent le pouvoir ne peuvent plus prétendre ignorer la sombre réalité prévalant chez eux. À l'opposé, les âmes noires y trouvent prétexte pour expliquer que leur action est transparente et que le peuple, encore lui, approuve leurs méthodes. Ajoutez à ce tableau une certaine subtilité des esprits, qui, paradoxalement, se vautrent dans la régression. La théorie de «l'homme fort» se porte bien, partout dans le monde. Et certains, parmi les individus à poigne, affichent tout simplement leur stratégie, qui peut s'accompagner au gré des circonstances d'un permis de tuer.

La scène s'est déroulée le 24 février 2018. Nous sommes à Kahramanmaraş. C'est une ville dont personne n'a jamais entendu parler, à moins d'habiter le sud de la Turquie. Le décor est assez banal : une foule en délire, rassemblée dans une salle, et, sur l'estrade, une toute petite fille de 6 ou 7 ans. Elle est adorable, mignonne à croquer. Elle est revêtue d'un étrange uniforme, taillé à sa mesure. Une tenue de camouflage, un accoutrement destiné généralement aux troupes aéroportées. D'ailleurs, sa chevelure est couverte du fameux béret rouge, le symbole des troupes d'élite prêtes à se sacrifier pour la patrie. Le problème, c'est que cette fillette pleure toutes les larmes de son corps. Elle sanglote dans un énorme vacarme. Elle est effrayée. Et puis un homme surgit dans le cadre. Il la surplombe de toute sa taille. Il porte un costume bien coupé, sombre, et une cravate. Son crâne est dégarni. Sa moustache est devenue mondialement célèbre. Il tient un micro à la main. Nous sommes en plein meeting, et l'ambiance est survoltée. Cet homme, c'est bien Erdoğan, le président de la Turquie.

La petite fille a peur, ses pleurs redoublent. En aimable grand-père, Erdoğan lui offre un baiser sur la joue et il prononce des mots d'une absolue indécence : « La petite a son drapeau turc dans la poche. Si elle tombe en martyre, au combat, inch Allah, on enveloppera son corps dans ce drapeau. » On hésite entre deux frissons : les propos du président de la République dans l'oreille de ce bambin aux yeux remplis d'effroi ou la réaction de la foule rassemblée là qui agite ses drapeaux dans une extase obscène. Il paraît qu'un jour Erdoğan a incarné la démocratie dans son pays. Il a même été encensé pour cela par une bonne partie de la presse occidentale, notamment en France. Comment pouvait-on refuser à Ankara son entrée au sein de l'Union européenne ? Comment ne voyait-on pas que la Turquie était le chaînon manquant, celui qui réconcilierait une fois pour toutes le Vieux Continent et l'Orient obscur ?

Ce 24 février 2018, à Kahramanmaraş, les esprits confus ont eu l'occasion d'ouvrir les yeux. M. Erdoğan n'est pas un démocrate et il a basculé dans un islamisme qui n'a pas grand-chose à envier aux pires théoriciens d'un Coran dévoyé. Mustafa Kemal, le père de la laïcisation du pays, doit en pleurer de rage et de honte dans son mausolée. Que s'est-il produit de si suffocant pour entraîner la nation dans une dérive dictatoriale, et, au fond, si proche de l'islamisme politique ?

Beaucoup d'observateurs, diplomates, journalistes, experts en tout genre ont cru à ce qu'ils avaient curieusement baptisé «islamisme modéré». Comme si la politisation d'une religion dans le sens de la radicalité pouvait se fixer des limites compatibles avec un idéal démocratique ! Erdoğan, dans ce fantasme, faisait figure de modèle : la société turque s'était émancipée, son niveau de vie s'était très nettement amélioré, le pays était dynamique, et puis surtout il était, et demeure, membre de l'OTAN. Et en faisant les yeux doux à l'Union européenne pour en devenir membre, on atteignait la perfection idéologique et une garantie pour l'avenir : Ankara non seulement ne se prêterait pas à la tentation islamiste, mais surtout ferait rempart dans cette région du monde, si sensible à la propagande descendue des minarets. Cherchez l'erreur !

Très probablement renforcé dans son amertume et sa paranoïa par la tentative de coup d'État qui a déstabilisé son gouvernement les 15 et 16 juillet 2016, Erdoğan a systématiquement appliqué le non-droit dans son pays, avec une brutalité rarement égalée, et avec l'approbation d'une majorité des Turcs. Décidément, ces fameux «hommes forts» savent y faire dans le domaine du plébiscite. Pas seulement par leur subtile connaissance de l'âme de leurs concitoyens, mais parce que ces derniers semblent réclamer l'autorité, le rétablissement d'antiques valeurs, le retour à une supposée tradition qui évite d'avoir à trop réfléchir à sa propre condition.

Erdoğan fait les choses en grand et tous azimuts. Il a liquidé en quelques mois tout ce qui peut servir de pilier à une société démocratique : la justice, les médias, l'opposition, les corps intermédiaires. Il a pratiqué la purge à l'échelle extrême : dans les tribunaux, les lycées et les universités, les journaux, l'armée, l'Administration... Malheur à l'internaute, fût-il entièrement dépolitisé, surpris à critiquer le régime ou à s'informer sur la réalité kurde. L'arbitraire s'est installé, sans limites, sans contrôle, sans contestation. La guerre civile en Syrie a brouillé l'esprit du dirigeant turc qui s'est vu délivrer un permis de tuer pour résoudre, pense-t-il, définitivement, son cauchemar personnel, son obsession : le peuple kurde. Encore que la perversité d'Erdoğan, esprit fin et cultivé, l'autorise à traiter différemment les communautés kurdes selon leur situation géographique. Loin de ses frontières, il les tolère et parfois les utilise. À sa porte, il les massacre. Il a longtemps joué un double jeu dont les soldats de Daech n'ont pas eu à se plaindre. Le pays les a en partie financés en achetant le pétrole en provenance de Mossoul. Les forces armées turques ont mis beaucoup de temps avant de s'apercevoir qu'un trafic d'armes insensé transitait par leurs frontières en direction des djihadistes au drapeau noir. Quant aux ralliés, occidentaux notamment, qui ont fait le voyage vers le califat, ils sont pratiquement tous passés par le sud de la Turquie. Et pas forcément dans la discrétion.

Le régime d'Erdoğan a également la bosse du commerce, ce que l'on ne saurait reprocher à un tel État. Sauf que son industrie, c'est l'exploitation des humains. Il accepte sur son territoire, dans des conditions de vie très éprouvantes, les millions de réfugiés syriens qui ont fui les massacres. Il a conclu un pacte avec l'Union européenne : pour quelques milliards de dollars, renégociés chaque année, son pays parque les migrants pour qu'ils n'aillent pas envahir l'Europe. Certes, le système a ses failles, mais

Erdoğan remplit la majeure partie du contrat. Et en échange, l'Union européenne préfère fermer les yeux devant une situation tout à fait dérangeante sur le plan des principes élémentaires de la démocratie.

Erdoğan semble tirer un infini plaisir à mettre à genoux ses ennemis. De l'intérieur et de l'extérieur. Il leur a déclaré une guerre totale et traque les «traîtres», autrement dit tous ceux qui ne s'inclinent pas devant sa puissance. Les prisons sont pleines : 45 000 personnes ont été enfermées dans la foulée du putsch raté de 2016. 150 000 personnes ont perdu leur emploi et survivent dans la peur et la précarité. On leur a retiré leur passeport. On encourage la délation. La machine répressive fonctionne à plein régime, vingt-quatre heures sur vingt-quatre, sous les applaudissements du bon peuple turc qui glisse vers l'islamisation et son cortège de malheurs. La communauté internationale est silencieuse : pas de rappel à l'ordre en direction de celui qui, pourtant, continue, avec beaucoup moins d'ardeur, c'est vrai, de postuler à l'adhésion de son pays à l'Union européenne. Bruxelles ne lui a pas fait savoir officiellement que sa place n'était pas à la table de la Communauté. On ne sait jamais. Erdoğan pourrait le prendre mal et déverser sur le continent quelques millions de réfugiés, histoire d'être pris au sérieux. Le chantage ne l'empêche pas de dormir : il a signalé aux États-Unis qu'il pourrait envisager de demander aux troupes américaines basées à Incirlik de faire leurs valises et de rentrer chez eux, leurs ogives nucléaires sous le bras. On imagine que Poutine n'y verrait pas que des inconvénients. D'ailleurs, les relations entre Moscou et Ankara sont floues, pour le moins.

Que l'on sache, la Turquie est toujours membre de l'OTAN, une organisation intensément critiquée par le candidat à la Maison Blanche, Donald Trump. À l'égard d'Erdoğan, Trump, le matamore, observe un silence prudent, comme le reste du monde.

Où va la Turquie, dont la culture avait été saluée il y a quelques années lorsque le prix Nobel de littérature avait été attribué à Orhan Pamuk? Que va devenir cette fillette instamment priée de mourir le plus vite possible au nom de la beauté du martyre islamiste? Ses parents ont applaudi la péroraison de leur président. La petite fille s'est étouffée dans ses sanglots, le regard paniqué, appelant désespérément à l'aide. Le public a redoublé ses acclamations et s'est vautré – redisons-le – dans l'extase.

Le seul réconfort de cette fillette, et elle l'ignore encore, c'est qu'elle n'est pas née kurde. Elle n'a pas été estampillée «terroriste» par M. Recep Tayyip Erdoğan. La Turquie recense entre 12 et 15 millions de Kurdes à l'intérieur de ses frontières, des citoyens de seconde catégorie qui se battent depuis des décennies et des décennies pour la reconnaissance de leurs droits et pour leur indépendance. Ils sont 3 millions en Syrie, et ceux-là ont mené, avec succès et avec le soutien de la coalition internationale, la bataille victorieuse contre les djihadistes de Daech. Ils ont largement contribué à libérer Mossoul et Raqqa, avec l'espoir que leurs sacrifices seraient récompensés par ceux qui les envoyaient au feu. Tragique erreur d'analyse : l'Occident les a laissés tomber, et désormais c'est Erdoğan qui s'occupe activement de leur liquidation. Les autorités religieuses turques ont décrété le djihad contre les Kurdes de Syrie. Le même phénomène avait eu lieu en 1915 lorsque le chef spirituel des sunnites avait déclenché, par le même procédé, la guerre sainte contre les Arméniens. L'armée turque se moque des frontières lorsqu'il s'agit d'aller pratiquer le génocide contre les Kurdes, comme à Afrine début 2018. Une proie facile que Bachar el-Assad, pourtant garant de l'intégrité de son territoire, a abandonnée à

Erdoğan. L'opération militaire a été baptisée par l'état-major « Rameau d'olivier », ce qui ne manque pas de cynisme. Les anciens soldats de Daech qui ont pu échapper aux combats de Mossoul et de Raqqa ont retrouvé un employeur : Erdoğan, pour qui un principe cardinal doit s'appliquer de façon circonstancielle : « Les ennemis de mes ennemis sont mes amis. » Et ne me dites pas, à moi Erdoğan, que ces drôles d'alliés sont moins fréquentables que l'engeance terroriste kurde !

Un « détail » encore : Bachar el-Assad est devenu le boucher de son peuple, mais il n'a pas manifesté, à ce jour, de tentation génocidaire. Aucune ethnie n'a été spécifiquement visée par ses bombes et sa mitraille. Erdoğan, lui, ne fait pas mystère de ses rêves : rayer les Kurdes de la surface de la terre. Il a été réélu au premier tour à la tête de l'État en juin 2018.

À quelques encablures de la Turquie, un de nos amis (il achète nos avions Rafale et nos chars Leclerc avec un enthousiasme rafraîchissant), le maréchal Abdel Fattah al-Sissi, plus connu sous un patronyme raccourci, Sissi, ne fait pas dans le génocide ou la vengeance à l'état brut. Il préside, et sans doute pour longtemps, la république d'Égypte, une nation de près de 100 millions d'habitants qui, depuis des décennies, traverse bien des épreuves : politiques, économiques et sociales. C'est là d'ailleurs que le « Printemps arabe » a connu ses jours les plus tempétueux lorsque la population du Caire s'est soulevée contre son raïs si mal aimé : Hosni Moubarak.

Après quatre années de pouvoir absolu, Sissi s'est fait réélire sans coup férir. Un seul candidat s'est opposé à lui à la présidentielle de mars 2018 : un certain Moussa Mostafa Moussa, unique challenger autorisé par le régime à l'occasion de ce scrutin. Remarquez, s'il n'a pas fini en prison, c'est avant tout parce que c'est une vieille connaissance du maréchal-président, on pourrait même préciser un vieil

« ami ». Moussa Mostafa Moussa a en réalité rendu service à Sissi l'Imperator en lui permettant de prétendre que cette élection était démocratique puisqu'il n'était pas le seul candidat dans la compétition.

Le maréchal Sissi à vrai dire n'entre pas, en tout cas pas encore, dans la liste des tyrans fous. C'est un bon musulman, formé à la discipline militaire, et il se donne du mal pour redresser un tant soit peu un pays à genoux. Certes, il ne brille pas par son ouverture d'esprit à l'égard de ses opposants, mais il bénéficie de l'épuisement et du soutien d'une grande partie de la population, très sceptique au fil des années sur des notions aussi communes que la démocratie ou la tolérance. Sissi fait la guerre à Daech, ce qui est perçu comme un soulagement dans une région du monde qui a pourtant donné naissance à la confrérie des Frères musulmans. Son bilan est excellent dans la lutte antiterroriste. En tout cas, il en fait la publicité : 2 000 caches d'armes auraient été découvertes, 500 djihadistes auraient été arrêtés, et plus d'une centaine auraient été tués. C'est dans le nord du Sinaï que la guerre fait rage, et des dizaines de milliers de soldats participent aux opérations antiterroristes. Et Israël n'hésite pas à coopérer avec les forces égyptiennes. Le maréchal Sissi est donc non seulement un fin politique, mais aussi un chef de guerre respecté par ses concitoyens, ce qui paraît satisfaire son ego. D'ailleurs, des spots à sa gloire sont régulièrement diffusés à la télévision.

Parmi les autres points positifs qui peuvent être inscrits en sa faveur, on se souvient que, s'il a accédé au pouvoir pour un premier mandat avec 96,9 % des sondages, c'est parce qu'il avait débarrassé les Égyptiens du président en place, le fameux Mohamed Morsi, Frère musulman qui n'incarnait pas non plus un avenir radieux pour la nation. Les chrétiens d'Orient s'en souviennent. Le jour où il a été destitué, certains de ses partisans sont descendus dans la rue. Bilan : un millier de morts. Le maréchal Sissi n'est pas du genre à tergiverser dans l'urgence. Depuis, on le respecte ! Et depuis, l'état d'urgence est maintenu, la presse muselée, et on envisage de criminaliser l'athéisme par la voie législative. Plusieurs dignitaires de l'armée ont été arrêtés. Sissi connaît trop bien ses collègues : il ne prend aucun risque, évite de se montrer trop souvent en public par peur des attentats et étouffe tout semblant de débat. D'ailleurs, il éprouve le plus profond mépris pour la chose politique. C'est un soldat : les intellectuels, les artistes, les élites sont des clowns instables. Lui, qui lit peu, ne croit qu'en la discipline.

On « envie » la jeunesse égyptienne qui va tenter de s'épanouir sous un pareil ciel. On repense à ce cher Naguib Mahfouz, prix Nobel de littérature en 1988. Le romancier aurait trouvé matière à ironiser sur l'immense capharnaüm mental qui définit l'Égypte d'aujourd'hui. Pour l'heure, Sissi se montre certes autoritaire, mais il n'a pas encore sombré dans les vertiges de la dictature absolue. Mais comme on l'a vu depuis le début de cet essai, l'appétit vient souvent en mangeant, et son goût démontré pour le culte de la personnalité devient envahissant. Et les mêmes analystes consultés font les mêmes analyses : le pays n'est pas prêt pour la démocratie. Il lui faut un homme à poigne. Les élites, soulagées d'avoir échappé aux délires islamistes de Morsi, s'en lavent les mains et profitent de leur statut. Sissi n'est sans doute pas un penseur politique de premier ordre, mais il est égyptien et il s'y connaît en termes de survie.

C'est ainsi qu'il parvient à bénéficier du soutien des salafistes du parti Al-Nour et qu'il ferme les yeux sur la corruption généralisée qui règne au sein de l'armée. Comme d'autres, alors que son pays se serre la ceinture, il affiche une certaine folie des grandeurs. Des travaux gigantesques ont été entrepris au Caire. Dans le même temps, son administration s'efforce de faire respecter les incitations à la rigueur dispensées par le Fonds monétaire international. Sexagénaire, Sissi s'est découvert un destin et les désirs qui vont avec. Pour nourrir ce destin, il convient avant tout de durer. Le plus longtemps possible. On dit que le président égyptien est au fond un homme quasi mystique lorsqu'il s'agit de son pays. Il a confié que l'Égypte lui avait été livrée pour qu'il la protège et la rende meilleure. Peut-être les prémices d'une mégalomanie en devenir. Les Égyptiens tendent le dos : Sissi ou le chaos.

Nécessité fait loi. L'adage est ancien, mais il semble régir aujourd'hui une large part de la planète, en lieu et place d'idéologie. Le pragmatisme a des vertus : les peuples ont besoin du chef, de l'homme fort, voire du surhomme. Ce qui convient parfaitement à certains malades mentaux, psychopathes et autres sociopathes. L'angoisse, le sentiment d'insécurité, un avenir illisible, l'écroulement des blocs, la fragilité et la versatilité des nouvelles alliances, sans compter l'ambition des nations et leur soif d'identité autorisent certains leaders à œuvrer sans contrôle, comme ils le souhaitent, et le peuple l'accepte. En général, dans ces situations, ce misérable peuple dispose déjà de l'expérience requise.

C'est le cas de la Chine, deuxième, et bientôt première puissance économique du monde. Le pays a connu un « Grand Timonier » et une cruelle révolution culturelle au siècle dernier. Au total, des millions et des millions de morts et une aptitude renforcée à accepter le joug, à condition de ressentir un progrès en termes de niveau de vie. La Chine, un régime officiellement toujours communiste, s'est donc trouvé un leader semblant correspondre à son nouveau réalisme : il affiche un sourire bonhomme, ne dissimule pas sa poigne de fer, et il s'est installé au pouvoir pour toujours, sauf accident. Depuis les martyrs de la place

Tian'anmen et l'écrasement du mouvement démocratique en 1989, les intellectuels et les militants d'opposition chinois ont quasiment tous renoncé à poser la question des libertés comme l'axe central de l'avenir du peuple. Cette surprenante «nouvelle gauche» paraît s'accommoder de l'autoritarisme absolu de Xi Jinping, le Président, puisqu'il a réussi à instaurer un nouveau nationalisme jugé positif et enrichissant pour l'ancien empire du Milieu. L'hebdomadaire *Marianne*[1] publiait récemment une passionnante interview d'un certain Zhao Tingyang, professeur à l'institut de philosophie de l'Académie chinoise des sciences sociales, dans laquelle il évoquait cette nouvelle conception de l'universalisme. En constatant au passage que les deux autres grands modèles, français et américain, avaient échoué. Citons notre professeur, apparemment revenu de ses illusions démocratiques : «La conception américaine pèche par son unilatéralisme, c'est un moyen de s'opposer aux autres nations. Il est, pour faire simple, égoïste. Au contraire du français, très généreux, mais qui ne marche pas non plus en ce qu'il part d'un monde rationnel fantasmé.» Zhao Tingyang en a soupé de la démocratie! Et la condamnation est sans appel : «Croire que l'intérêt général naît de la somme des intérêts particuliers au travers d'un bulletin de vote, c'est croire à l'optimum de Pareto, une théorie établissant que toute amélioration de la situation d'un individu détériore celle d'un autre individu.» Il a d'autres brillantes idées en tête, notre intellectuel. Il a imaginé, par exemple, un système avec deux bulletins de vote utilisables sur chaque question par les deux prétendants au pouvoir : un pour et un contre, en fonction des aspirations de chacun, de sorte qu'on ferait pour chaque candidat la somme des votes positifs et négatifs, le gagnant étant celui qui réalise le meilleur score. Il apparaît clairement que

---

1. *Marianne*, 16 mars 2018.

Xi Jinping, qui au fil des années a si bien brouillé les cartes, n'a pas trop de souci à se faire avec ses élites.

Mao, dont la susceptibilité n'avait d'égal que ses féroces appétits sexuels, doit laisser libre cours à sa perplexité dans sa tombe. Comment cet affable Xi Jinping a-t-il pu réunir 100 % des voix au Parlement chinois pour entamer un troisième mandat sous les vivats alors que la règle des dix ans semblait de mise dans cet empire administré au cordeau par le régime ? Deng Xiaoping avait instauré en 1978 « l'alternance ». Pas celle des idées bien sûr, mais celle des dirigeants. Et ce principe a tenu bon pendant quatre décennies. Seulement voilà : notre délicieux M. Xi Jinping s'est révélé beaucoup plus ambitieux qu'il ne l'avait laissé entendre pendant son ascension bureaucratique. Autre tour de passe-passe, dans la foulée de sa réélection : le président chinois a obtenu des députés qu'ils modifient la Constitution pour lui permettre de gouverner pour le restant de ses jours s'il le souhaite. Un nouvel empereur est né, en 2018, au temps d'Internet et de la mondialisation. Un tyran, affirment ses détracteurs. Pire que Mao !

En tout cas, il affiche plutôt une bonne tête, notre potentat des temps modernes. Il est dans la force de l'âge, réélu à 64 ans avec tout l'avenir devant lui. Il aime qu'on l'appelle « l'Oncle ». C'est sympathique. Mais il n'est pas que gentil. À l'évidence, il n'aime pas partager ses prérogatives. 1,5 million de cadres du Parti communiste chinois ont déjà été poursuivis pour corruption. Et être « poursuivi » en Chine n'a pas tout à fait la même signification que dans un pays comme la France où un bataillon d'avocats peut, de juridiction en juridiction, vous tailler une ordonnance de non-lieu sur mesure, même si vous êtes réputé comme la pire des crapules dans le milieu des affaires.

L'oncle Xi Jinping est marié à une très jolie chanteuse qui exerce ses talents dans le chœur de l'armée chinoise. Le culte de la personnalité fait partie bien sûr des instruments du pouvoir. La propagande fonctionne à plein régime. Après tout, lorsque l'on succède à Mao, on peut se permettre beaucoup de choses, surtout si on est le protecteur des intérêts de la nation. Le Président concentre absolument tous les pouvoirs : médias, censure, outils de répression, contrôle d'Internet. La seule véritable question qui intéresse ses collègues du monde entier, c'est de savoir si cet homme-là, nanti de tels pouvoirs et d'une telle puissance économique, est dangereux. Pour se rassurer, on se dit qu'il n'a pas 50 millions de morts sur la conscience, comme Mao avec son fameux délire du «Grand Bond en avant».

Le régime a fait installer à peu près partout des caméras de surveillance dotées d'une technologie dernier cri permettant la reconnaissance faciale. Vous êtes instamment prié de vous conduire en honorable citoyen lorsque vous arpentez les rues de Pékin ou en conduisant votre voiture. Big Brother s'intéresse définitivement à votre cas, et le fait que vous soyez plus de 1 milliard d'individus n'a pas freiné les investissements. L'idée générale est d'établir un «permis de comportement» dès 2020, une sorte de permis à points vous contraignant, en toutes circonstances, à respecter à la lettre toutes les lois, réglementations et recommandations dictées par le régime. Gare aux fantaisistes, aux anarchistes, aux distraits traversant en dehors des passages cloutés, ils risquent gros. Par exemple perdre leur emploi, ou se voir supprimer un certain nombre de droits, ou pire être privés de leurs enfants. La lutte anticorruption proclamée par l'État ne s'est pas révélée particulièrement fructueuse au fil des années dans un pays qui, de tout temps, a adoré franchir les lignes, et ce, sous tous les régimes. Mais c'est une arme très efficace pour éliminer les adversaires.

Mille fois hélas! Les dictateurs sont de plus en plus éduqués et de plus en plus férus d'histoire. Xi Jinping aime à rappeler que, selon lui, Gorbatchev est «le plus grand criminel de l'histoire», «le fossoyeur de son pays».

Sa perestroïka a sonné le glas d'un empire, et le président chinois ne compte pas rencontrer pareil traumatisme. À aucun prix! Alors n'allez pas lui vanter les mérites de la liberté d'expression ou autres balivernes de la même encre. Oui, Xi Jinping est un homme intelligent, déterminé et très rusé. Il suffit d'observer son parcours. Il a grimpé les échelons, avec discrétion, sans un mot plus haut que l'autre, sans jamais se faire remarquer. C'est de cette manière qu'il a fini par occuper le poste de vice-président. Là non plus, il n'a guère fait de bruit. «Falot», décrétaient ses concurrents. Ils l'avaient baptisé «Willy l'Ourson». Ils ont eu tort en ne reconnaissant pas en lui un vrai stratège, préparant son avenir avec le plus grand soin. Moralité : des centaines de millions d'individus vivent sous la coupe d'un régime autoritaire sans manifester un profond mécontentement. Nicolas Sarkozy a théorisé, lors d'une conférence qui s'est tenue le 3 mars 2018 à Abou Dhabi, ce reflux des aspirations libertaires dans certaines régions du monde : les démocraties occidentales seraient, selon lui, «devenues un champ de bataille où chaque heure est utilisée par tout le monde, réseaux sociaux et autres, pour détruire celui qui est en place», ce qui annihilerait la capacité des dirigeants à défendre «une vision à long terme pour leur pays».

Le massacre de Tian'anmen est passé par là, mais ce carnage n'explique pas tout. En tout cas, pas cette sorte de résignation chinoise. Le niveau de vie a augmenté très sensiblement en Chine, même si le quotidien reste difficile pour des centaines de millions de gens. Tout le monde ne peut pas devenir milliardaire. La croissance n'est sans doute plus aussi exceptionnelle que durant les dernières années, mais le potentiel du pays est énorme. Et les Chinois le savent. Il y aura des jours meilleurs, et «l'Oncle Xi» est populaire. Ses ouailles sont conduites vers le progrès. La Chine est un géant, qui s'arme puissamment et qui rivalise dans les domaines les plus sophistiqués avec l'Occident.

Pékin entend contrôler l'ensemble de la région et navigue plus loin encore dans ses ambitions en investissant massivement en Afrique... et en Europe. La feuille de route des dirigeants n'a pas inclus la case «démocratie» dans son programme. On y parle de prospérité, de stabilité et de «renaissance chinoise». Du pain, du vin et des jeux. C'est une martingale qui dérange notre esprit des Lumières et qui nourrit sûrement l'amertume des citoyens qui résistent encore à la dictature communiste.

Donald Trump a beau menacer la Chine de ses foudres protectionnistes, notamment en ce qui concerne les marchés de l'acier et de l'aluminium, dévastés par la concurrence, assez déloyale, des entreprises chinoises, Pékin semble avoir compris les enjeux de cette guerre économique depuis bien plus longtemps que les États-Unis. Pour Xi Jinping, c'est une affaire de sécurité nationale. D'ailleurs, depuis des années, les sociétés étrangères qui veulent accéder à l'énorme marché chinois sont contraintes de transférer leurs propriétés intellectuelles, autrement dit de mettre en gage leur avenir dans des mains qui savent accaparer la richesse. Le pays entend développer dans le futur toute la gamme des technologies de pointe. Trump adore taper du poing sur la table et proclamer au monde entier qu'il est le champion de la négociation, mais cette guerre commerciale promise à Xi Jinping ressemble fort à un petit coup d'épée dans l'eau, plus préjudiciable aux États-Unis qu'aux intérêts chinois. Car, à y regarder de plus près, la Chine n'est que le onzième fournisseur d'acier des États-Unis et le quatrième en ce qui concerne l'aluminium. Autrement dit, une augmentation des tarifs douaniers sur ces importations représente à peu près 0 % de l'économie chinoise. Le Canada serait beaucoup plus touché. Xi Jinping est un homme rationnel. Il aime comprendre les causes et les effets. Les «stratégies» de Donald Trump le laissent perplexe.

14

L'enfer au paradis

«Quand je serai devant le Père Céleste,
je lui demanderai des explications. Et il
n'en mènera pas large!»

Winston CHURCHILL

L'archipel des Maldives vu d'avion... Spectacle inoubliable. D'ailleurs, un grand nombre des touristes qui accostent dans les îles pour la première fois en tombent amoureux. Et y retournent. Le tourisme fait vivre les Maldives. 1 192 îles coralliennes, toutes plus jolies les unes que les autres. Des minuscules de 100 mètres de long, des plus grandes qui ne dépassent pas les 8 kilomètres. Tout autour l'océan, qui hésite entre le vert émeraude et le bleu turquoise. Les amateurs de pêche sous-marine n'en reviennent pas de pouvoir admirer une telle beauté : des poissons-perroquets, des requins, des tortues, des napoléons, des raies mantas... Un paradis.

Un paradis, oui, mais anxieux. Le réchauffement climatique a cessé depuis déjà longtemps d'opposer scientifiques et négationnistes : l'archipel est menacé de disparition. Question de temps! Un siècle... deux siècles?

Les 400 000 habitants de l'archipel considèrent l'avenir, le leur, celui de leurs enfants et des générations futures avec une sorte de résignation. L'eau de l'océan Indien monte inexorablement sur des terres qui ne s'élèvent guère plus qu'à 3 mètres au-dessus de la mer. Si rien n'est fait pour tenter d'inverser la tendance – et en l'état, on voit mal ce qui pourrait retarder l'échéance –, les Maldives disparaîtront de la carte. Chaque année, l'eau monte d'environ un centimètre.

C'est un bijou très vulnérable, qui a déjà fait les frais d'un tsunami, celui-là même qui avait dévasté la côte thaïlandaise en décembre 2004. Les habitants ont été chanceux : une centaine de morts seulement comparés aux centaines de milliers de victimes dans les pays voisins, l'Indonésie, le Sri Lanka et la Thaïlande. Les touristes sont revenus, en masse : Français, Allemands, Britanniques... Des touristes «cinq étoiles», car le luxe fait recette, même si les autorités locales tentent de développer une industrie de moyenne gamme. On a aménagé à marche forcée les îlots pouvant encore accueillir des hôtels. On a développé une autre industrie : les séjours de remise en forme pour celles et ceux qui ont les moyens de s'occuper attentivement de leur santé et de leur beauté : massages, soins du visage et du corps, méditation, aérobic, gymnastique, thalassothérapie... C'est exotique, bien tenu, l'accueil est raffiné. Malé, l'île capitale, construit frénétiquement des immeubles ultramodernes. La grande mosquée attire les touristes qui peuvent la visiter en dehors des heures de prière. C'est un monument impressionnant avec un minaret de trois étages, brillamment illuminé, qui peut recevoir jusqu'à 5 000 fidèles. Car on ne badine pas avec la religion musulmane à la surface de ce confetti flottant sur l'immensité de l'océan Indien. Le marché aux poissons fait recette. Très exotique, d'admirer la maestria des commerçants locaux qui débitent à coups de machette des centaines de thons par jour.

Dommage que l'archipel des Maldives vive sous état d'urgence. Dommage que la charia y soit appliquée dans toute sa folle rigueur. Dommage que les habitants soient soumis aux caprices violents et arbitraires d'un certain Abdulla Yameen, omniprésident, élu en 2013 à la surprise et à la consternation générales. Depuis, l'opposition est en prison ou en exil. La société civile, terrorisée, reste muette. Les touristes, que l'on débarque à la pelle et que l'on conduit directement à l'hôtel, ne semblent guère se formaliser des effets de cette féroce dictature. Loin des yeux, loin du cœur. Et puis, après tout, on est là pour passer des vacances de rêve, pas pour se tourmenter en songeant au sort des infortunés privés de tout espace démocratique. De quoi vous gâcher le séjour.

Mer bleue, sable blanc, obédience sunnite. La crise politique s'est considérablement aggravée au fil du temps. Le président de la Cour suprême a été arrêté, l'état d'urgence décrété et l'opposition est pourchassée. Abdulla Yameen n'aime pas qu'on lui complique la vie avec des exigences qui ne valent que dans les pays occidentaux. D'accord pour accueillir leurs touristes, mais, aux Maldives, c'est la charia qui prévaut, l'ordre islamiste. La police consomme des quantités impressionnantes de gaz lacrymogènes pour calmer les ardeurs des manifestants. La France, la Chine et l'Inde ont déconseillé à leurs ressortissants de choisir cette destination pour leurs vacances. Le Parlement a été suspendu, et le tyranneau local a même fait arrêter son demi-frère, Maumoon Abdul Gayoom, ex-autocrate estampillé comme tel, mais passé à l'opposition devant les abus de pouvoir d'Abdulla Yameen. Des voix appellent à l'aide, notamment en direction de l'Inde qui était déjà intervenue aux Maldives en

1988 en envoyant sur place des troupes pour empêcher une tentative de coup d'État.

Les Européens, qui s'en vont consciencieusement bronzer sur les plages des Maldives, ont-ils connaissance des règles élémentaires fixées par la charia ? Résumons-les : la population est obligatoirement musulmane, la religion d'État est l'islam et la législation est basée sur ladite charia. Il est interdit d'introduire dans le pays des objets d'autres religions, quelle qu'en soit la nature, de l'alcool, de la viande de porc, des revues ou des objets érotiques. Comme il faut bien vivre et satisfaire le touriste de passage, on rend les objets confisqués à l'arrivée au moment du départ, et l'alcool coule à flots dans les îles où les locaux n'ont pas d'autorisation d'accès. À l'aéroport de Malé, le personnel féminin est, bien sûr, voilé.

Impossible de décourager le vacancier ? Pas sûr s'il apprend, par la voix de Ravina Shamdasani, porte-parole du Haut-Commissariat des Nations unies aux droits de l'homme pour l'océan Indien, que, « pour les infractions considérées comme les plus graves, les enfants sont passibles de la peine de mort dès l'âge de 7 ans ». La loi islamique considère que le vol et la consommation d'alcool font partie des infractions potentiellement punies par le châtiment suprême. Détail touchant et délicat : si le condamné est mineur, il sera emprisonné jusqu'à sa majorité et exécuté ensuite. Les relations sexuelles hors mariage sont interdites et punies par le fouet ou la lapidation.

La logique la plus démentielle n'est pas absente de ce catalogue : une jeune femme a été récemment fouettée en public pour avoir été victime d'un viol collectif. Les professionnels du tourisme, notamment en France, commencent à regarder sombrement l'avenir et appellent les responsables locaux à un peu de retenue. D'autres vont plus loin et préconisent le boycott : comme Jacques Maillot, fondateur de Nouvelles Frontières, qui demande aux voyagistes de prendre leurs responsabilités pour, dit-il, «asphyxier le pays et renverser le pouvoir en place». Toujours partant pour un séjour paradisiaque ?

Épilogue

« Parler morale n'engage à rien. Ça pose
un homme, ça le dissimule.
Tous les fumiers sont prédicants ! »

Louis-Ferdinand Céline, *Mea culpa*

Il suffirait de gratter légèrement la surface d'une mappemonde pour prolonger l'autopsie du grand cadavre de la tolérance, de la démocratie et des libertés. La violence politique, la folie assassine d'un grand nombre d'illuminés parvenus, par un biais ou un autre, aux commandes de leur pays, prospèrent. À la lumière des crimes du siècle dernier, la cuvée ne semble pas exceptionnelle, mais elle interpelle l'honnête citoyen désireux de croire, quoi qu'il coûte, au progrès de l'espèce humaine.

On a pu le constater : ces monstres n'appartiennent pas tous à la même catégorie : certains sont très nettement malades et relèvent de la psychiatrie. Leur morbidité s'épanouit dans un palais présidentiel et ne connaît pratiquement aucune limite. Ceux-là exportent leur enfer personnel dans la vie quotidienne de leurs sujets. Nous sommes bien obligés de penser qu'ils jouissent profondément de leurs exactions et que l'exercice du pouvoir n'est pas le seul moteur de leurs déviances sadiques. Ces hommes sont intrinsèquement malades. Et la fureur qu'ils entraînent semble les contraindre à aller toujours plus loin, sous peine de disparaître à leur tour dans la violence. Le temps est leur salut, et leur cauchemar. Ils ont peur de voir leur omnipotence disparaître et d'avoir à répondre de leur extrême violence par celle qui leur sera prodiguée.

D'autres potentats semblent plus folkloriques, pas génocidaires, pas criminels de masse. Comme s'ils s'accommodaient sans grande difficulté des «sacrifices» qu'il convient d'accepter pour rester le chef.

D'autres encore sont des idéologues, pour qui l'objectif est de faire triompher un objet pervers, contre vents et marée, contre la rationalité et l'humanité. Ils se révèlent intelligents, ambitieux et pas seulement pour eux-mêmes, et bons analystes du rapport de force international.

D'autres, enfin, illustrent une personnalité criminelle, irrécupérable mais au fond bien banale, sans avoir conscience de commettre le «mal».

Les grands criminels nous apparaissent comme des fous, en tout cas des hommes gravement déséquilibrés. Une notion battue en brèche, au lendemain de la Seconde Guerre mondiale, par Hannah Arendt, grâce à l'analyse pondérée de Karl Jaspers, psychiatre et philosophe. Traumatisée par le génocide institué par le nazisme, Hannah Arendt avait intensément correspondu avec Jaspers qui lui avait ouvert une porte de compréhension en lui parlant de la «banalité du mal». Arendt avait suivi le procès Eichmann, à Jérusalem, et ne parvenait pas à appréhender la nature des crimes monstrueux commis contre les juifs. Pour elle, cette abomination ne pouvait en aucun cas se traiter devant un tribunal composé d'êtres humains. Karl Jaspers était parvenu à lui tendre une perche philosophique : ce n'est pas l'œuvre grandiose de Satan que tu examines dans cette cour de justice, c'est l'œuvre effroyablement banale d'hommes ordinaires. Et de citer comme exemple le cas de Rudolf Höss, le chef du camp d'extermination d'Auschwitz. Comme il le répétera maintes et maintes fois lors de son procès, il «n'avait fait qu'obéir aux ordres».

Alors, avons-nous affaire à des «génies du mal», des personnages de cinéma d'épouvante? Probablement pas, affirme Daniel Zagury, chef de service d'un hôpital psychiatrique de Seine-Saint-Denis, dans un ouvrage paru aux Éditions de l'Observatoire intitulé *La Barbarie des hommes ordinaires*[1]. Il explique que «le "génie du mal" n'a aucun sens puisque, à l'exception de très grands et très rares pervers, le mal ne se commet jamais au nom du mal, mais au nom du bon, du juste, pour la sauvegarde de l'humanité». Il cite Primo Levi, rescapé des camps d'extermination et qui, bien avant Hannah Arendt, nous prévient que, si les monstres existent bien, ils sont si peu nombreux que, finalement, ils ne présentent pas un grand danger. «Le véritable danger vient des hommes ordinaires[2].»

Autrement dit, la personnalité criminelle-type n'existe pas. Ou rarement. Il peut exister un terreau, des conditions sociales ou idéologiques favorables mais, en général, les hommes savent conserver leur capacité de penser et de réfléchir. Sauf ceux pour qui le mensonge reste le moyen le plus simple de ne pas accepter la responsabilité de leurs actes les plus horribles.

Mais relisons, en guise de conclusion, les phrases de Joseph Conrad lorsqu'il écrit *Au cœur des ténèbres* : «La croyance en une origine surnaturelle du mal n'est pas

1. 2018.
2. Primo Levi, *Si c'est un homme*, 1947 ; Pocket, 1988.

nécessaire. Les hommes sont, à eux seuls, capables des pires atrocités.»

Repensons à Caligula, maître de Rome, contemporain de Jésus-Christ. C'était un ami des bêtes et il aimait d'amour son cheval, Incitatus, auquel il donna un palais et qu'il envisagea même de nommer consul. Il veillait à ce que l'animal ne soit pas empêché de dormir et ordonnait le silence autour de son écurie. Il affichait une paranoïa extrême et se déguisait en Hercule, en Dionysos, en Diane ou en Vénus. Même Jupiter a eu droit à ses exercices de transformisme. Caligula ne veut voir qu'une tête et, pour ce faire, envisage de décapiter la totalité de la population de Rome... pour n'en conserver qu'une seule. Il est jaloux, méchant, mesquin, violent... et il va créer des émules.

Néron, le suprême pervers, admire son oncle pour ses folies criminelles. Il se marie avec sa chère Octavie, qu'il répudie pour infertilité et la force à se tuer. Douze jours plus tard il épouse en secondes noces Poppée qu'il finit par assassiner à coups de pied alors qu'elle est enceinte. Il fait émasculer un esclave, Sporus, afin de pouvoir se marier avec lui. Il couche, dit-on, avec sa maman, Agrippine, qu'il fera assassiner... Un briseur d'interdits!

Pourquoi cette planète n'est-elle pas encore repue de cette folie tyrannique, absurde, meurtrière, sadique et chaotique? Question insoluble.

Table

Pour en savoir plus
sur les Éditions Plon
(catalogue, auteurs, vidéos, actualités...),
vous pouvez consulter notre site Internet
www.plon.fr

lisez!

et nous suivre sur les réseaux sociaux

Editions Plon

@EditionsPlon

@editionsplon

Imprimé en France par CPI
en octobre 2018

pour le compte des Éditions Plon
12, Avenue d'Italie 75013 Paris

N° d'impression : 3031351

Ces fous dangereux ne peuvent exister que parce qu'ils ont derrière eux des peuples qui les idolâtrent au nom de la grandeur d'un pays ?

1 homme fou face à la foule qui serait contre lui, sans bras armés pour exécuter les horreurs qu'il commandite, n'aurait aucune possibilité d'exercer son pouvoir dévastateur.

C'est donc bien la nature humaine qui ne va pas bien.

Que font les nations bien pensantes ? A quoi bon condamner les génocides qui ont eu lieu (juifs, arméniens....) si on laisse se perpétuer les mêmes en ce 21è siècle ?

Ce livre laisse un sentiment étrange

Il y a de cela bien longtemps j'ai dit que
je n'aimais pas les religions parce qu'elles
faisaient se battre entre eux les hommes.
Je me suis toujours demandé comment
ce terme "guerres de religion" pouvait
exister.

La religion pour moi ce devrait être le
respect total de l'individu et non pas
rechercher au prix de la vie humaine,
une suprematie quelle qu'elle soit.
Dominer.... Tout est dans ce mot.
y compris sa signification première :
DOMINUS. le maître !